國學禮樂錄

（第二册）

UESTCP
电子科技大学出版社

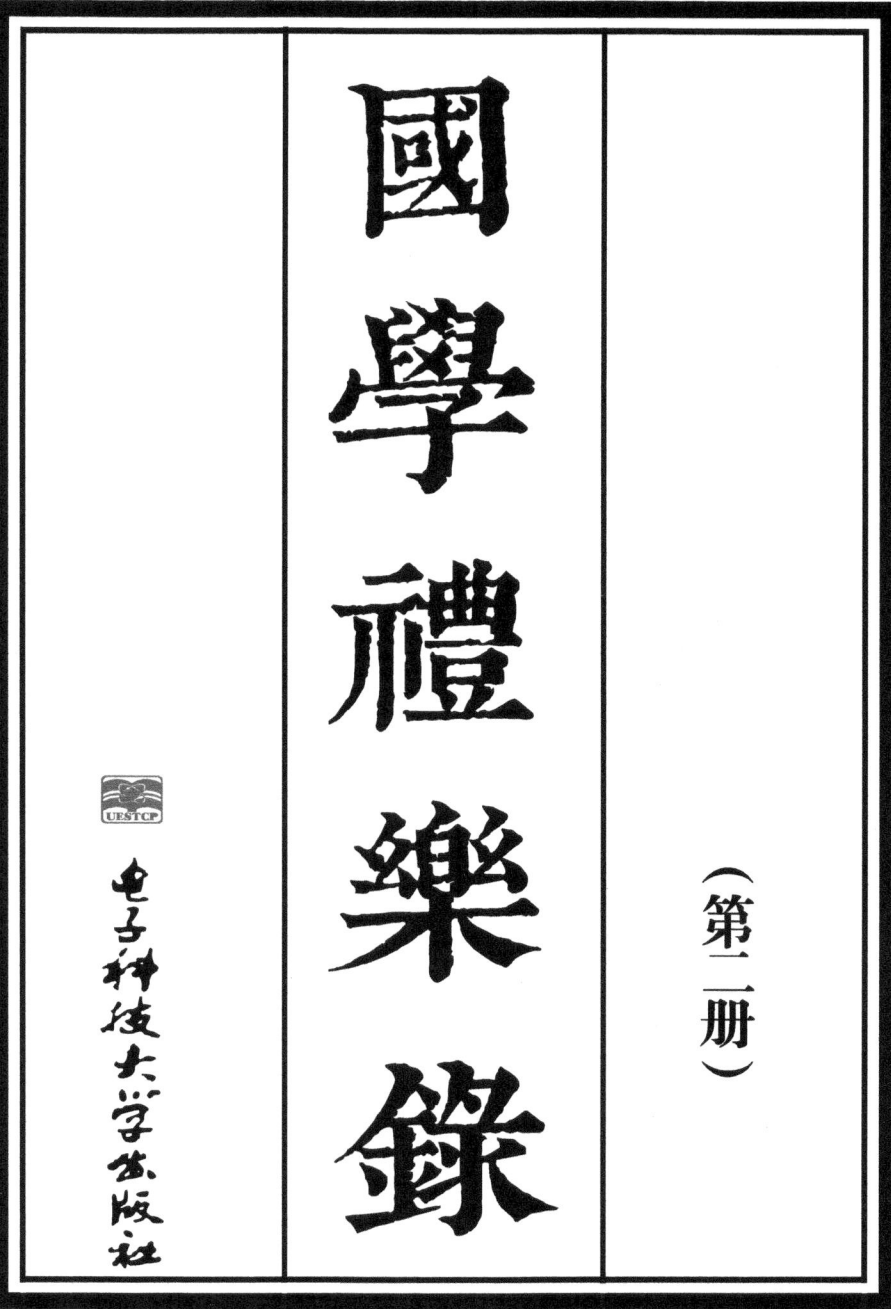

第二冊目録

祀典

魯

魯哀公十六年誄孔子曰旻天不弔不憖遺一老俾屏余

一人以在位煢煢余在疚嗚呼哀哉尼父無自律 左傳

鄭康成曰尼父者因其字以爲之諡也

丘瓊山曰此後世追諡孔子之始

哀公十七年仍舊宅立廟守塋廟以百戶 闕里志

此給戶守衛之始

魯世世相傳以歲時奉祠孔子冢 史記

漢

高帝十二年上過魯以太牢祠孔子　前漢書

丘瓊山曰此漢以來祀孔子之始

封孔子九代孫騰為奉祀君　闕里志

此聖裔蔭封之始

詔諸侯王卿相至郡先廟謁而後從政　史記

張海州曰此謁廟蒞政之始

武帝元朔二年拜孔臧為太常恩賜如三公禮　闕里志

元帝初元元年孔子十三代孫霸以帝師錫爵關內侯食

邑八百戶號襃成君從名數也〔戶籍〕於長安霸上書求奉孔

子祭祀元帝下詔曰其令師褒成君關內侯霸以所食邑

八百戶祀孔子焉故霸還長子福名數于魯奉孔子祀　漢書

丘瓊山曰後世封孔子孫俾奉其祀者始此

成帝綏和元年詔封殷後以孔子十五世孫吉適子曰嫡　適讀曰嫡　前漢書

孔吉之何齊爲殷紹嘉侯

嫡子也　前漢書

平帝元始元年六月追諡孔子曰褒成宣尼公改封十六　關里志

代孫均爲褒成侯食邑二千戶　前漢書

丘濬曰此後世尊崇孔子之始亦孔子諡宣之始

東漢

光武建武五年帝過魯使大司空祠孔子　後漢書

建武十四年復孔子十七代孫志爲褒成侯　後漢書　闕里志

後漢儒林傳曰初平帝時王莽秉政乃封孔子後孔均爲褒成侯及王莽敗失爵世祖乃復封均子志

明帝永平二年上躬養三老五更於辟雍郡國道州縣邑行鄉飲酒禮於學校皆祀聖師周公孔子　後漢書

永平十五年帝東巡至魯詣孔子宅祠仲尼及七十二弟子親御講堂命皇太子諸王說經　綱目　文獻通考

此後世祀孔子弟子之始謹列弟子姓名於後

孔子家語七十二弟子姓氏

顏回　閔損　冉耕　冉雍　宰予

端木賜　冉求　仲由　言偃　卜商
顓孫師　曾參　澹臺滅明　高柴　宓不齊
樊須　有若　公西赤　原憲　公冶長
南宮縚　公晳哀　曾點　顏繇　商瞿
漆雕開　公良儒　秦商　顏刻　司馬黎耕
巫馬期　梁鱣　琴牢　冉儒　顏辛
伯虔　公孫寵　曹卹　陳亢　叔仲會
秦祖　奚蒧　公祖茲　廉絜　公西輿
宰父黑　公西蒧　穰駟赤　冉季　薛邦
石處　懸亶　左郢　狄黑　商澤

任不齊　漆雕從　燕級　公夏守　句井疆
步叔乘　石子蜀　邽選　施之常　申績
樂欣　顏之僕　孔弗　漆雕哆　懸成
顏相

右魏司馬王肅本

史記仲尼弟子列傳姓氏

顏回　閔損　冉耕　冉雍　宰予
仲由　冉求　端木賜　言偃　卜商
顓孫師　曾參　澹臺滅明　宓不齊　原憲
公冶長　南宮适　公晳哀　曾葴　顏無繇

商瞿　高柴　漆雕開　公伯寮　司馬耕

樊須　有若　公西赤　巫馬期　梁鱣

顏辛　冉孺　曹卹　伯虔　公孫龍

已右三十五人頗有年名及受業聞見於書傳其四十有二人無年及不見書傳者紀于左

冉季　公祖句茲　秦祖　漆雕哆　顏高

漆雕徒父　壤駟赤　商澤　石作蜀　任不齊

公良孺　后處　秦冉　公夏首　奚容蒧

公堅定　顏祖　鄡單　句井疆　罕父黑

秦商　申黨　顏之僕　榮旂　縣成

左人郢　燕伋　鄭國　秦非　施之常

顏噲 步叔乘 原亢籍 樂欬 廉潔

叔仲會 顏何 狄黑 邽巽 孔忠

公西輿如 公西蒧

文翁石室圖七十二弟子姓氏

顏回 閔損 冉耕 冉雍 宰予

端木賜 冉求 仲由 言偃 卜商

顓孫師 曾點 曾參 澹臺滅明 高柴

宓不齊 樊須 有若 公西赤 原憲

公冶長 南宮縚 公晳哀 顏由 商瞿

漆雕開 公良儒 秦商 顏刻 司馬耕

巫馬期　梁鱣　琴牢　冉孺　顏辛

伯虔　公孫龍　曹卹　陳亢　叔仲會

秦祖　奚蒧　公祖兹　廉潔　蘧瑗

宰父黑　公西蒧　壤駟赤　冉季　石處

左郢　狄黑　商澤　任不齊　榮旂

顏噲　秦冉　秦非　漆雕從　燕伋

林放　申黨　步叔乘　石子蜀　施之常

鄭國　樂欣　顏之僕　孔忠　漆雕多

容蒧　顏相

右宋金仁山氏所錄

章帝元和二年帝過魯幸闕里祠孔子作六代之樂帝升廟西面羣臣中庭北面皆再拜帝進爵而後坐大會孔氏男子六十三人命儒者講論語帝謂孔僖曰今日之會於卿宗有光榮乎對曰臣聞明王聖主莫不尊師貴道今陛下親屈萬乘辱臨敝里此乃尊禮先師增輝聖德至于光榮非所敢承帝笑曰非聖者子孫焉有斯言乎遂拜僖郎中賜褒成侯損十八代孫及孔氏男女錢帛有差　杜氏通典　文獻通考

和帝永元四年改封孔子爲褒尊侯及十八代孫爲褒亭侯　闕里志

安帝延光三年帝幸泰山祀于闕里自魯相令丞尉及孔

氏親屬婦女悉會賜帛有差　後漢書

桓帝元嘉二年詔孔子廟置百戶卒史一人掌領禮器春秋享禮出王家錢給大酒直河南尹給牛羊豕各一大司農給米　闕里志

以孔子十八代孫澍爲曾從事　終漢世十有一人　闕里志

此漢以來孔子子孫官於鄉之始

靈帝建寧二年詔祀孔子依社稷出王家穀春秋行禮給守塋廟百戶　闕里志

光和元年始置鴻都門學畫先聖及七十二弟子像　闕里志

三國

魏文帝黃初二年復以孔子二十一代孫羨襲封改稱宗聖侯後漢傳曰褒亭侯至獻帝初國絕魏復封令魯修舊廟又於外廣爲屋宇以居學者三國志　闕里志

魏齊王正始二年帝講論語通五年講尚書通七年講禮記通並使太常釋奠以太牢祠孔子於辟廱以顏淵配晉書

丘瓊山曰漢以來釋奠之禮始見於此前此祀孔子者皆于闕里至是始行于太學

顏子配始見於此

晉

武帝太始三年改封孔子二十三代孫震爲奉聖亭侯詔

大學及魯國四時備三牲以祀孔子　晉書　通典

泰始七年皇太子講經親釋奠於太學太子進爵於先師中庶子進爵於顔子　通考　通典

丘瓊山曰此太子釋奠之始

東晉

元帝大興二年皇太子親釋奠於太學　晉史

明帝太寧三年詔奉聖亭侯孔嶷四時祀孔子如泰始故事　闕里志

成帝咸康元年上親講經行釋奠禮於辟雍　通鑑

穆帝升平元年上講經詔以中堂權立太學行釋奠禮　晉史

孝武帝寧康三年上講經行釋奠禮以太學在水南懸遠有司請依穆帝故事權以中堂爲之禮畢會百官六品以上　通典　通考

南北朝

北魏太武帝始光三年起太學於城東祀孔子以顏淵配　魏書

此得禮始立學釋奠先聖先師之意

北魏太平眞君十一年車駕南伐至鄒山以太牢祀先聖孔子　魏書

南宋文帝元嘉三年詔十八代孫孔龢爲百戶主掌禮器

宋書

元嘉二十二年太子釋奠採晉故事裴松之議應舞六佾宜設軒懸之樂牲牢器幣悉依上公祭畢帝親臨學宴會太子以下悉在　宋書　通考

　丘瓊山曰釋奠主六佾軒懸之樂始此

北魏顯祖皇興二年遣中書令高允以太牢祀孔子　綱目

南宋孝武帝孝建元年詔建仲尼廟同諸侯之禮　宋書

北魏獻文帝天安元年詔立鄉學郡置博士二人助教二人學生六十人　通典

北魏獻文帝皇興三年詔賜孔氏四人官　闕里志

北魏孝文帝延興二年詔孔子廟有婦女合雜巫覡淫祀者禁之　魏書

孝文帝延興三年封孔子二十七葉孫乘爲崇聖大夫　闕里志

南齊武帝永明三年有司奏宋元嘉舊事學生到先釋奠先聖先師禮又有釋菜未詳今當行何禮用何樂及何禮器時從喻希議用元嘉故事　通典

孝文帝太和十六年詔宣尼廟別勑有司饗薦之禮　魏書

丘瓊山曰有司饗薦始于此

是年北魏改謚孔子爲文聖尼父　魏書

孝文帝太和十九年如魯城祠孔子改封二十八葉孫靈珍爲崇聖侯拜孔氏四人顏氏二人官　綱鑑　闕里志

此顏子錄後之始

魏立國子太學四門小學於洛陽　綱目

孝文帝太和二十一年賜田以養孔氏子孫　闕里志

此給田之始

南梁武帝天監四年詔立孔廟置五經博士立州郡學　綱目

武帝天監八年皇太子釋奠周捨議請依東宮元會太子著絳紗襮頂升殿從者皆服朱衣帝從之　隋書

北齊文宣帝天寶元年改封孔子三十代孫渠爲恭聖侯

闕里志

北齊將講於天子先定經于孔父廟講畢釋奠孔父行三獻禮　隋書

北齊釋奠每歲春秋二仲行禮每月朔制祭酒領博士以下及國子諸學生以上太學四門博士升堂助教以下太學諸生階下拜孔聖揖顏子日出行事郡學則於坊內立孔顏廟博士以下亦每月朝　隋書　通典

丘瓊山曰此後世朔日行禮之始

南梁元帝初在荊州起宣聖廟帝工書善畫自圖畫聖像爲之贊而書之時人謂之三絕　闕里志

此贊孔子之始

北後周靜帝大象二年詔追封孔子爲鄒國公裔孫襲爵如之　周書

陳宣帝大建三年皇太子釋奠先師　隋史

陳後主至德三年釋奠先聖于太學　綱鑑

隋

文帝開皇　年贈孔子爲先師尼父　闕里志

煬帝大業四年改封孔子三十二代孫嗣悊爲紹聖侯　隋書　闕里志

隋制國子寺每歲四仲月上丁釋奠於先聖先師州縣學

則以春秋仲月釋奠 隋書 衍義補

丘瓊山曰州縣學定時以春秋二仲釋奠始此

唐

高祖武德二年詔國子監學立周公孔子廟各一所 新唐書 文獻通考

武德七年帝詣國子學釋奠於先聖先師 綱目

唐書云以周公爲先聖孔子配享

武德九年詔改封孔子三十三代孫孔德倫爲褒聖侯 闕里志

太宗貞觀元年詔孔氏子孫並免賦役 闕里志

張海州曰此免賦役之始至周顯德遣使均田抑同編
戸宋太平興國中詔特免之
貞觀二年左僕射房元齡等議武德中詔釋奠於太學以
周公爲先聖孔子配享臣以爲周公尼父俱稱聖人庠序
置奠本緣孔子故五代及隋皆以孔子爲先聖顏回爲先
師別祀周公請停周公以孔子爲先聖顏回配從之衍義補
丘瓊山曰至是始定以孔子爲先聖顏子爲先師
貞觀四年詔州縣皆作孔子廟新唐書
此郡縣學立廟之始
貞觀十一年詔尊孔子爲宣父命褒聖侯德倫祭服元冕

朝會同三品　新唐書　闕里志

貞觀十四年上釋奠於國子學命祭酒孔頴達講孝經

闕里志

貞觀二十年詔皇太子詣國學釋奠於先聖先師皇太子爲初獻國子祭酒爲亞獻司業爲終獻初釋奠以博士自爲祭主至是中書侍郎褚遂良等奏請國學釋奠令國子祭酒爲初獻祝辭稱皇帝謹遣仍令司業爲亞獻博士爲終獻其諸州刺史爲初獻上佐爲亞獻博士爲終獻其縣學令爲初獻丞爲亞獻無博士以主簿爲終獻若闕並以次差攝州縣獻主既請遣刺史望准給祭祀明衣國學令

祭以太牢樂用軒縣六佾之舞並登歌一部上丁與大祭祀相遇改用中丁州縣常用上丁無樂牲用少牢　新唐書　衍義補　文獻通考

丘瓊山曰此後世國學遣官釋奠之始前此蓋學官自祭也而州縣以守令主祭亦始于此

貞觀二十一年詔以左丘明卜子夏公羊高穀梁赤伏勝高堂生戴聖毛萇孔安國劉向鄭衆賈逵杜子春馬融盧植鄭元服虔何休王肅王弼杜預范甯二十二人代用其書垂於國冑自今有事於太學並令配享尼父廟堂　唐書　通考

丘瓊山曰此此後世以先儒配享之始

高宗顯慶三年詔仲尼廟樂用宣和之舞國子博士范頵撰樂章　通考

歷代帝王祭祀孔子樂章不相沿襲而今所用者則仍有明所定者也

明太祖洪武初欽定釋奠文廟樂章　至今因用

迎神　咸和之曲無舞

大哉孔聖道德尊崇維持王化斯民是宗典祀有常精純益隆神其來格於昭聖容

奠帛　寧和之曲有舞

自生民來誰底其盛惟師神明度越前聖粢帛具成禮
容斯稱黍稷非馨惟神之聽
初獻　安和之曲有舞
大哉聖師實天生德作樂以崇時祀無斁清酤惟馨嘉
牲孔碩薦修神明庶幾昭格
亞終獻　景和之曲有舞
百王宗師生民物軌瞻之洋洋神其寧止酌彼金罍惟
清且旨登獻于三於嘻成禮
徹饌　宣和之曲無舞
犧象在前豆籩在列以享以薦既芬既潔禮成樂備人

和神悅祭則受福率遵無越

送神　祥和之曲無舞

有嚴學宮四方來宗恪恭祀事威儀雍雍歆格惟馨神馭還復明禋斯畢咸膺百福

望瘞　曲同送神無舞

右攷大明會典

乾封元年車駕過曲阜祀孔子贈太師　新唐書　綱鑑

總章元年贈顏回太子少師曾參太子少保並配享孔子　通考

丘瓊山曰此後世追贈孔門弟子之始而以曾參配享

亦始於此

○周武氏天授元年封孔子爲隆道公　新唐書

睿宗太極元年加贈顏子太子太師曾子太子太保皆配享　新唐書

元宗開元七年皇太子齒冑於學謁先聖詔三獻皆用冑子　新唐書

謹按太子入學齒冑注齒以年相序也冑裔也文王世子行一物而三善皆得者唯世子而已其齒於學之謂也陳氏註世子與同學之人讓齒也

開元八年司業李元瓘言孔宣父廟顏子配像立侍據禮

合從坐侍又四科弟子閔子騫等雖列像廟堂不預享祀而范甯等皆霑從祀請列享在二十二賢之上七十子者文翁之壁尚不闕如豈有國庠遂無圖繪請圖形於壁兼爲立贊曾參以孝受經于夫子請享之如二十二賢乃詔顏子等十哲爲坐像悉預祀曾子特爲塐像坐十哲之次圖七十子及二十二賢於廟壁上以顏子亞聖親爲製贊書於石閔損以下令在朝文士分爲之贊題其壁　通典

通考　唐書

開元十三年車駕過曾詣孔子宅親設奠祭遣使以太牢祭其墓　唐書　綱鑑

詔褒聖侯每代長子一人承爵兼賜一子官 闕里志

開元二十七年詔追謚孔子爲文宣王南向坐先時學中以周公南面而夫子坐西牖下貞觀中停周公祭而夫子位未改至是二京國子監天下州縣夫子始皆南向被王者袞冕服周洪謨曰袞冕之名通乎上下天子之服十二旒十二章一品之服九旒九章兩京樂用宮懸追贈顏子爲兗公西向配閔子騫冉伯牛冉仲弓宰子我端木子貢冉子有仲子路言子游卜子夏九人爲侯曾子輿等七十三人爲伯東西列侍 通典 唐書

丘文莊曰文宣之謚始此亦孔子封王弟子封公侯伯之始

改封孔子三十五代孫璲之爲文宣公 新唐書 闕里志

開元二十八年詔春秋二仲上丁以三公攝事 新唐書

肅宗上元元年歲旱罷中小祀太學仍祀文宣王 新唐書

德宗貞元二年釋奠詔自宰臣以下畢集於國學 闕里志

貞元間每年春秋釋奠祝版御署訖北面而揖時歸崇敬爲膳部郎中奏以爲其禮太重按大戴禮師尚父授周武王丹書武王東面受之請叅酌輕重庶得其宜 通考 闕里志

憲宗元和十五年詔文宣王家與一子官 闕里志

武宗會昌五年有事于南郊詔賜孔氏一子官 宣僖兩朝並如之

宣宗大中元年宰臣向敏中請賜百縑充享祀 唐書

五代

唐莊宗長興二年復祀文宣王廟朱梁喪亂祀典寖廢此特復之　宋史

周太祖廣順二年親征至兖如曲阜謁孔子祠旣奠將拜左右曰孔子陪臣也不當以天子拜之周主曰孔子百世帝王之師敢不敬乎遂拜如墓復拜敕禁樵採　通攷

通鑑

宋

太祖建隆元年帝視國子學詔增置祠宇塑繪先聖賢像自爲贊書於孔顔座端令文臣分撰餘贊禮成詔置戟仗於中門外　綱鑑

乾德五年詔以孔宜爲曲阜主簿奉孔子祀　綱鑑

謹按宜孔子四十四代孫文宣公仁玉之子五季以
來襲封廢絶至是命宜主祀事
太宗太平興國二年上幸學賜鄉貢進士孔世基官 闕里志
太平興國三年詔復孔宜襲封文宣公帝召宜問孔子世
嗣宜言歷代以聖人之後不預庸調周顯德中均田遂抑
本家爲編戶至今不免詔復其家 綱鑑
端拱元年帝幸國學謁文宣王 通攷
淳元四年上從監庫吏臣請先聖廟六衙朔望行香 宋史
眞宗咸平元年以孔世延襲封文宣公 家語附錄
景德三年詔令諸道州府軍監以庫餉支葺所在文宣王

廟　宋史

大中祥符元年東封禮畢如曲阜謁文宣王廟內外設黃麾仗上服鞾袍詣廟行酌獻禮初有司定儀止肅揖上再拜又詣叔梁紇堂命近臣分奠七十二弟子先儒遂如孔林以樹木擁道降輿乘馬至文宣王墓奠拜加謚曰玄聖文宣王追封父叔梁紇齊國公母顏氏魯國太夫人妻亓官氏鄆國夫人二年賜文宣王廟桓圭一令就廟立學預養孔氏子孫封弟子兗公顏回爲兗國公費侯閔損等九人爲公郕伯曾參等六十二人爲侯追封先儒魯史左丘明等二十一人爲伯內王肅故蘭陵亭侯贈司空杜預故

當陽侯贈司徒五年以玄聖犯聖祖諱改爲至聖 通考 綱鑑

宋史 闕里志

丘瓊山曰此後世從祀諸儒有封爵之始

張朝瑞曰此立學教聖裔之始

上謁廟畢詔孔氏公族併許陪位賜祭田百頃孔延渥等五人同學究出身宣賜孔氏銀三百兩帛三百疋 闕里志

祥符七年詔從王旦言祭天禮畢詣文宣王廟行禮 宋史

天禧元年判國子監孫奭言釋奠舊禮以祭酒司業博士爲三獻新禮以三公行事近年只差獻官二員通攝未副崇祀嚮學之意望令備差太尉太常光祿卿以充三獻詔

可　通考

又詔釋奠儀注及祭器圖令崇文館雕印頒行天下諸路

通考

仁宗天聖元年初卽位幸國子監釋奠先聖　闕里志

景祐元年詔釋奠用登歌　衍義補

丘瓊山曰本朝釋奠孔子用登歌堂上堂下之樂咸備

自是盛朝要典

嘉祐六年賜飛白書殿榜并金字篆廟碑差劉溫叟齋至

曲阜初寫碑時上齋沐臨筆其隆重如此　闕里志

慶曆四年帝幸太學謁先聖再拜　通考　宋史

至和二年改封孔子四十六代孫文宣公宗愿爲衍聖公

闕里志

綱鑑云太常博士祖無擇言祖諡不可加後嗣乞更定美謚乃改封焉

神宗元豐六年追封孟軻爲鄒國公　綱鑑

元豐七年詔以孟軻配食孔子位次顏子荀況楊雄韓愈並封伯從祀　綱鑑　闕里志

丘瓊山曰此孟子配享孔子之始

哲宗元祐元年令孔子後襲封者專主奉祀睦族不領他職每遇親祠大禮冬正朝會許赴闕陪位　通考

聖裔赴闕陪位始見于此明朝每逢天子視學必遣
官取衍聖公并三氏子孫赴京分獻觀禮宴賜
元祐六年帝臨國子監釋奠于孔子一獻再拜聽祭酒豐
稷講無逸終篇乃還或曰祖宗視學必有爵命金帛之錫
呂大防曰古者天子視學乃常事也吾欲天子時時幸焉
金爵之賚後日何可繼也聞者乃服　綱鑑
元祐八年敕將元年舊賜祭田一百頃均給族人新賜田
一百頃撥二十頃廟學贍生員二十頃充歲時祭祀十頃
置殿庭簾幙其五十頃歲收租修葺祠宇隨又增賜田一
百大頃免其稅課　闕里志

徽宗崇寧元年詔追封孔鯉爲泗水侯孔伋爲沂水侯

通考

崇寧三年太常寺言國朝祀儀諸壇祠祭正位居中南面配位在正位之東南西面若兩位亦爲一列以北爲上其從祀之位又在其後今國子監顏子孟子配享之位即與閔子騫等從祀之位同作一列雖坐次少出而在文宣王帳座之後於配食之禮未正請改正顏子而下從享位次爲圖頒示天下從之

通攷

崇寧四年詔太常寺考正文宣王廟像冠服制度用王者冕十二旒衮服九章令天下學宮如式改正

綱鑑

從國子司業蔣靖之請也

以王安石配享孔子位次孟子　綱鑑

詔辟雍文宣王殿名曰大成殿　宋史

大觀元年大司成强淵明言攷禮經士始入學釋菜請自

今每歲貢士始入辟雍並以元日釋菜于先聖從之　通攷

張朝瑞曰漢以來釋菜之禮始見于此夫始教祭菜禮

之以簡爲貴者也南朝宋齊以來迺以釋奠行之幾于

重矣至宋大觀中始定貢士釋菜之儀國朝因之每進

士釋褐及國學朔望日俱行釋菜禮正合始教祭菜之

義

大觀二年詔躋子思從祀　通考

從通仕郎侯孟請也

大觀四年文宣王改執鎮圭廟門增立二十四戟並如王者之制　通攷

是年孔子弟子公夏首后處公肩定顏祖鄡單罕父黑秦商原亢樂欬廉潔十人續贈侯爵從祀　通攷

宋祥符大觀中加封孔門弟子八十二人比家語少縣亶一人多公伯寮秦冉林放申棖鄡單蘧瑗六人

政和元年詔曾參顓孫師南宮縚司馬犂耕琴牢左丘明穀粱赤戴聖八人封爵皆犯聖諱悉更之　通攷

政和三年追封王安石爲舒王子雱爲臨川伯並從祀孔子廟庭　綱目

政和五年太常寺卿魏漢津製大晟樂成詔下國子學選諸生肄習以祀先聖　宋史

詔鄒縣孟子廟以樂正子配享追封侯萬章公孫丑浩生不害孟仲子陳臻充虞屋廬連徐辟陳代彭更公都子咸丘蒙高子桃應盆成括季孫子叔曹交十七人從祀追封伯　通攷

政和六年賜堂上正聲大樂一副禮器一副於闕里　闕里志

宣和四年幸太學奠謁時特賜孔朝端上舍出身 闕里志

宣和六年幸學特賜孔端木進士第永爲舊規

欽宗靖康元年罷王安石配享猶從祀廟庭徽雱從祀 綱鑑

南宋 遼金附

高宗建炎元年孔子四十八代孫衍聖公端友從帝南渡遂居於衢金以端友之弟端操權襲封衍聖公於魯 闕里志

紹興二年以孔端友之子玠襲封衍聖公於衢 闕里志

紹興七年仙源縣主簿孔若鑑奏免賜田稅課詔從之 宋史

紹興八年賜衍聖公玠衢州田五頃以奉祀事　綱鑑

紹興十年詔文宣王殿與大社大稷並爲大祀　宋史

紹興十四年國學大成殿成帝謁孔子止輦於大成門外入幄羣臣班列於庭帝出幄升東階跪上香執爵三祭酒再拜羣臣皆再拜帝降入幄分奠從祀如常儀遂臨太學

通攷

遼太祖神冊三年建孔子廟於遼都次年落成躬謁祭奠

通攷

孝宗淳熙四年幸太學　通攷

去王雱畫像　宋史

金熙宗皇統元年親祀孔子　遼金史

皇統二年勑免孔氏子孫賦役　遼金史

金世宗大定十四年國子監大成殿成詔聖像冕十二旒服十二章兗國公鄒國公像九旒九章上親釋奠登歌雅樂　金遼史

金章宗明昌元年上訪耆德賜孔端修進義校尉查舊賜田二百大頃兵革蕩失過半召戶部于近縣貼撥足之　闕里志

明昌二年孔子廟門置下馬牌　闕里志

明昌四年上幸學以襲公年幼賜孔璪權管勾祀事

明昌五年續給地六十餘頃房產四百間　闕里志

泰和元年再撥廟東南地六十四畝有奇助釋奠費　金史

金章宗承安二年春丁親祀孔子以親王攝亞終獻皇族陪祀文武羣臣助奠　金史

寧宗慶元三年定文宣王爲中祀　闕里志

理宗寶慶三年詔贈朱熹太師追封信國公紹定三年改封徽國公　綱鑑

淳祐元年詔追封周敦頤汝南伯張載郿伯程顥河南伯程頤伊陽伯與徽國公朱熹竝從祀孔子廟庭黜王安石從祀　綱鑑

丘瓊山曰此周程張朱從祀之始

按綱鑑寧宗嘉定四年國子司業劉爚奏刊朱子四書集註章句於太學

帝謁孔子遂臨太學 綱鑑

景定二年詔追封張栻呂祖謙爲伯從祀孔子廟庭 綱鑑

度宗咸淳三年帝詣太學謁孔子行舍（音釋）菜禮以曾參孔伋竝顏回孟軻配享升顓孫師于十哲列邵雍司馬光於從祀 綱鑑 衍義補

丘瓊山曰此顏曾思孟配享之始

元

世祖至元十年詔春秋二丁執事官各依品序朝服致祭
諸弟子員衣襴衫戴唐巾行禮　元史　綱鑑
至元十九年孔子五十三代孫宋衍聖公洙辭爵授國子
祭酒兼提舉淛東學校　闕里志　綱鑑
成宗大德元年勅有司到任先謁孔子以次詣神廟著爲
令　綱鑑
大德十一年武宗即位制加孔子號曰大成　衍義補
武宗至大二年春正月定制大成至聖文宣王春秋二丁
釋奠用太牢　元史
至大四年詔以銀幣詣闕里祀孔子　衍義補

仁宗皇慶元年遣宦者李邦寧釋奠於孔子　綱鑑

綱鑑邦寧旣受命行禮方就位忽大風起殿上及兩廡燭盡滅燭臺底鐵鐏入地尺許祭器無不拔者邦寧悚息伏地諸執事者皆伏良久風息乃成禮邦寧因慚悔累日

皇慶二年以許衡從祀孔子　元史　衍義補

延祐三年追封孟子父孟孫氏爲邾國公母爲邾國宣獻夫人　闕里志

以孔子五十四代孫思晦襲封衍聖公　闕里志

延祐七年詔以白金一百五十兩錦綺雜綵表裏各一十

三段遣說書王存義詣魯以太牢祀孔子帝手香加額以
授之 闕里志

泰定帝泰定元年遣使至曲阜以太牢祀孔子 綱鑑

文宗至順元年七月加封孔子父齊國公叔梁紇爲啓聖王母魯國太夫人顏氏爲啓聖王夫人顏子兗國復聖公曾子郕國宗聖公子思沂國述聖公孟子鄒國亞聖公河南伯程顥豫國公伊陽伯程頤洛國公 元史
九月詔以漢董仲舒從祀孔子位列七十二子下 元史

順帝元統三年封顏子父無繇爲杞國公謚文裕 陋巷志
是時無繇已加封至國公伯魚曾晳已封侯爵然尚

在兩廡從祀至激公宜亦追封邾國公矣雖未與從祀而顔曾思三子堂上侑食乃父坐于廡下義殊未安至明周弘謨等議以配享啓聖萬世而下眞覺禮之至而義之盡矣

國學禮樂錄卷之十

國學禮樂錄卷之十一

祀典

明

明太祖洪武元年二月丁未詔以太牢祀孔子於國學仍遣官詣曲阜祭告闕里定列聖登極承著爲制　會典

十一月以孔子五十六世孫希學襲封衍聖公弟希大爲曲阜知縣皆世襲　會典

十二月詔立孔顏孟三氏教授司尼山洙泗二書院命博士孔克仁等授諸子經功臣子弟亦令入學　通紀

洪武四年令進士釋褐詣國學行釋菜禮　會典

是年禮部更定釋奠孔子祭器禮物初孔子之祀像設高座而器物陳於座下弗稱其儀其來已久至是定擬各為高案其豆籩簠簋悉代以磁器　衍義補

丘瓊山曰宋蘇軾謂古者坐於席故籩豆之長短適與人均今土木之像既已巍然於上而列器皿於地使鬼神不饗則不可知若其享之則是俯伏匍匐而就食也由是觀之則孔子廟自唐設塑像以來已如此歷宋至元未之有改至是始正之云

洪武七年二月丁酉朔日食丁未祀孔子　上丁日食改用仲丁

洪武十五年太學成孔子以下去塑像易木主遣禮臣以

太牢祭　衍義補　吾學編

帝遂視學釋菜皮弁服詣位再拜獻爵復再拜　憲章錄

按洪武皮弁服行釋菜禮正合學記皮弁祭菜之義至永樂四年將視太學禮官議宋制謁孔子正服靴袍再拜帝曰見先師禮不可簡乃服皮弁行四拜禮

洪武十七年敕每月朔望祭酒以下行釋菜禮郡縣長以下詣學行香　衍義補

洪武二十六年頒大成樂於天下府學令州縣如式製造　會典

洪武二十九年春三月壬申詔文廟罷楊雄從祀

從行人司副楊砥言也

建文元年帝祀孔子幸太學　吾學編

成祖永樂四年謁孔子于太學　吾學編

仁宗洪熙元年賜衍聖公孔彥縉宅

宣宗宣德元年登極遣太常寺丞孔克準詣闕里祭告白
先師以下四配十哲兩廡凡九壇俱用太牢　憲章錄

英宗正統二年以宋儒胡安國蔡沈眞德秀從祀孔子廟
庭　吾學編

正統三年禁祀孔子於釋老宮令祭物非所產者以所產
代　吾學編

正統九年帝幸學釋奠孔子 憲章錄

景泰元年上即位遣翰林院侍講吳節以香帛詣闕里祭告

景泰三年令顏子孟子嫡孫世爲五經博士 闕里志

景泰六年以宋儒朱熹裔孫梴世襲翰林院五經博士

憲章錄

景泰七年以宋儒周敦頤裔孫冕爲翰林世五經博士

憲章錄

英宗天順元年遣工科給事中孫昱詣闕里祭告

憲宗成化元年帝幸太學釋奠孔子 吾學編

成化二年追封董仲舒胡安國蔡沈眞德秀爲伯 會典

成化十三年增孔子樂舞籩豆之數 吾學編

孝宗弘治元年帝視太學釋奠孔子改分獻爲分奠吏部尚書奏請加禮上從之前特用幣改太牢 通紀

弘治六年詔以孔子五十九代孫彥繩世爲翰林五經博士主衢州廟祀 憲章錄

從衢州府知府沈杰議也

弘治九年追封宋儒楊時爲將樂伯從祀孔子廟庭

弘治十二年闕里廟災遣官祭告 闕里志

弘治十七年闕里廟成遣輔臣李東陽祭告 闕里志

武宗正德元年帝視太學謁孔子 闕里志

設子思書院博士一員以襲封衍聖公嫡次子孫爲之 闕里志

正德八年流賊犯闕里遣撫臣祭告 闕里志

世宗嘉靖元年帝視太學謁孔子止輦於櫺星門外 闕里志

詔以朱熹守婺源祠十一世孫墅蔭錄翰林院五經博士 文公年譜

初景泰六年詔以朱子建安九世孫梴世襲翰林院五經博士以奉祭祀婺源守祠九世孫楙送國子監讀書至是守臣張芹等復援孔氏曲阜例以請故有是命今

朱氏有兩博士云

嘉靖九年釐正舊號題曰至聖先師孔子神位四配稱復聖顏子宗聖曾子述聖子思子亞聖孟子之位從祀十哲以下及門弟子七十二人皆稱先賢某子之位左丘明以下二十九人皆稱先儒某子之位盡罷公侯伯諸封爵

詔罷祀公伯寮秦冉顏何荀况戴聖劉向賈逵馬融何休王肅王弼杜預吳澄十三人

改祀先賢林放蘧瑗先儒鄭元鄭衆盧植服虔范甯七人於其鄉

進后蒼王通胡瑗歐陽脩陸九淵從祀

改稱大成殿爲先師廟大成門曰文廟減籩豆十二爲十
八佾爲六闕里天下府州縣籩豆十爲八
特立祠祀齊公叔梁紇稱啟聖公孔氏以顏無繇曾點孔
鯉孟孫激配稱先賢程珦朱松蔡元定從祀稱先儒撤無
繇點鯉兩廡從祀　會典　吾學編
從大學士張璁之議是時璁以矯議大禮迎合世宗
寵信無比而聖廟祀典其持論甚正故悉可其奏焉
三月帝釋奠先師遂幸太學　會典
十三年帝視太學釋奠先師服皮弁謁拜用特牲奠帛行
釋奠禮樂三奏文舞八佾從祀及啟聖分奠用酒脯巳祝

學進諸生橫經布講仍諭敦本尚實勿徒事詞章　通紀
嘉靖十八年令曾子嫡孫世襲翰林院五經博士　通紀
　兗州府志
穆宗隆慶元年帝視太學釋奠先師　闕里志
隆慶五年詔以薛瑄從祀孔子廟庭　闕里志
神宗萬曆元年帝釋奠先師遂幸太學
萬曆四年帝幸太學釋奠先師　闕里志
萬曆十二年詔以新建伯王守仁檢討陳獻章布衣胡居
仁從祀孔子廟庭　崇祀錄
萬曆二十三年詔以周輔成從祀啟聖祠

從湖廣撫按郭惟賢等之請也

萬曆四十二年詔以羅從彥李侗從祀孔子羅祀東廡位朱子上李祀西廡位南軒上從學臣熊尚文禮部孫愼行之請也　歷代祀典

熹宗天啟二年妖賊徐鴻儒犯曲阜知縣孔聞禮拒之事聞詔遣官諭闕里慰祭　資治通紀

天啟三年妖賊徐鴻儒平詔脩復孟氏墓廟遣官致祭

天啟五年上視太學行釋奠禮

懷宗崇禎二年帝釋奠先聖于太學

崇禎十四年上視太學釋奠先師　明年二月議改周邵二程張朱六子木主進稱

先賢位列七十子之下漢唐諸儒之上

定制歲仲春秋上丁皇帝御奉天殿傳制遣大臣以太牢致祭至聖先師孔子于太學南京太學遣祭酒禮三獻樂六奏文舞六佾司府州縣衛學各提調官行事用少牢禮樂如太學是日子夜先祭啟聖公孔氏用少牢太學遣祭酒南京太學司業司府州縣衛學各提調官行事

吾學編

國學禮樂錄卷之十一

國學禮樂錄卷之十二

祀典

國朝

世祖章皇帝順治初年遣官祭告闕里 大清會典 兗州府志

順治二年

帝幸太學行釋奠禮 會典

順治八年

上遣都御史劉昌詣闕里祭告加稱大成至聖文宣先師

孔子 從李若琳龔鼎孳之請也 闕里志 祀典

以孔子六十六代孫興燮襲封衍聖公進爵少保兼太子

太保　會典

順治九年

帝視太學行釋奠禮詔孔氏四人顏氏二人入覲觀禮賜

官有差　陋巷志　會典

今上康熙元年

帝視太學行釋奠禮　國朝祀典

康熙七年

上遣光祿寺卿楊永寧詣闕里祭告　闕里新志

康熙九年　詔賜先賢程子後裔程宗昌世襲翰林院五

經博士

康熙十五年　詔賜先賢仲子後裔仲秉貞世襲翰林院

五經博士

康熙十九年　詔賜先賢程子後裔程延祀世襲翰林院

五經博士以程氏二子不應止襲一人特增博士一員令各以其嫡子孫爲之

詔以先儒周敦頤張載後裔世襲五經博士如程朱二氏

例　恩例

康熙二十一年遣僉都御史宋文運詣闕里祭告　祀典

康熙二十二年詔議祀禮

是年十一月初六日國子監祭酒王士禛等一本奏

爲恭請酌定

先師祀典以光一朝之制度以垂萬世之法守事切惟
聖莫盛於仲尼禮莫大於祀典故凡受命之君莫不
奉以爲師崇其秩祀我
皇上親政以來丕崇文教臨雍釋奠誠以道隆則從而隆
不拘乎其位也臣等攷之前代自漢高帝始以太牢
祀孔子至唐宋元而隆以王號明成化弘治間祭酒
周洪謨奏請佾舞當與冕服相稱增以八佾十二籩
豆雖歷代因革損益不同然以
至聖之道歷久而彌尊故凡崇祀之典有隆而無替其
改大祀而爲中祀則嘉靖九年佞臣張璁之議也臣

等伏思孔子德配

天地道冠古今堯舜禹湯文武得孔子而道統不昧於見聞君君臣臣父父子子而倫彝不泯于宇宙自生民以來誠未有盛焉者也揣璁之意不過以孔子生未得位不當舞八佾不知以位論之則孔子非但不得舞八佾並不得舞六佾乃歷代之君相與尊崇之有加無已者以道不以位也且禮樂祭從主者以天子而祀其師自當用天子禮樂我

皇上文德武功超邁前古褒崇正學誅斥異端作君作師直接堯舜以來之道統則議禮制度考文上軼

百王下垂億禩此其時矣伏乞
勑下禮臣并廷臣集議
先師祀典樂舞籩豆酌成化弘治年間儀制俾一百五
十餘年缺略之典煌然復昭于盛世尊道重德之禮
特垂範于無窮矣疏上奉
旨該部議奏十二月內部議沮遂不果行至明年甲子
上幸闕里以圜丘禮祀之則尊師之典與
天並隆蓋至此而無以復加矣
康熙二十三年十一月十八日
帝東巡狩　駕幸闕里以圜丘禮親祀至聖孔子於大成

殿奏咸和諸樂
上手書萬世師表四字於闕里聖殿遂頒式天下學宮摹
勒　御筆製匾懸之復
賜衍聖公加太子太師孔毓圻曲柄龍蓋一大蟒袍一曲
阜令孔　大蟒袍一陪祀諸博士小蟒袍各一
賜十哲兩廡先賢先儒嫡子孫各世襲奉祀生員一名食
九品俸　幸魯盛典
上復詣至聖林墓瞻拜如禮　駕御金聲堂是日聖裔舉
人孔尚元監生孔尚任進講經義克副
上意各授國子監博士贊禮生員孔毓璋等四人各授官

有差餘聖裔庠生各賚銀五兩 闕里新志

上駐蹕東魯遣 親王致祭先聖周公墓廟擇公裔東野氏名沛然者爲翰林院五經博士子孫世襲 幸魯盛典

康熙二十五年 御製至聖先師孔子贊頌布天下俾勒石於學宮 國朝盛典

康熙二十六年

上勑禮臣修飭文廟禮制樂器令天下學宮擇鄉郡俊秀習佾舞 國朝盛典

康熙二十八年遣內閣學士彭孫遹祭告闕里

御製顏曾思孟四子贊頌布天下俾勒石於學宮 國朝盛典

康熙三十五年遣光祿寺卿李錦祭告闕里

康熙三十六年遣翰林院侍講學士史夔祭告闕里 闕里新志

康熙三十八年

上東巡狩 駕幸闕里

躬祭先聖行釋奠禮翼日如墓祭拜如廟禮 幸魯盛典

詔以先賢閔子後裔閔衍籍端木子後裔端木謙並世襲

翰林院五經博士 南巡盛典

康熙四十一年 詔以先儒邵子後裔邵文學世襲翰林

院五經博士 南巡盛典

康熙四十二年遣詹事府詹事徐秉義祭告闕里

康熙四十三年平定朔漠告成太學立碑釋奠

康熙四十四年

上南巡狩先賢言子裔孫德堅蒙恩召對　詔禮臣議襲

五經博士

康熙四十八年遣侍講學士梅之珩祭告闕里

康熙五十一年

上念先賢朱子發明聖道執於中正厥功甚偉加意褒崇

特命禮臣升祔木主自東廡移於　大成殿十哲之次配

享至聖

康熙五十二年遣戶部右侍郎廖騰煃祭告闕里

康熙五十四年　詔以宋名臣范仲淹身通六經政尚忠
厚
特允從祀　文廟西廡以示崇奬儒臣至意
康熙五十七年遣内閣學士張廷玉祭告闕里
康熙五十八年五月初六日遣禮部員外郎舒瞻賫送
御製中和樂器一分於闕里　先師孔子廟

國學禮樂錄卷之十三

禮經

禮王制四代之學有虞氏上庠下庠夏后氏東序西序殷人右學左學周人兼之

學記古之王者建國君民教學爲先古之教者家有塾黨有庠術有序國有學

周禮大司樂掌成均（五帝學名）之法以治建國之學政而合國之子弟焉凡有道者有德者使教焉死則以爲樂祖祭於瞽宗

鄭康成曰有道德者若舜命夔典樂教胄子是也死則

以爲樂祖神而祭之也明堂位曰瞽宗殷學也
賈公彥曰祭樂祖必於瞽宗者文王世子云春誦夏絃太師詔之瞽宗以其教樂在此故祭樂祖亦還在此
王制天子曰辟雍諸侯曰頖宮
陳澔曰辟明也雍和也頖之言班也所以班政教也
大胥春入學舍（音釋後放此）采（讀作菜）合舞秋頒樂合聲
鄭康成曰春始以學士入學宮而學之必釋菜禮先師也菜蘋蘩之屬春使之學秋頒其才藝所爲合舞者等其進退使應節奏合聲者等其曲折使應節奏也
賈公彥曰頒分也分其才藝高下

呂與叔曰釋菜之禮禮之至簡者也旨不在多品貴其誠也其用有三每歲春合舞則行之月令云仲春命樂正合舞舍采也始立學則行之文王世子云旣受器用幣然後舍菜是也始入學則行之學記云始教皮弁祭菜示敬道也

禮記王制天子將出征類乎上帝宜乎社造乎禰禡於所征之地受命於祖（告廟也）受成於學（定兵謀也）出兵執有罪反釋奠於學以訊馘告

陳祥道曰訊者問其首馘者截其耳釋奠於學而告之者以學者文德之地也

月令仲春之月上丁命樂正習舞釋菜天子乃帥三公九卿諸侯大夫親往視之仲丁又命樂正入學習樂

孔穎達曰此仲春習舞則大胥春入學舍菜合舞一也據人所學謂之習舞節奏齊同謂之合舞按大胥秋頒學合聲周禮也月令仲秋無合聲者殷法也故不同

陳澔曰仲春上旬必用丁者以先庚三日後甲三日也習舞釋菜謂將教習舞者則先以釋菜之禮告先師也

陳祥道曰釋奠日用上丁者丁象火也火象文教宣明曲禮曰內事以柔日故取陰火也

文王世子凡學春官釋奠於其先師秋冬亦如之

鄭康成曰官謂禮樂詩書之官周禮曰凡有道者有德者使教焉死則以爲樂祖祭於瞽宗此之謂先師若漢禮有高堂生樂有制氏詩有毛公書有伏生可以爲之也不言夏夏從春可知也

陳澔曰釋奠者但奠置所祭之物而已無尸無飲食酬酢等事主於行禮非報功也

凡始立學者必釋奠於先聖先師及行事必以幣

孔穎達曰諸侯始立學釋奠先聖先師天子亦然

陳澔曰諸侯初受封天子命之教於是立學所謂始立學也立學事重故釋奠於先聖先師四時之教常事耳

故惟釋奠於先師而不及先聖也行事謂始立學而行釋奠之事必以幣必奠幣爲禮也

劉執中曰周有天下立四代之學虞庠則以舜爲先聖夏學則以禹爲先聖殷學則以湯爲先聖東膠則以文王爲先聖各取當時左右四聖成其德業者爲之先師配享焉此天子立學之法也

凡釋奠者必有合也（朱子曰合樂）有國故（朱子曰國有凶喪之故）則否凡大合樂必遂養老

鄭康成曰大合樂謂春入學舍采合舞秋頒學合聲時則天子視學焉遂養老者謂用其明日也

陳澔曰凡行釋奠之禮必有合樂之事若國有凶喪之故則雖釋奠不合樂也常事合樂不行養老之禮惟大合樂之時人君視學必養老也

始立學者既興（作釁）器（句）用幣（句）然後釋菜不舞不授器乃退儐于東序一獻無介（副也）語可也（先時不語禮尚嚴也）教世子

陳澔曰立法之初未有禮樂之器及其制作之成塗釁既畢即用幣於先聖先師以告此器之成纔又釋菜以告此器之將用也凡祭祀用樂舞者則授舞者以所執之器如干戚羽籥之類今此釋菜禮輕既不用舞故不授舞器也諸侯有功德者亦得立異代之學東序夏制

也與虞庠相對東序在東虞庠在西今釋菜于虞庠既畢事乃從而退儐禮其賓于東序之中其禮旣殺惟行一獻無介與語亦可也此以上雖不專是教冑子之事然以教世子爲主故以此句總結上文

熊氏曰釋奠有六始立學釋奠一也合四時釋奠五也王制師還釋奠於學六也釋菜有三春入學釋菜合舞一也此釁器釋菜二也學記皮弁祭菜三也秋頒學合聲無釋菜之文則不釋菜也釋幣惟一即此釁器用幣是也

天子視學大昕鼓徵所以警衆也衆至然後天子至乃命

有司行事典秩節祭先聖先師焉有司卒事反命

陳澔曰天子視學之日初明之時學中擊鼓以徵召學士蓋警動衆聽使早至也凡物以初爲大末爲小故以大昕爲初明也有司教詩書禮樂之官也典舉秩常節禮也卒事反命謂釋奠事畢復命于天子也

始之養也適東序釋奠於先老

陳澔曰天子視學在虞庠之中事畢反明日乃之東序行養老之禮始謂始立學先老先世之三老也

學記大學始教皮弁祭菜示敬道也

吳澂曰古者始入學必釋菜于先聖先師故大學始初

之教有司先服皮弁行釋菜禮葢示學者以敬先聖先師之道也常服元冠今加服皮弁芹藻之菜簡質而潔皆示敬也

祭法夫聖王之制祭祀也法施於民則祀之以死勤事則祀之以勞定國則祀之能禦大災則祀之能捍大患則祀之

孔頴達曰法施於民若神農后土帝嚳與堯卨及黃帝顓頊之屬以死勤事舜及鯀冥是也以勞定國禹也禦大災捍大患湯及文武是也

陳祥道曰法施於民民功曰庸也以死勤事以勞定國

事功曰勞也禦天之大災捍人之大患治功曰力也

張朝瑞曰按新唐書曰祀典法施於人則祀之如仲尼祖述堯舜憲章文武刪詩書定禮樂修春秋使君君臣臣父父子子皆宗之法施於人矣以此推之師儒以道淑人應法施於人之義故凡有功於道學之儒皆與從祀之列焉

祭義祀先賢於西學所以教諸侯之德也

孔頴達曰以先賢有德故祀之令諸侯尊敬有德故云教諸侯之德

陳澔曰西學西郊之學周之小學也王制云虞庠在國

之西郊是也

樂經

易雷出地奮豫先王以作樂崇德

書詩言志歌永言聲依永律和聲八音克諧無相奪倫神人以和

后夔曰戛擊鳴球搏拊琴瑟以詠下管鼗鼓合止柷敔笙鏞以間

詩簴業維樅賁鼓維鏞於論鼓鐘於樂辟廱

春秋夫音樂之輿也而鍾音之器也器以鍾之輿以行之小者不窕大者不槬則和於物物和則嘉成

禮記宮爲君商爲臣角爲民徵爲事羽爲物五者不亂則
無沾滯之音
樂記發以聲音文以琴瑟動以干戚飾以羽旄從以簫管
奮至德之光動四氣之和以著萬物之理是故清明象天
廣大象地終始象四時周旋象風雨五色成文而不亂八
風從律而不奸百度得數而有常大小相成終始相生倡
和清濁迭相爲經故樂行而倫清先鼓以儆戒三步以見
方再始以著往復亂以飭歸奮疾而不拔極幽而不隱是
故情見而義立樂終而德尊
周禮大司樂凡樂圜鐘爲宮黃鐘爲角太簇爲徵姑洗爲

羽雷鼓靁鼗孤竹之管雲和之琴瑟雲門之舞冬日至于地上之圜丘奏之若樂六變則天神皆降可得而禮矣凡樂函鐘爲宮太簇爲角姑洗爲徵南呂爲羽靈鼓靁鼗孫竹之管空桑之琴瑟咸池之舞夏日至於澤中之方丘奏之若樂八變則地祇皆出可得而禮矣凡樂黃鍾爲宮大呂爲角太簇爲徵應鍾爲羽路鼓路鼗陰竹之管龍門之琴瑟九德之歌九磬之舞於宗廟之中奏之若樂九變則人鬼可得而禮矣

左傳晏子曰先王之濟五味和五聲也以平其心和其政也聲亦如味一氣二體舞有文武三類風雅頌四物雜用四方之物以成器

五聲六律七音八風九歌以相成也

五聲六律七音　變宮　八風九歌以相成也

變宮
變徵
六變徵聲五
十六小分八

○變宮聲四
十二小分

國語周景王將鑄無射問律於伶州鳩對曰律所以立鈞
出度也古之神瞽考中聲而量之以制律度均鐘百官軌
儀紀之以三　天地平之以六成於十二天之道也夫六中　人
之色也故名之曰黃鐘所以宣養六氣九德也由是之第
二曰太簇所以金奏贊陽出滯也三曰姑洗所以修潔百
物考神納賓也四曰蕤賓所以安靖神人獻酬交錯也五
曰夷則所以詠歌九則平民無貳也六曰無射所以宣布
哲人之令德示民軌儀也為之六間以揚沉伏而黜散越

周易豐樂　卷之二十三　樂經　八

也元間大吕助宣物也二間夾鐘出四隙之細也四時間隙之微陽也三間中吕宣中氣也四間林鐘和展百事俾莫不任肅純恪也五間南吕贊陽秀六間應鐘均列器用俾應復也

律吕不易無姦物也

禮運曰五聲六律十二管還相爲宮也

周禮大司樂掌成均之法以治建國之學政而合國之子弟焉凡有道者有德者使教焉死則以爲樂祖祭於瞽宗以六律六同五聲八音六舞大合樂以致鬼神祇凡樂事大祭祀宿縣方祭之前夕列樂器于筍簴遂以聲展之

樂師掌國學之政以教國子小舞凡舞有帗舞析五綵之繒爲之

有羽舞析重翟之羽爲之有皇舞兼五彩扇以象鳳凰來儀有旄舞持旄牛之尾以象百獸率舞有干舞執干盾而舞有人舞舉袖而舞教樂儀行以肆夏趨以采齊

大胥掌學士之版春入學舍釋菜合舞秋頒樂合聲以六樂之會正舞位以序舞者

小胥正樂縣之位王宮縣四面皆縣如宮之有墻也諸侯軒縣去其南面以避王鈌一面而存三面取象于軒卿大夫判縣又去其北面士特縣又去其西面以示特立之義辨其聲凡縣鐘磬半爲堵全爲肆

元丘葵曰鐘鼓各八同在一簴者謂之堵如宮墻之半也鐘十六爲一簴磬十六爲一簴謂之肆四面皆

設言其全也

大師掌六律六同以合陰陽之聲大祭祀帥瞽登歌令奏擊拊下管播樂器鼓朄（朄音引）

小師掌教鼓鼗柷敔塤簫管絃歌大祭祀登歌擊拊下管擊應鼓小祭祀掌六樂聲音之節與其和

瞽矇掌播鼗柷敔塤簫管弦歌鼓琴瑟

眡瞭掌播鼗擊頌磬笙磬掌大師之縣（凡磬與鏞聲相應曰頌磬與笙聲相應曰笙磬）

典同掌六律六同之和以辨天地四方陰陽之聲以爲樂器凡聲高聲硍（衮）正聲緩下聲肆陂聲散險聲斂達聲贏

微聲韽回聲衍侈聲筰窄弇聲鬱薄聲甄厚聲石凡爲樂器以十有二律爲之數度以十二聲爲之齊劑量凡和樂亦如之

磬師掌教磬教編鐘

鐘師掌金奏

笙師掌教龡竽笙塤籥簫篪篴管

鎛師掌金鼓之奏

典庸器掌藏樂器

樂志

班固漢前志曰黃帝使伶倫自大夏之西崑崙之陰取竹

之嶰谷取其竅厚均者斷兩節閒而吹之以爲黃鐘之宮制十二筒以聽鳳鳴雌雄各六黃鐘之宮皆可以生之是爲律本

劉昭漢後志曰伏羲作易紀陽氣之初以爲律法建日冬至之聲以黃鐘爲宮太簇爲商姑洗角林鐘爲徵南呂爲羽應鐘爲變宮蕤賓爲變徵此聲氣之元五音之正也

太史公曰細若氣微若聲吹以攷聲列以候氣

呂氏春秋曰黃鐘生林鐘林鐘生太簇太簇生南呂南呂生姑洗姑洗生應鐘應鐘生蕤賓蕤賓生大呂大呂生夷則夷則生夾鐘夾鐘生無射無射生仲呂三分所生益其

一分以上生去其一分以下生黃鐘大呂太簇夾鐘姑洗仲呂爲上甤賓林鐘夷則南呂無射應鐘爲下

律書曰律數九九八十一以爲宮三分去一五十四以爲徵三分益一七十二以爲商三分去一四十八以爲羽三分益一六十四以爲角

杜氏通典曰古之神瞽攷律均聲必先立黃鐘之均黃鐘之管以九爲法故用九自乘爲絲管之數其增減之法又以三爲度以上生者皆三分益一以下生者皆三分去一宮生徵徵生商商生羽羽生角此五聲大小之次第也

淮南子曰一律而五音十二律而爲六十音因而六之六

六三十六故三百六十音以當一歲之日故律曆之數天之道也

前漢書曰五聲中商章也物成熟可章度也角觸也物觸地而出戴芒角也宮中也居中央暢四方唱始施生爲四聲綱也徵祉也物盛大而繁祉也羽宇也物聚藏宇覆之也

程氏復心曰樂律自黃鐘至中呂皆屬陽自蕤賓至應鐘皆屬陰此是一大陰陽黃鐘爲陽大呂爲陰太簇爲陽夾鐘爲陰每一陽間一陰又是一小陰陽五音始于宮宮數八十一商數七十二角數六十四徵數五十四羽數四十

八以數之多少爲尊卑故曰宮商角徵羽也

樂器名義

闕里志曰樂器皆古聖人之所制聖人非以其意而制之乃以其理制之理者天而已矣天有八方之氣聖人以金石絲竹匏土革木八方之物而該括八方之氣乃于樂中奏之可以宣八方之氣者以有八方之物在也故八者欲其全器欲其備不全則器缺不備則氣微缺固不足以爲樂之全微亦不足以言樂之妙乃知八音之器不可不備矣備也者合大與小之謂也小者合律吕之倍數故有一倍之器有二倍之器有三倍之器又有四倍之器倍至于

四其氣始全是故鎛鐘特磬者四倍之器也編鐘編磬者三倍之器也頌鐘頌磬者二倍之器也歌鐘歌磬者一倍本數之器也以是琴有大琴小琴瑟有大瑟小瑟簫有管簫篴簫笛有大笛小笛笙有竽笙巢笙塤有頌塤雅塤鼓有路靁相鼗是皆倍數爲之也蓋本數其聲清倍數其聲濁單清失之輕單濁失之重輕重之間乃天地之所以合德四象之所以合氣中聲之所以妙用故必合大小器而並奏之一合于律呂之和而不見其乖戾此樂之大成所以爲妙焉若單器者小成之用也是故知倍數之理則律呂可求其端樂器可求其始名器雖多皆爲樂中之妙用

而不可無者也

麾旛周官巾車掌木路建大麾以田以封藩國後世協律郎執之以導樂焉

旌節爾雅云和樂謂之節蓋樂之聲節之以鼓樂之容節之以節舞師執之爲綴兆行列進止疾徐之則又曰節制也謹始之意也

革部古人取牛馬之革以冒鼓故謂鼓爲革革之爲名去故意也爲羣音首其卦坎其方北其時冬其風廣莫其律黃鐘其聲一其音讙冬至之氣也蓋萬物勞乎坎則革而趨新且坎居子位陰革而一陽生故爲革而首羣

音其聲坎坎如雷坎之爲卦一陽陷于二陰之間雷則陽在陰內不得出奮擊而爲雷革之冒木陽氣在內故屬坎而雷聲也其氣屬水其用兼土蓋水土同宮而同旺于子是以鼓有二用先鼓以警戒象水居五行之始擊鼓以收宮象土居五行之終故曰鼓無當于五聲五聲弗得弗和猶水無當于五味五味弗得弗調凡祀天地神祇宗廟有六變八變九變之不同而必用鼓以收宮焉

按先儒序八音以金石絲竹匏土革木爲次周禮則以金石土革絲木匏竹爲次漢律曆志以土匏革竹

絲石金木爲次律呂精義以竹匏土絲金石革木爲次今闕里志以革爲首音所載互異於義未詳

鼉鼓一名晉鼓又曰皐陶周禮以晉鼓鼓金奏考工記韗人爲皐鞠是也又曰鼛鼓鼓役事故凡作樂先用之以儆戒乃堂下之樂瞽矇司之詩云鼉鼓逢逢矇瞍奏公

懸鼓詩應田縣鼓儀禮謂之建鼓北齊宮懸之制建鼓在四隅又樂記宗廟用九變之樂鼓用四面以收宮調之路鼓卽建鼓也

楹鼓商之制也亦謂之建鼓周禮太僕建路鼓于大寢之門外儀禮大射建鼓在阼階西南楹鼓蓋爲一楹而四

稜焉貫鼓於端則建之義也隋制棲鷺於上則路之義
也以其先倡故又謂之朔鼓

足鼓亦曰應鼓夏后氏之制所以應楹鼓也禮記云夏后
氏足鼓殷楹鼓周縣鼓葢鼓則一或加以足或貫以楹
或縣以架故皆以建鼓路鼓名焉

鞉鼓一名鞀月令曰修鞀鞞先儒謂小鼓有柄曰鞀大鞀
爲鞞爾雅曰大鞉謂之麻小者謂之料儀禮大射鼗倚
於頌磬西紘周官播鼗瞽矇眡瞭掌之記曰賜諸侯樂
以柷將之賜子男樂以鞉將之葢柷以合樂鞉則兆鼓
而已凡樂事先播鞉鞭則引大鼓者也又孔穎達曰柷

所以節一曲之始其事寛故以將諸侯之命鼗所以節一唱之終其事狹故以將伯子男之命詩言鞉磬柷圉言鞉必及磬是鐘磬作則鞉作矣禮書謂鞉常在前輮常在後實用編又謂鼓鼗四面所以收宮蓋凡鼓皆用以收宮其起宮者惟警戒之鼉鼓而已大成樂加鼗鼓于楹鼓之前所謂兆鼓也然又前句之終者實開後句之始而輮止于收一字之終豈非鞉在前而輮在後乎舊制謂鞉鼓制似鼓司之者掛于項兩手拊之以節樂蓋誤以搏拊為鼗鼓矣

按儀禮注紘編磬繩也設鼗于磬西倚於紘也

搏拊書傳謂以韋爲鼓謂之搏拊實之以糠白虎通所謂拊革著以糠是也其設在堂上其用則先歌周禮所謂登歌合奏擊拊是也大戴禮曰懸一磬而尚拊孫卿子曰懸一鐘而尚拊則拊在一鐘一磬之東也子夏曰絃匏笙簧會守拊鼓則衆樂待其動而後作用以收宮節用以起宮也虞書謂之搏拊明堂位謂之拊搏蓋其用左右手或搏或拊莫適先後也通典謂之撫拍撫之以節樂也實用編曰若拊鼓應鼓皆鼓之小者堂上用以節歌拊之爲器韋表糠裏狀則類鼓其聲和柔倡而不和故可施於堂上蓋堂上門內之治以拊爲之父堂下

門外之治以鼓爲之君堂上之樂待以作者在拊堂下之樂待以作者在鼓鼓小鼓也又謂之應鼓

田鼓亦曰應鼓以其應拊鼓也通典謂應鼓在大鼓側和大鼓者此堂上之足鼓也實用編曰鼓之小者爲應本堂下之樂而亦謂應者當堂上擊拊之時則堂下擊鼓以應之所以然者拊聲和柔而不鏗鏘聞於堂上不能聞於堂下得應鼓以應之則聲聞堂下人皆知歌之起止故曰應施於擊拊又施于歌徹以其應拊也或謂每奏一句將闋楹鼓一擊而搏拊一拍以尾之則誤以足鼓爲搏拊矣而又誤以搏拊爲田鼓矣詩曰應田縣鼓

先儒解田作朄朄小鼓也應亦小鼓爾雅曰大鼓謂之鼖小鼓謂之應周禮大祭祀皆鼓朄擊應大射有朔鼙應鼙禮書謂應鼓號應鼙朔鼓號朔鼙詩以應配朄則朔鼙乃朄鼓也以其引鼓故曰朄以其始鼓故曰朔儀禮有朔無朄周禮有朄無朔其實一也大射應鼓在東朔鼓在西朔作則應應之是堂下之樂貴西也朔鼙卽田鼓應鼙卽應鼓田與應制皆小鼓而設在門外有東西之分故其名異葢不獨應堂上之拊而二鼓亦各自爲倡應也

相鼓又謂之節鼓樂記云始奏以文復亂以武治亂以相

訊疾以雅蓋爲文武治亂之節也爾雅云和樂謂之節節卽相也晉傅休奕節賦曰口非節不咏手非節不拊江左清樂有節鼓唐雅樂升歌亦用之鄭氏以相爲拊非矣通典謂鼓制如博局中開圓孔適容其鼓擊之以節樂也

按周制有六鼓曰靁鼓曰靈鼓曰路鼓曰鼖鼓曰鼛鼓曰晉鼓以雷鼓救日月以靈鼓攻猛獸以路鼓達窮者與遽令以鼖鼓止軍以鼛鼓止役事以晉鼓止金奏今細攷之晉鼓者卽建鼓是也長六尺六寸兩面各徑四尺中間徑六尺六寸六分繪以風雲雷雨之象曰雷鼓

繪以麟鳳龜龍之形曰靈鼓繪以飛鷺之形曰路鼓懸鼓者建鼓兩旁所懸應朔二鼙也楹鼓一名鼖鼓鼖鼓長一丈二尺楹者柱也鼓甚大不可用趺但埋其柱而竪築之故曰楹足鼓者鼖鼓也亦曰賁足者趺也鼓下用柱柱下用趺故曰足鼓鞉鼓四名一曰朔鼙二曰㖦鼓三曰懸鼓四曰相鼓是也田鼓即縣鼓乃一器二名拊搏古以熟皮縫成袋實以糠今用木爲腔冒以韋相鼓即雅鼓亦曰節鼓與搏拊相似古亦實以糠

右第一章釋革部名義

(金)部實用編云凡金皆有音惟黃銅之音爲正蓋銅之爲

物至精不爲燥濕寒暑變其節不爲風雨霜露改其形介然有似于君子之行黃金雖華美而有音但其音易變故鑄鐘以銅爲上不特示儉且以垂遠僉載云金生於土而別於土其卦則兌其方則西其時則秋其風閶闔其聲尚羽其音鏗立秋之氣也其制有大有小小成此理大成亦此理葢大成不過用小成之法積之耳

大鐘亦曰鏞爾雅云大鐘謂之鏞考工記鳧氏爲鐘兩欒謂之銑銑間謂之于于上謂之鼓鼓上謂之鉦鉦上謂之舞舞上謂之甬甬上謂之衡鐘懸謂之旋旋蟲謂之幹鐘帶謂之篆篆間謂之枚枚間謂之景于上之攠謂

之隧單穆公曰先王制鐘大不過鈞重不過石律度量衡於是乎出則樂器待律而後制而律度又待鐘然後生故所制有等而無高下厚薄之偏所容有量而無還回侈弇之過其聲一歸正緩之中聲而已鏞其特懸之鐘非十六器之編鐘也與大鼓相配迎送神則擊之詩所謂鼓鐘送尸者是也書曰笙鏞以間其設蓋在門外詩曰賁鼓維鏞鏞鼓有斁其與鼓配也無疑矣先儒謂凡樂先擊鐘次擊鼓各處擊鐘鼓皆如之

鎛鐘亦曰頌鐘舊制編鐘差小今制次于鏞鐘倍編鐘而爲之者周禮鎛師掌金奏之鼓韋昭釋國語杜預釋左

傳皆以鎛爲小鐘鄭元曰鎛如鐘而大孫炎許慎沈約之徒亦以爲大鐘通典曰鎛如鐘而大儀禮宮懸四面設鎛鐘十二簴各依辰位擊爲節檢而無合曲之義開元禮鎛鐘在編懸間各依辰位今設于宮懸東西編鐘磬之間而南北以鎛磬代之編鐘爾雅云大鐘曰鏞中者曰剽小者曰棧通典曰棧鐘小而編次曰編鐘周禮云凡懸鐘磬半爲堵全爲肆宮懸者謂編鐘編磬之屬懸于筍簴四面環繞象宮墻也謂之四廂金石樂歷代設簴十六架二十四架三十六架不等然皆以編鐘磬爲主也編懸二八十六枚而在一虡謂之堵鐘一堵磬一堵謂之肆

歌鐘鐘之至小者登之于堂上兩楹之間所以和歌與編鐘無異唐段安節云雅部十二鐘每架各編十二各依律呂蓋古凡懸鐘磬不過十二而旋宮備矣實用編曰歌懸在北取近於堂上以和歌四懸之鐘各以十二應十二律至掛于架也又各有半聲如頌鐘取歌鐘爲半聲而推之每懸皆有二十四鐘乃能旋相爲宮而君臣民事物之間乃不相凌犯惟歌鐘無清聲以合歌蓋歌聲至十二律而窮若加清聲則歌不去矣今歌章有六字是爲黃鐘清聲若止十二鐘則不能成章要當依編鐘制以十六枚爲準十二爲正鐘四枚爲清乃無遺音

也（其鐘架與磬同）

木鐸通典云大鈴也周禮以金鐸通鼓三禮圖云其匡以銅爲之木舌爲木鐸金舌爲金鐸木鐸振文事書言狥以木鐸是也樂記云天子夾振之鄭氏謂王與大將夾舞者振鐸以爲節鐸雖用之于樂然非王與大將振之也晉荀氏得趙人牛鐸然後能諧樂則古人之爲鐸鐲鐃錞施於聲律皆有當也今大樂有二鐘鐸以導舞木爲柄者謂之單頭鐸金爲柄而兩鐸相屬者謂之雙頭鐸非古制也　按周禮大司徒之屬有鼓人掌教六鼓四金以節聲樂以和軍旅以正田役以靁鼓鼓神祀以

靈鼓鼓社祭以路鼓鼓鬼享以鼖鼓鼓軍事以鼛鼓鼓役事以晉鼓鼓金奏以金錞和鼓以金鐲節鼓以金鐃止鼓以金鐸通鼓此四金軍旅中所用非樂中所用故不屬之春官宗伯

右第二章釋金部名義

石部凡玉類皆石而眞玉爲最美其制法與金異金之聲以圓出石之聲以方出圓用其全參天之數也方用其半兩地之數也鐘制自小而倍大磬制自大而倍小自小而倍大者順其聲韻之發揚以爲一音之始所謂金以聲之也自大而倍小者順其聲韻之收斂以爲一音

之終所謂玉以振之也孟子曰金聲也者始條理也玉振之也者終條理也葢指一音之始終言之非指一奏之始終也鐘以定其高磬以節其永人知高下之間不可或僭未知永和之間尤不可以或爽故曰歌永言又曰依我磬聲葢言歌聲與八音皆依磬聲而止乃別起一音也是轉音之間惟依磬聲以爲之遲速磬若急時則無永緩時則過永無永則佻過永則靡故舜命夔擊石拊石百獸率舞又戛擊鳴球以合琴瑟而致神人昭格夫八音皆能感動而獨歸于擊石者葢磬于八音之條理猶乾統八卦於西北故石之爲物堅重而不動其

卦則乾其時則秋冬之交其方則西北之維其風不周其聲尚角其音則辨蓋乾有君之道焉後世鐘磬同擊殊失始終條理之意則磬聲一依于鐘聲不能為八音之所依石音失權何以配乾位而為衆音綱紀樂無終條理猶人力之不造于聖也故大成樂以金玉為始終乃聖學知行兼盡之至理乾道統天之大權也

特磬亦曰離磬樂書曰磬之為器編之則雜而小離之則特而大而敘之離磬則專簴之特磬非十二器之編磬也實用編應笙之磬謂之特磬卽離磬也特懸者謂一磬之在懸也鎛鐘同義凡鄉射先擊鐘以宣聲俟其音

將闋則擊特磬以收之祭祀大合樂則用於宮懸南北編鐘磬之間大戴禮曰懸一磬而尚拊則堂上亦有特磬矣今亡之

編磬與編鐘同上下共十六枚編懸於架

歌磬與歌鐘同亦編懸於架爲歌聲一音之終條理其架鐘磬俱同詩曰簴業維樅賁鼓維鏞又曰設業設簴崇牙樹羽明堂位云夏后氏之龍簨簴商之崇牙周之璧翣三代之器盡在是矣禮書曰植者爲簴橫者爲筍筍之上有崇牙簴上設業業之上樹羽而端有璧翣鐘簴飾以蠃屬磬簴飾以羽屬而筍皆飾以鱗屬若筍文然

故謂之筍其所植者葢中虛焉故謂之簴先儒曰筍峻也簴舉也又曰簴神獸也此不可攷詩曰簴業維樅樅之爲木松葉栢身身葉皆直則簴業者皆以直木爲之也

右第三章釋石部名義

絲部琴瑟絲飾物而成聲其卦則離其方則南其時則夏其聲尚宮其律㽔賓其風景其音哀夏至之氣也絲必附于木者絲屬火火不離母故也其屬有琴有瑟古聖以絲加桐而爲琴瑟者以絃之堅直可以象乾之動直桐之虛受可以象坤之動闢八音獨置琴瑟于堂上者

取其撰乾坤之德而合律呂之妙也
琴白虎通曰琴禁也禁止于邪以正人心也廣雅曰琴長三尺六寸六分象三百六十六日五絃象五行大絃爲君寬和而溫小絃爲臣清廉不亂文武加二絃以合君臣之恩也琴操曰琴制長三尺六寸六分象朞之日廣六寸象六合也絃有七象五音之函二少也腰廣四寸象四時也前廣後狹象尊卑也上圓下方象天地也徽有十二象十二律也餘一徽極清不用象閏也中虛含象外響應徽律有長短故徽有餘促當徽則鳴差徽則否亦猶氣之飛灰時移律應也抑揚之際上取泛聲則

輕清而屬天下取散聲則重濁而屬地中取按聲則清濁遍均而屬人剳其中則太虛之理具絃其外則妙用之應彰兼三才而備九德寘大聖之遺音也

瑟樂書曰瑟者塞也所以懲忿窒慾正人之德也世本曰庖犧氏作瑟五十絃黃帝使素女鼓之悲不自勝帝損之爲二十五絃具二均其首曰岳山其尾曰武後有二竅曰越中絃不動曰君絃承絃各有一柱游移前後以和其音者也樂記曰清廟之瑟朱絃而疏越尚書大傳曰大琴練絃達越大瑟朱絃疏越蕃越底孔也疏達通之也朱絃練而朱之也蕃絲不練則澁而聲清練則熟

而聲濁孔小則聲急大則聲遲故疏越以遲其聲然後不至于太急練絲以濁其聲然後不失之太清宗廟之奏鼓瑟則必鼓琴以和其音樂記獨言清廟之瑟鄉飲酒燕禮亦獨言瑟者舉其大者故也

右第四章釋絲部名義

竹部周官笙師掌教吹籥簫箎篴管五者皆出於笙師所教俱竹音之雅樂也竹音乃律呂之本其節直而有制其心虛而能通而利制之音所繇出也其卦則震其方則東其時則春其聲尚義其律姑洗其風明庶其音濫春分之氣也其制度長短不同大抵不離三九之數蓋

律主聲氣屬陽三九陽數也截竹以較黃鐘取冬至一陽之氣以爲樂本故竹器爲樂之原也

鳳簫釋名云簫肅也爾雅曰大簫謂之管小者謂之筊廣雅曰籟謂之簫莊子曰人籟比竹是也荀卿曰鳳凰于飛其翼若干其聲若簫蓋簫比竹爲之其狀鳳翼其聲鳳聲鄭氏曰簫象鳥翼鳥火禽也蔡邕曰簫編竹有底長則濁短則清以蠟窒其底而增損之博雅云簫大者二十四管無底小者十六管有底書於簫言九成詩於簫言備舉禮凡言簫多在笙竽之後則簫之奏蓋後于笙矣

管爾雅曰長尺圍寸併漆之有底大曰簥中曰篞小曰篎蔡邕章句曰管形長尺圍寸有孔無底說文曰管如篪六孔十二月之音明堂位曰以禘禮祀周公于太廟登歌淸廟下管象書曰下管鞉鼓詩曰嘒嘒管聲磬管鏘鏘簫管備舉則管之用重于笙矣故鄉飲鄉射燕禮皆以管配歌而今乃爲堂下之樂鄭氏曰管如篴而小併兩而吹之蓋鳳凰雌雄各六聲也

洞簫鳳簫有底洞簫者謂空洞無底也樂攷云衆音之祖也本六律六呂而成所以究極中和遂萬物之情者也氣和琴瑟以定黃鐘非此不爲功也

篪釋名云篪嗁也聲從孔出如嬰兒嗁也其聲與塤相和庖羲氏竅竹爲之舊志以篪爲管非也篪春分之音管乃十二月之音爾雅大篪謂之沂音銀孫炎曰沂悲也如啼聲也

笛古曰篴杜子春曰竹篴五孔馬融笛賦此器出於羌謂之羌笛今所用者卽周禮笙師所教之篴也有七孔謂之大樂雅笛謂之長笛又有短笛有橫笛梁所作橫吹曲者有鷲嘴笛笛而加嘴皆一時之偶作非雅器也古者論篴之良不過衡陽之簳柯亭之椽許氏謂竹生雲夢之南鑒在柯亭下今年七月望前生明年七月望前

伐過期不伐則音窒未期而伐則音浮是也

籥爾雅曰大籥謂之産其中謂之仲小者謂之箹廣雅云籥七孔毛氏曰籥六孔鄭康成曰籥如笛三孔郭璞曰籥三孔而短明堂位曰土鼓蕢籥周禮笙師掌教籥籥師掌教國子舞羽吹籥籥章掌擊土鼓吹豳籥葢籥三孔主中聲而上下而上下之律呂于是乎生命之曰籥以黍籥之法在是故也羽舞皆執籥以聲音之本在是故也

右第五章釋竹部名義

匏部匏之爲物其性輕而浮其中虛而通笙以匏爲母象

植物之生焉國語曰匏竹利制蓋匏竹相合而成聲得清濁之適故也今太常以木代匏而漆之其音雖可聽但非古制古人以匏爲笙者非取其華美所以備八風之氣而周八卦之用也蓋匏于卦屬艮其方則東北之維其時則春冬之交其聲尚義其律大呂太簇其風融其音啾立春之氣也若以木代匏何以宣八方之氣乎且笙象德匏象君子之名節難持而易失是以君子之執匏也拳拳如執玉恐落地粉碎而不可收拾亦猶君子之行已也戰兢惕厲顧守名節恐其一失而不可復完焉是以八音有取于匏也今以木爲笙是徒取其聲

而無尚德之心且闕一音而不備豈古人制八音之義

乎

笙爾雅云笙十九簧者曰巢十三簧者曰和說文云笙正

月之音物生故謂之笙十三簧象鳳之身列管匏內施

簧管端宮管在外中央十九簧至十三簧皆曰笙其他

皆相似也古鄉飲射禮有歌有間歌有笙有間笙有合

樂而祭享則特爲堂下之樂眾樂有笙而得繹如之致

焉

右第六章釋匏部名義

[土部] 塤墡以爲器而冲氣出焉庖犧氏灼土爲之其來尚

(left margin) 國學體樂象　卷之二十三樂器名義　三三

矣蓋一三五爲九二四爲六九者陽數之窮六者陰數之中故塤六孔用其方色以應六律出中聲也土主王于四季爲中央之位所以達中聲也其卦則坤其方則西南之維其時夏秋之交其風則凉其聲尚宮其音則濁立秋之氣也

塤爾雅云大塤謂之嘂白虎通曰壎坎音也在十一月陽氣于黃泉之下薰蒸而萌樂志曰壎壎也立秋之音萬物將壎黃也周禮小師掌教塤瞽矇掌播塤古塤有雅有頌大者聲合黃鐘大呂小者聲合太簇夾鐘孔雖有七有八之不同要之稟中聲之和而得其正者惟六而

已周官以塤爲德音立秋之音也平底六孔水之數也中虛上銳火之形也以水火相合而成器以水火相和而成聲詩云伯氏吹塤仲氏吹篪和之至也衆音得塤而有純如之致焉

右第七章釋土部名義

木部八音之中惟木聲質樸不合五音但五音非木無以起止五音者華美之音也柷以始之由質樸而始敔以止之由質樸而終也凡五音之華美皆歸於質樸如木之生由根本而蕃鮮由蕃鮮而又歸根本所以木音獨爲五音之起止包括首尾譬諸君子衣錦尚絅惡其文

之著也其卦則巽其方東南之維其時春夏之交其風清明其律夾鐘其聲一其音直立夏之氣也其器有二謂之椌楬一合一止所以爲樂之終始出虛而歸之于實也

柷樂記曰聖人爲椌楬後謂之柷敔柷之爲器方二尺四寸深一尺八寸陰始于二四終于八十陰數四八而以陽一主之所以作樂則于衆音先之而巳非能成之也居宮懸之東象春物之成始也鼓柷謂之止古聖人恐樂勝則流戒之於早也

敔狀如伏虎西方之陰物也齟齬二十七陽數也樂作陽

也以陰數成之樂止陰也以陽數成之控以空然後可擊及其止則歸于實也居宮懸之西象秋物之成終也鼓敔以籈欲修潔于其後也

右第八章釋木部名義

翟亦曰羽籥師掌教國子舞羽吹籥祭祀則鼓羽籥之舞通義曰以文德之先文樂持羽旄而舞文王世子秋冬學羽籥詩云左手執籥右手秉翟通典曰樂之在目曰容容藏于心難以貌觀故聖人假干戚羽旄以表其容發揚蹈厲以見其意人之動而有節者莫若舞肆舞所以動陽氣而導物也故聲選和則大樂備矣

手板即笏也或以牙或以木臣子執之拜颺取書思對命敬其事之義今以槐木爲之粉飾其面書樂章于上歌工秉之於以歌功頌德焉

右釋舞器名義

國學禮樂錄卷之十三

國學禮樂錄卷之十四

樂音譜法圖

樂譜

十二律呂兼四淸聲樂家相傳有十六色字母爲之譜雖非古樂之正要皆當時所用也今太常樂亦仍十六聲之舊而用者止黃鐘之合太簇之四姑洗之一中呂之上蕤賓之勾林鐘之尺南呂之工應鐘之凡淸黃鐘之六淸太簇之五其餘皆設而不用猶隋所謂啞鐘也葢諸祭祀所歌奏實不出黃鐘中呂之二均爲已足矣然蕤賓之勾變徵聲也宮調多不用之而用者止九聲耳九聲者合配五

音出于喉舌脣齒牙而俗樂家乃以平上去入分之以配羽角宮商其徵音有其聲無其調

一曰平聲羽七調第一運中呂調第二運正平調第三運高平調第四運仙呂調第五運黃鐘調第六運般涉調第七運高般涉調按每聲俱有七調每調更轉謂之運餘皆放此

二曰上聲角七調第一運越調二大石調三高大石調四雙調五小石調一名正調六歇指調七林鐘調

三曰去聲宮七調第一運正宮調二高宮調三中呂調四道調五南呂調六仙呂調七黃鐘宮調

四曰入聲商七調第一運越調二大石調三高大石調四

雙調五小石調六歇指調七林鐘調
五曰上平聲調爲徵聲商角同用宮逐羽音此教坊俗樂
之名卽古樂旋相爲宮之意但以平上去入分配五音往
往不相協不若辨字之清濁高下審聲之喉舌唇齒而歸
之于五音六律總以合四一上尺工凡六五九字譜之也
今按五音每宮各有七調而元音大雅依稀可推所謂
今樂由古樂也其訣曰宮商角徵徵羽宮黃太姑仲林
南應合四一上尺工凡又有六五黃太清今大成樂用
黃鐘宮以合字起律謂之正宮合字調其分配所屬列
圖於後

部位　喉齒牙舌舌唇喉　喉齒

聲音　宮商角徵變徵羽變宮少宮少商

律呂　黃太姑仲林南應清黃清太

譜調　合四一上尺工凡六五

音譜

鼉鼓　在殿陛之下先擊三百六十數以儆戒後又擊三

通以節其進其擊法首以兩椎連雙擊鼗者二而鼓一擊又兩再作如前凡三作但末作鼓兩擊以別之三次共四擊此起鼓之例此後不必擊鼗但以椎于鼓上先後二擊者三三次共六擊此爲第一通又先後三擊者三爲第二通三次共九擊又急五擊者三而末緊加二擊以結之此爲第三通三次帶末二擊共十七擊通前共三十六擊以當一歲之運初起樂生卷班第一通畢俱升堂第二通畢俱入室第三通畢俱就位謂之著往所以秩其始也全樂奏終其擊法又如前初起卷班第一通畢離位第二通畢致事第三通畢拜辭而散此全

樂之收宮謂之餝歸所以謹其退也擊鼉鼓于始終者皆取儆戒之義焉

鼓字用左手擊　鼕字用右手擊　左手欲輕右手欲重

初起　扎扎鼕　扎扎鼕　扎扎鼕鼕

第一通　鼓鼕　鼓鼕　鼓鼕

第二通　鼓鼕鼕　鼓鼕鼕　鼓鼕鼕

第三通　鼓鼕鼓鼕鼕鼓鼕鼓鼕鼕鼓鼕鼓鼕鼕

結尾　鼕鼕

大鼓大鐘　在大成門之左右初行祭禮則擊鼓祭事俱畢則擊鐘鼓三百六十擊鐘一百八響凡迎神送神俱

鐘鼓齊鳴

麾　麾生執麾升龍向外降龍向內如迎神作樂舉之則升龍現高唱曰迎神樂奏咸和之曲迎神二字一讀欲勃然而起末稍加腔韻咸和之曲四字分排欲令尾聲悠然長但要舂容和雅不可暴戾急促每起一曲即舉麾依歌章唱一聲凡入奏曲終聽櫟敔畢偃麾則降龍現高唱曰樂止欲渢然而去

柷　每奏一曲之始聽舉麾唱畢兩手舉止先撞底一聲次擊左旁一聲次擊右旁一聲共三聲以舉樂堂上堂下之樂俱統命于柷焉

敔　每奏一曲之終聽縣鼓響畢即兩手舉籈先擊其首者三次逆櫟齟齬者三共六響以止樂堂上堂下之樂皆制命于敔焉

鎛鐘　宮懸左右各三架每奏一曲之始聽擊柷畢即擊一聲以開衆音每架主一曲先左之中次右之中次左之北次右之北次左之南次右之南又次左之中又次右之中全樂八曲八響乃一曲之始條理也

特磬　宮懸南北各三架每奏一曲之終即擊一聲以收衆音每架主一曲先南之中次北之中次南之左次北之左次南之右次北之右又次南之中又次北之中全

樂八曲八響乃一曲之終條理也

懸鼓　宮懸四隅各一架每奏一曲之終聽特磬響畢即擊懸鼓先乾響巽應次坤響艮應凡四聲蓋一曲之收宮也

編鐘　宮懸四面各一架每奏一句之始卽擊一聲以開衆音自東而南而西而北輪更擊搏每曲八句八響乃一句之始條理也

編磬　宮懸四面各一架每奏一句之終卽擊一聲以收衆音自西而南而東而北輪更敲戛每曲八句八響乃一句之終條理也

楹鼓足鼓鞉鼓　堂上左右共四架每奏一句之終聽編

磬響畢先擊楹鼓一響足鼓應之鼗鼓尾之凡三響三

應三尾

〔播鞉鼓法持柄左轉兩耳擊三點蓋一句之

收宮也

登歌鐘　堂左一架每奏一字之始聽歌聲既發卽擊一

聲以開衆音每句四字四響乃一字之始條理也

登歌磬　堂右一架每奏一字之終卽擊一聲以收衆音

每句四字四響乃一字之終條理也

凡鐘磬在懸以樂生所向之方爲位下層自右數第一

〔合〕字第三〔四〕字第五〔一〕字第六〔上〕字第八〔尺〕字上層自

左數第二〔工〕字第四〔凡〕字第五〔六〕字第七〔五〕字擊磬俱

按律呂歌鐘同法譜列於次

編歌鐘磬譜

從左數

清夾	清太	清大	清黃	應鐘	無射	南呂	夷則
	五		六	凡		工	

從右數

黃鐘	大呂	太簇	夾鐘	姑洗	中呂	蕤賓	林鐘
合		四		一	上		尺

搏拊田鼓　搏在門內田在門外共四架每奏一字之終聽歌聲音畢即拍搏拊一聲速敲四鼓應之

拍搏拊法

初字以左手再字以右手三字又以左手四字則兩手
齊拍敲田鼓法　初字以右杖再字以左杖三字又以右
杖四字則二杖齊敲蓋一字之收宮也

歌　乃一樂之主凡八音皆以和歌古之雅頌其法不傳
今止一字一韻審其爲喉舌唇齒以定其音律凡字俱
有聲有音聲即字也音則其落韻也字有不能合音律
者則以落韻合之如大成樂所用合四上尺工六等字

合字屬宮出於喉而落於喉內四字屬商出於齒而落於齒之上齶上字屬徵出於舌上而落於上齶之近外尺字屬徵出於舌頭而落於上齶之近內工字屬羽出於唇而落於上齶之鼻孔六字屬少宮出於喉而落於喉外五字屬少商出於喉而

落于唇齒之中央總之歌在口中以律呂之九宮往來輪轉如琴之絃如簫之孔如鐘磬之在縣自合至六聲漸高而清自六至合聲漸低而濁得此九宮之聲音凡歌入口皆合律呂矣列譜於下

歌聲譜

自上而下漸低漸濁漸巨

五　六　凡　工　尺　上　一　四　合

自下而上漸高漸淸漸細

歌口譜

琴譜

中聲

一二三四五六七

八九十十一十二十三

一二三四五六七

大成樂尚雅奏
舊彈琴家用勾
剔抹打吟猱綽
注等指法最多
皆悅耳玩目之
具非歌功頌德
之正聲不可從

琴　八音以絲爲君絲以琴爲君而琴以中徽爲君中徽
者第七徽也其位黃鐘中聲寄焉若求其中則寓於絲

146

之緊慢緊慢適中其聲自出是聲乃聲之元天地之中聲萬世作樂之大根本也故朱子曰律曆家最重元聲元聲一定向下都定元聲一差向下都差求之之法取竹之竅生厚薄均者祖蔡氏截竹探討之法以爲黃鐘之管以定中聲遂法此聲製而爲簫先吹合字即黃鐘也謹察其聲以右手勾第一弦而以左手中指揣摩七徽上下之間如弦過于太緊則聲溢出徽外或在八九之間必却軫以慢之過于太慢則聲又爲不及或騰在五六之上必進軫以緊之務求緊慢適中使中聲正對七徽而後已中聲既定然後如尋常和絃法用得道仙

翕以調之絃旣和平則十二律各得其位矣舊大成樂譜俱按彈皆以七徽爲主其第一絃爲黃鐘律左手中指按七徽右手中指勾一絃則合字應第二絃爲太簇律左手食指按七徽右手中指勾二絃則四字應第三絃爲姑洗兼中呂律用左手大指按七徽半右手食指抹三絃則一字應用右手大指按七徽左手食指挑三絃則上字應第四絃爲林鐘律用左手名指按七徽右手中指勾四絃則尺字應第五絃爲南呂律用左手大指按七徽右手食指挑五絃則工字應第六絃爲應鐘兼淸黃律用左手大指按七徽半右手食指挑六絃則

凡字應用左手食指按七徽右手食指抹六絃則六字應第七絃爲清太律用左手名指按七徽右手中指剔七絃則五字應此譜之按彈者也

明朝釋奠儀註載琴瑟譜俱散彈用一絃至六絃曰合四上尺工六然去一則留七去七則留一旋相爲宮俱可用散勾一絃爲合字勾二絃爲四字勾三絃爲上字挑四絃爲尺字挑五絃爲工字挑六絃爲六字此譜之散彈者也

張鶚曰彈琴之法按徽則聲短而殺不比于瑟莫若散彈則聲洪而長方與衆音相和

又馮應京曰古彈琴與瑟同安馬柱支絃對徽乃以右手鼓于臨岳之下則達越之聲見矣若以左手按

絃附木則其聲暗陂短促如雞啄木略無音韻聽之令人孔悲今太常大成樂皆如之則琴達越之法滅矣其何以合人聲而歌于堂上哉蓋按絃附木之法可用于雜調而不可用于雅樂雜調或按或散一浮一沉乃能相濟而成調若雅樂唯取合律呂單按附木則韻短止用散聲則聲渙或散或按則雜亂不齊惟以柱馬對嶽鼓之則地天交泰而中聲出焉宜乎其達越也自雅樂亾而琴馬之制亦廢今宜細審中聲律呂既定亦照鼓瑟之法兩絃並奏一散一按散者其正絃也而按者其助絃也如散勾一絃爲[合]字則按九嶽挑三絃以助之散勾二絃爲[四]字則按九嶽挑四絃以助之散勾三絃爲[上]字則按十嶽挑五絃以助之散挑四絃爲[尺]字則按十嶽勾二絃以助之散挑五絃爲[工]字則按十嶽勾三絃以助之散挑六絃爲[六]字則按十嶽勾四絃以助之二三四五絃疊爲正助惟一絃六絃屬宮在君位不敢以之作助

此譜之散按兼彈者也其聲達越與瑟相和歌聲不能揜之彈法最妙乃今之所用者也

瑟譜

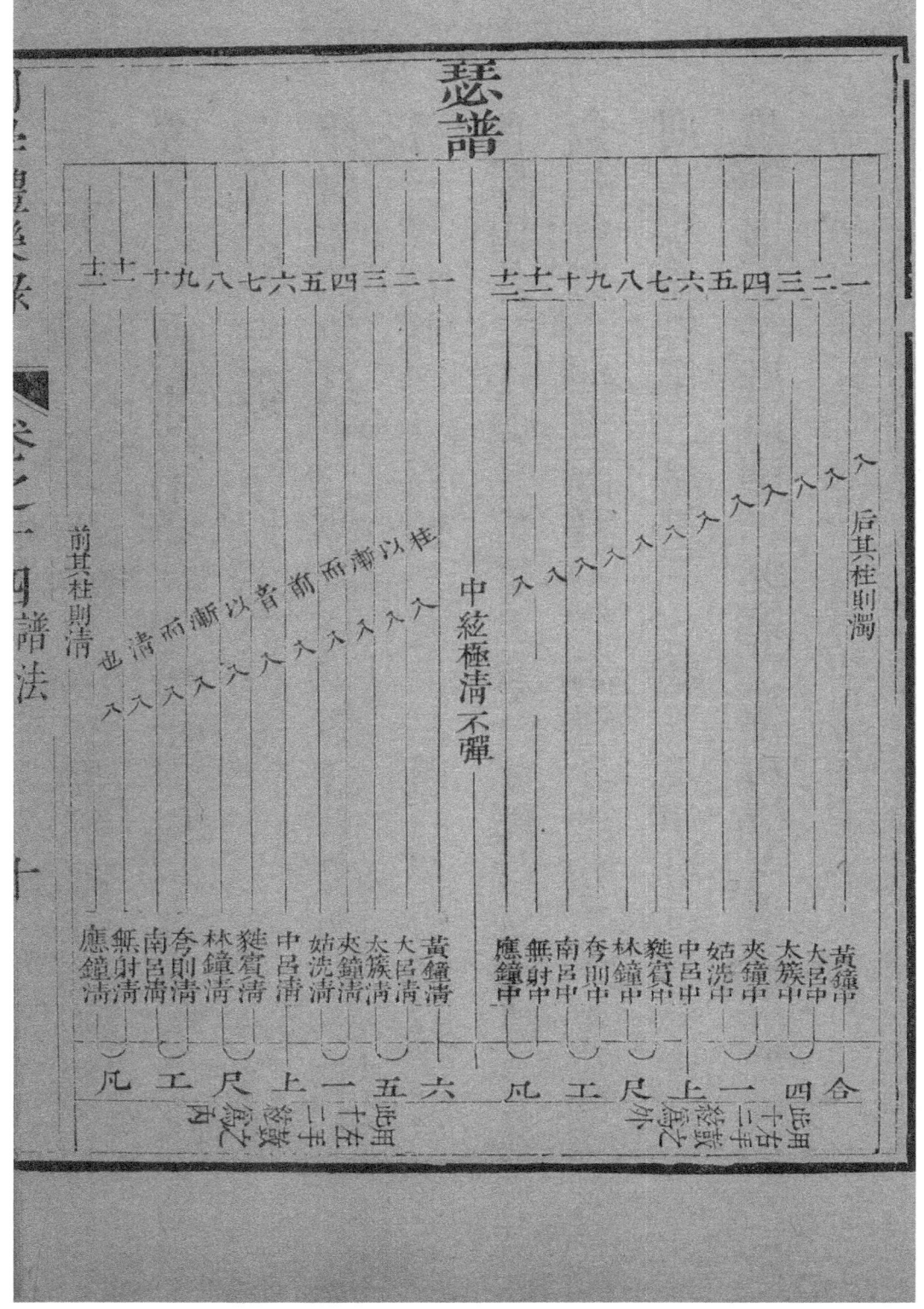

一 二 三 四 五 六 七 八 九 十 十一 十二
后其柱則濁
入入入入入入入入入入入入入
中絃極清不彈
柱以漸而前者以漸而清也
入入入入入入入入入入入入
前其柱則清
一 二 三 四 五 六 七 八 九 十 十一 十二
黃鐘中 大呂中 太簇中 夾鐘中 姑洗中 中呂中 蕤賓中 林鐘中 夷則中 南呂中 無射中 應鐘中
黃鐘清 大呂清 太簇清 夾鐘清 姑洗清 中呂清 蕤賓清 林鐘清 夷則清 南呂清 無射清 應鐘清
合 四 一 上 尺 工 凡
六 五 一 上 尺 工 凡
用右手鼓此十二絃爲之外
用左手鼓此十二絃爲之內

瑟　二十五絃各設一柱第十三絃居中爲內外淸中之界謂之君絃居所不動其餘馬柱游移不定前其柱則清後其柱則濁上下以箠和其音外十二絃具十二中律內十二絃具十二清律或一手掐作或兩手合作俱可一手掐作則止用外一至十二內一至四若兩手合作則內外二十四絃俱用外第一絃爲黃鐘律用右手食指勾則合字應內第一絃爲清黃律用左手食指勾則六字應外第二絃第三絃爲太簇律用右手中指食指撮則四字應內第二絃第三絃爲清太律用左手中指食指撮則五字應外第四絃第五絃爲姑洗律用右

手中指食指撮則〔一〕字應內絃左手同法外第六絃爲中呂律用右手食指勾則〔上〕字應內絃左手同法外第七絃第八絃爲林鐘律用右手中指食指撮則〔尺〕字應內絃左手同法外第九絃第十絃爲南呂律用右手中指食指撮則〔工〕字應內絃左手法同外第十一絃十二絃爲應鐘律用右手中指食指撮則〔凡〕字應內絃左手法同內外二十四絃不可參差先後欲清中相應疾徐如一其兩絃兼彈者取陰陽相配也自中呂而上以律配呂自中呂而下以呂配律琴之兩絃兼彈者蓋取老少相配也一二三絃用少配老四五六絃用老配少若欲稍作指法少配老或可吟而下注老

配少或可孫而上緯總欲琴瑟協和則他音不能揜下
矣

笙譜

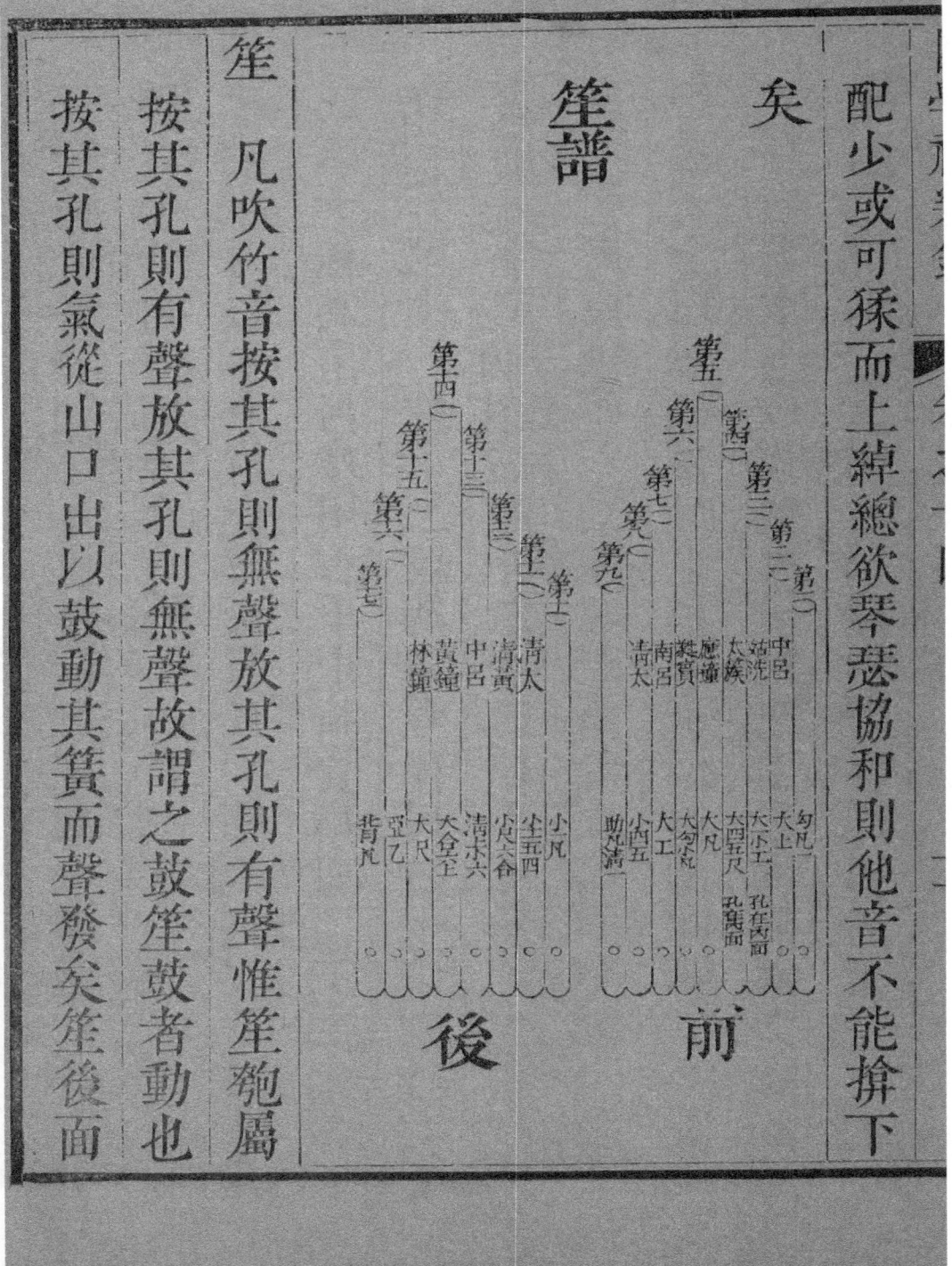

前　後

笙　凡吹竹音按其孔則無聲放其孔則有聲惟笙匏屬
按其孔則有聲放其孔則無聲故謂之鼓笙鼓者動也
按其孔則氣從山口出以鼓動其簧而聲發矣笙後面

居中一長管位第十四乃黃鐘中聲譜以合字應其第十二管乃黃鐘淸聲譜以六字應凡吹合字必吹六字亦取淸中相和以左手食指及中指按其孔餘孔皆開如吹十二管六字又兼按十三管小六吹之第四管第八管第十一管爲太簇律用右手食指及左手大指食指按其孔則四字應第一管第三管第十管爲姑洗律用右手食指大指左手大指按其孔則一字應第二管第十三管爲中呂律用左右手大指按其孔則上字應第十二管十五管爲林鐘律用左手食指中指按其孔則尺字應第三管第七管第十一管爲南呂律用左手

大指右手大指食指按其孔則工字應第五管第六管第十管爲應鐘律用右手大指左手大指食指按其孔則凡字應又第一管爲勾凡第九管爲助凡清一第十六管爲亞乙十七管爲背凡審其調之淸濁皆可取爲助音而雅樂不用也第四管第八管第十一管爲淸太律用右手大指左手大指食指按其孔則五字應欲知各管之配合當看下文點笙歌訣云

一三十管一字眞　二管十三上字鬭

內外孔字音歌訣曰

四八十一爲四字　十二十四六合音

三七十一應工字　十二十五尺字輪

音歌訣曰

五六凡勾尺清二〔亞乙背凡十六七〕

又加十三爲上字　徐徐用宇呼與吸

此總括管孔以清中數聲兼言之若大成樂止用〔合〕

〔酉上尺工六六〕字當依所列圖管取應用字曰按孔

單吹勿以兼音

亂雅爲美也

塤譜

合四〇

蠢凡〇　應鐘

太簇尺〇　工〇南宮

尺〇林鐘

前

一上

娀宮五〇清太

六〇清黃

後

塤

吹時先以兩手名指屈蟠塤底作環抱狀而兩手大

中食五指並閉五竅兩大指按後二孔兩食指按前上

二孔右中指按前下一孔平氣俯脣輕而吹之則爲黃鐘律譜以合字應略俯脣徵仰而吹則爲太簇律譜以四字應徵仰更加氣則爲姑洗律譜以一字應仰極重吹則爲中呂律譜以上字應放前上右一孔則爲林鐘律譜以尺字應凡放尺字餘孔俱閉放前下一孔則爲南呂律以工字應凡放工字止閉凡六五字放前上左一孔則爲應鐘律譜以凡字應若放凡字止閉五六字放後左一孔則爲清黃律譜以六字應凡放六字止閉五字放後右一孔則爲清太律以五字應凡放五字諸孔盡閉此器極難取音急不鳴緩不洪仰口蹙脣徐噓

有力方得正聲是在審音者裁制之○嚴氏曰塤箎其
竅盡合則為黃鐘其竅盡開則為應鐘蓋相應和也

箎譜

歇口
一　上　尺　工
箎　宮　鐘　會
清太　黃鐘　　應鐘　清黃

箎
　如吹笛法用左手名指挹其繩橫而左偏其吹口在

右頭管面上較他孔稍大左尾上有穿繩二小孔爲黃鐘淸太二律六孔俱閉調氣輕吹則合字應重吹則五字應當尾有一底孔爲太簇律以四字應凡吹四字只開此孔餘皆閉左頭第一孔爲姑洗律以一字應凡吹一字此孔與底孔俱開餘俱閉第二孔爲中呂律以上字應凡吹上字此孔與下一孔底一孔俱開餘俱閉第三孔爲林鐘律以尺字應凡吹尺字此孔與下二孔底一孔俱開餘俱閉第四孔爲南呂律以工字應凡吹工字此孔與下三孔底一孔俱開餘俱閉後一孔爲應鐘律輕吹則凡字應又爲淸黃律重吹則六字應凡吹凡六

鳳簫譜

字止開此孔餘俱開八器之中惟簏箭大而內濶吹之

甚難止宜微氣輕取與壎相和以合衆樂舊譜呼底孔

開為陽尾閉為陰尾譜多不同當以此為法也

黃鐘　大呂　太簇　夾鐘　姑洗　中呂　㽔賓　林鐘　夷則　南呂　無射　應鐘　清黃　清大　清太　清夾

合　　　四　一　上　尺　工　凡　六　五

鳳簫　用兩手捧持自右管吹起每管一聲第一管黃鐘

律以（合）字應第三管太簇律以（四）字應第五管姑洗律

以〔二〕字應第六管中呂律以〔上〕字應第八管林鐘律以

尺字應第十管南呂律以〔工〕字應第十二管應鐘律以

凡字應第十三管清黃律以〔六〕字應第十五管清太律

以〔五〕字應每管頭俱有關竅為吹口尖第輕吹則聲得

矣

雙管譜

應鐘呂鐘　蕤　仲呂　姑洗　夾鐘　太簇
五工尺上一四五
黃鐘　合六

雙管　臨時按荻頭入口含吹以吞吐深淺為字之抑揚

兩管同一音六孔盡閉簫內為黃鐘律以〔合〕字應自下

而上放第一孔為太簇律以〔四〕字應放第二孔為姑洗

律以一字應放第三孔為仲呂律以上字應放第四孔

為林鐘律以尺字應放第五孔為南呂律以工字應放

第六孔為應鐘律以凡字應此器聲調過高當俯而抑

之斯與眾音皆和凡放一孔此孔以下盡開孔以上盡

閉餘簫笛等皆放此

洞簫譜

吹口　凡

　　　應鐘○　南呂○　林鐘○中呂○　姑洗○　太簇○　○黃鐘　合

工　尺　上　一　四　五

洞簫　簫眾樂之祖也本黃鐘之管而為之吹簫以唇安

洞簫　山口上全在口唇之俯仰吹氣之緩急唇仰急吹則清

六

唇俯緩吹則濁簫底孔及穿繩眼黃鐘也若吹此律六孔皆閉俯唇輕吹則合字應仰而急吹則爲清黃律則六字應自尾起放第一孔爲太簇律俯唇輕吹則四字應仰而急吹則爲清太律五字應放第二孔爲姑洗律以一字應放第三孔爲中呂律以上字應放第四孔爲林鐘律以尺字應放第五孔爲南呂律以工字應放後一孔爲應鐘律以凡字應自下而上以漸而清象一陽之氣自黃泉而升也凡和琴瑟點篴簧全賴此器定黃鐘之聲如教坊俗樂所用不合尺寸是鄭衛之音未可和雅樂也其嚴辨之

笛譜

吹竅　　尺工凡六一四　合〇

應　南　林　中　姑　太　黃
鐘　呂　鐘　呂　洗　簇　鐘

笛橫而右偏其吹口在左頭管面上較他孔稍大右頭

底孔及穿繩眼黃鐘也若吹此律六孔盡開微氣輕噓

則〔合〕字應自右頭起放第一孔爲太簇律俯唇輕吹則

〔四〕字應重吹則清太律以〔五〕字應放第二孔爲姑洗律

以一字應放第三孔爲中呂律以上字應放第四孔爲林鐘律以尺字應放第五孔爲南呂律以工字應放第六孔爲應鐘律以凡字應重吹則清黃律以六字應斷不可用俗樂所制者彼止取悅耳導淫與律呂相去遠矣

國學禮樂録卷之十四

國學禮樂錄卷之十五

禮器圖

篚 爵 坫 登
鉶 簠 簋 籩
豆 牲盤 俎 毛血碟
饌盤 供案 鼎 几
花瓶 香合 燭臺 燭檠
太尊 山尊 雲雷尊 著尊
犧尊 象尊 壺尊 罍洗案
盥盆 頮架 龍羃 龍勺

供尊案　祝版　獻尊案　福爵

胙盤　罍　洗　帨巾

巾笥　燔爐　彝　伞

茅沙池　執爐　提爐　高照燈

弔燈　庭燎　路燈　燎叉

瘞鍬　齋牌　戒牌　誓牌

宿牌　班位牌　昭穆牌　拜席

計數六十

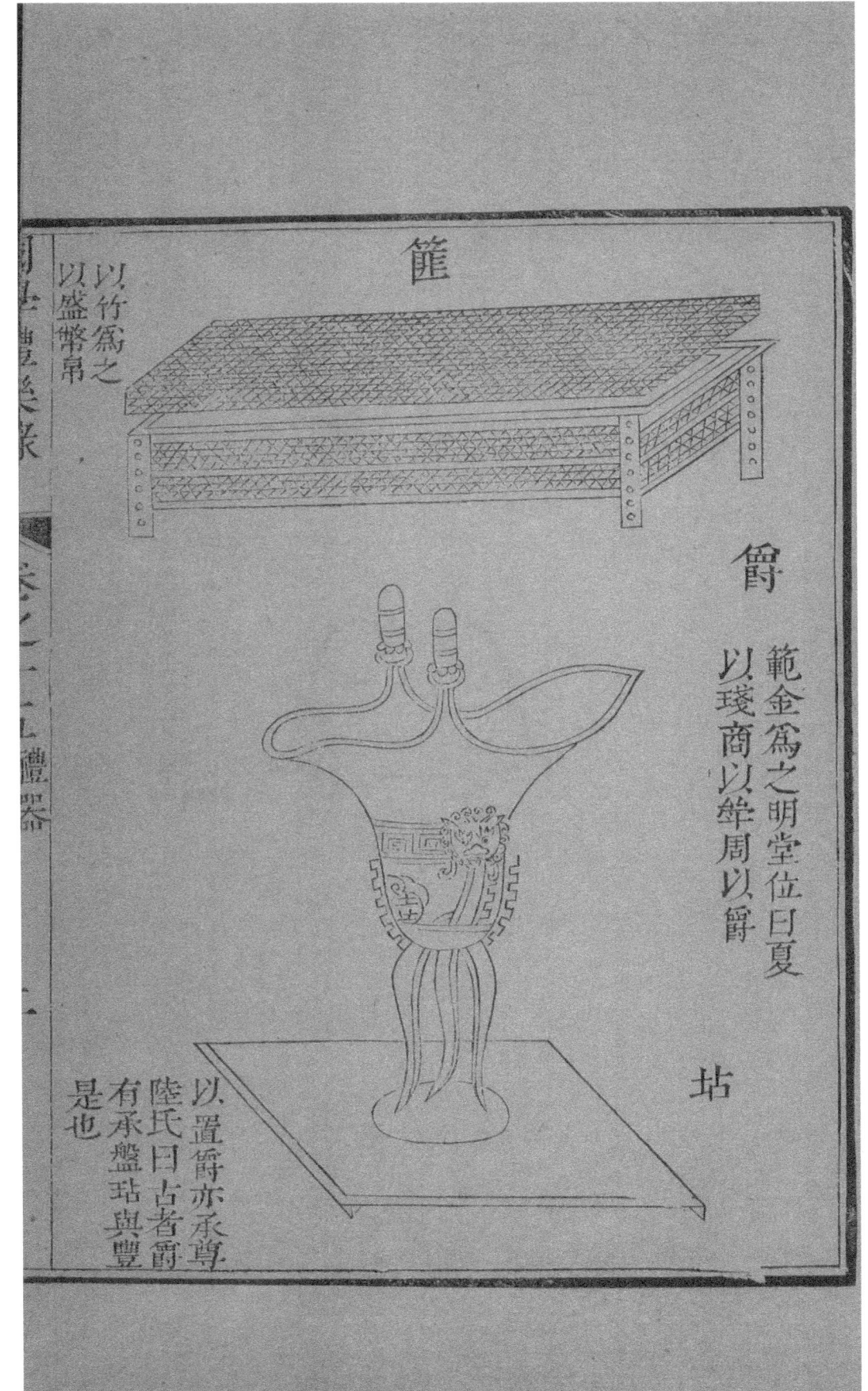

篚

以竹爲之
以盛幣帛

爵

範金爲之明堂位曰夏
以琖商以斝周以爵

坫

以置爵亦承尊
陸氏曰古者爵
有承盤坫與豐
是也

登

皆鑄金爲之
登薦太羹鉶
盛和羹

鉶

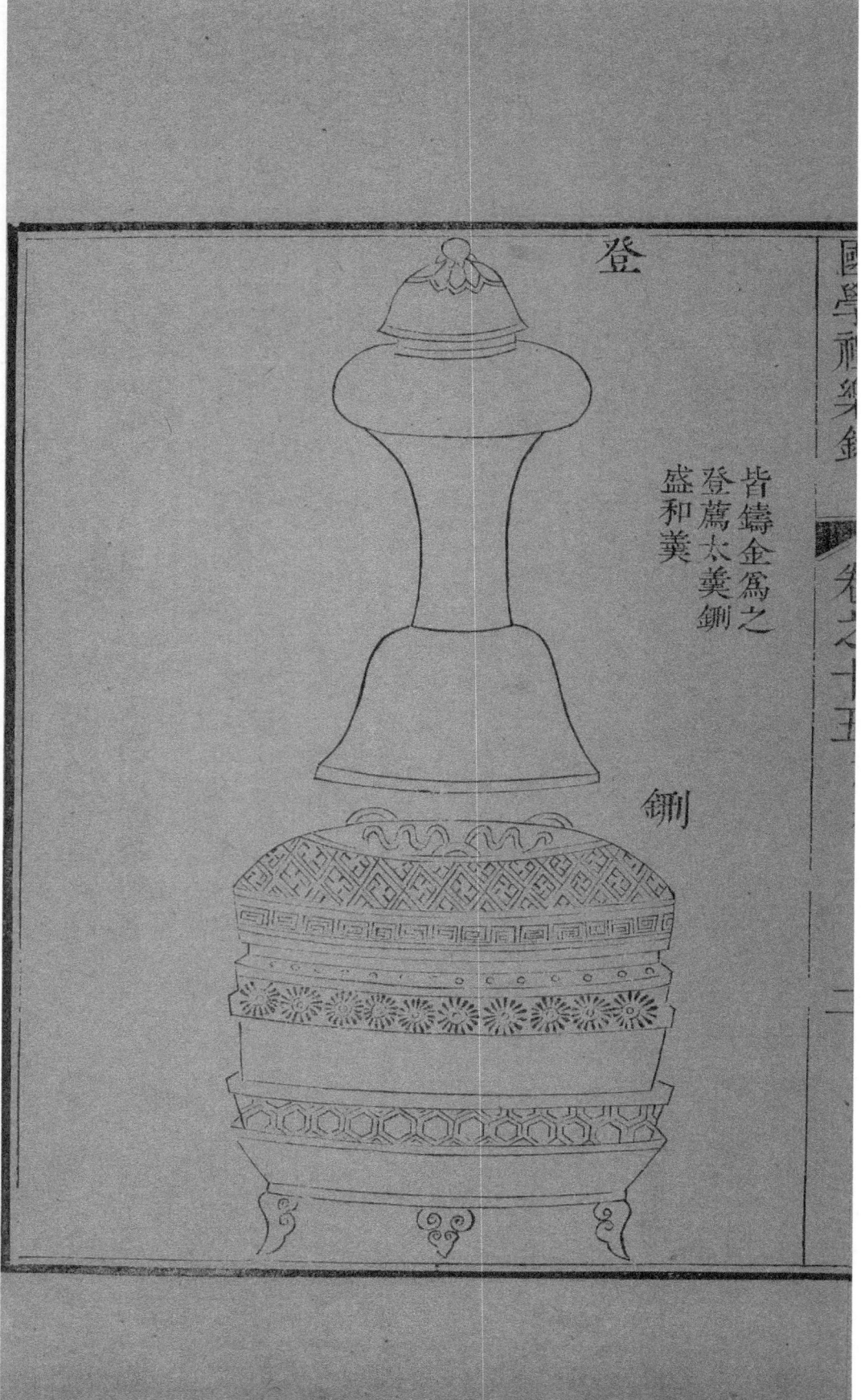

皆範金爲之有虞氏曰敦夏曰瑚商曰璉周曰簠簋簠
方而簋員簋盛稻粱簠盛黍稷

簠

簋

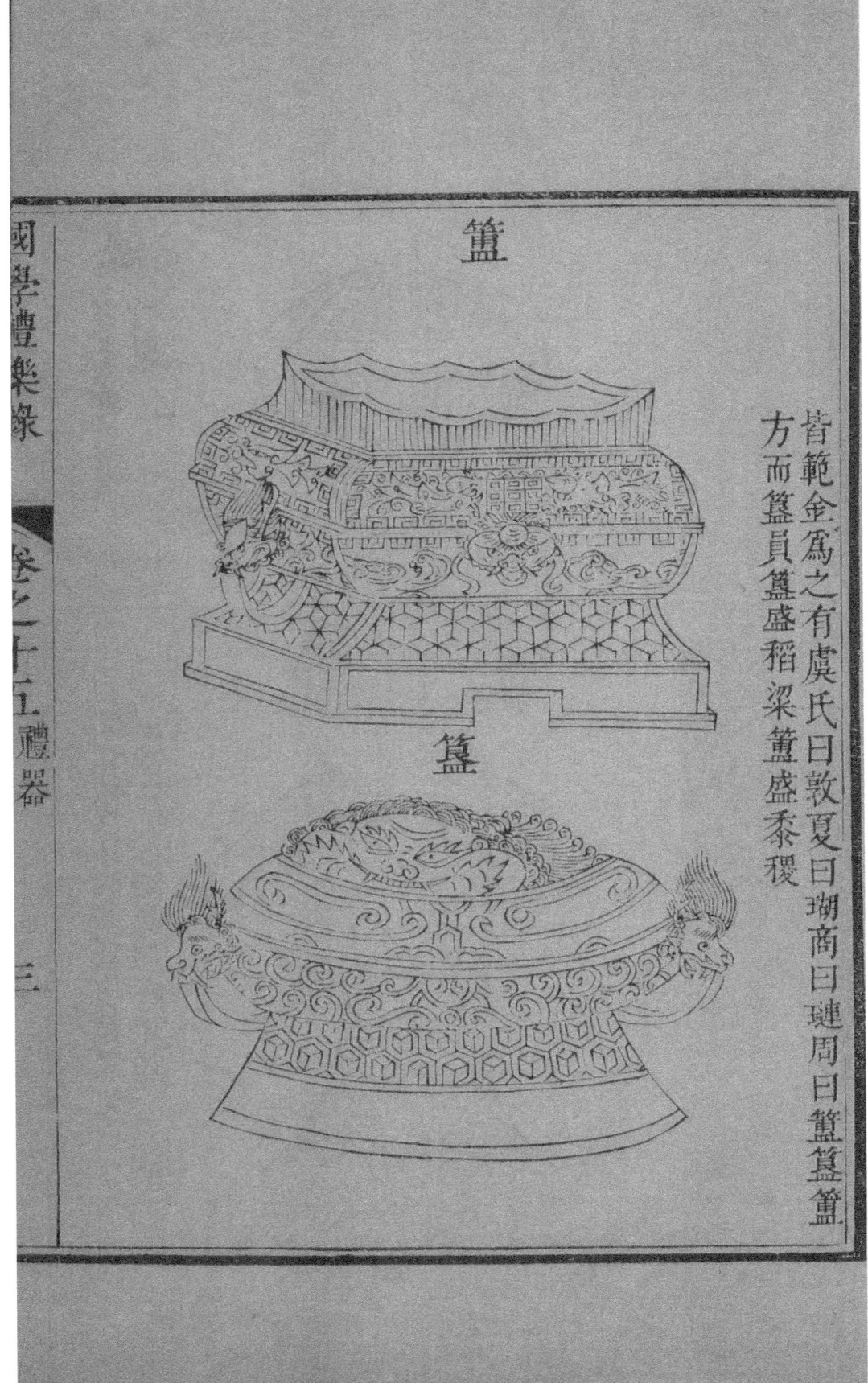

籩

古今皆竹製

豆

夏楬豆殷玉豆周獻豆又魯玉豆雕篹制各不同

郊特牲曰鼎俎奇而籩豆偶陰陽之義也籩豆之實水土之品也

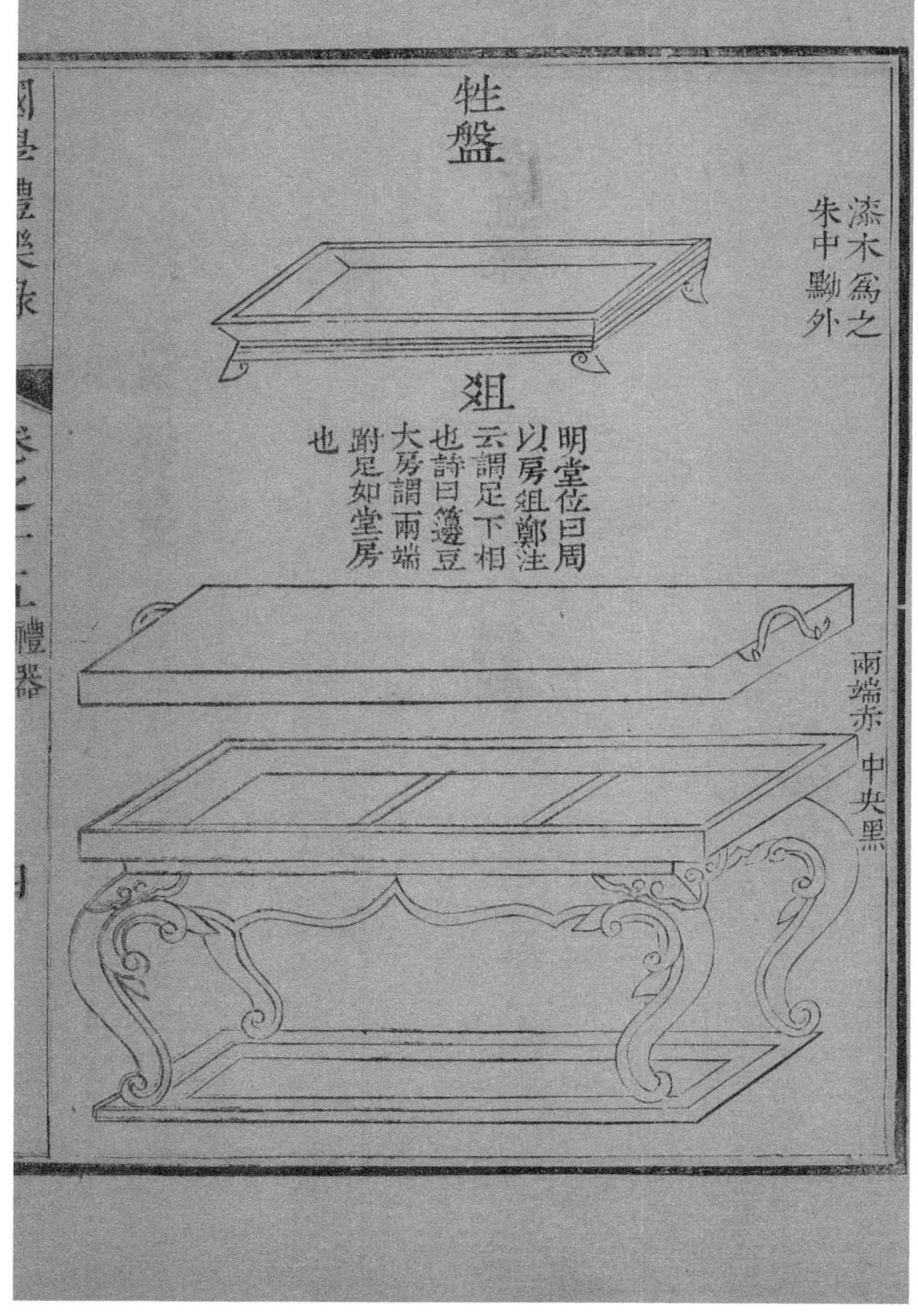

牲盤

漆木爲之朱中黝外

俎

明堂位曰周以房俎鄭注云謂足下相也詩曰籩豆大房謂兩端跗足如堂房也

兩端赤中央黑

毛血碟

銅爲之或以甆

饌盤

漆木爲之

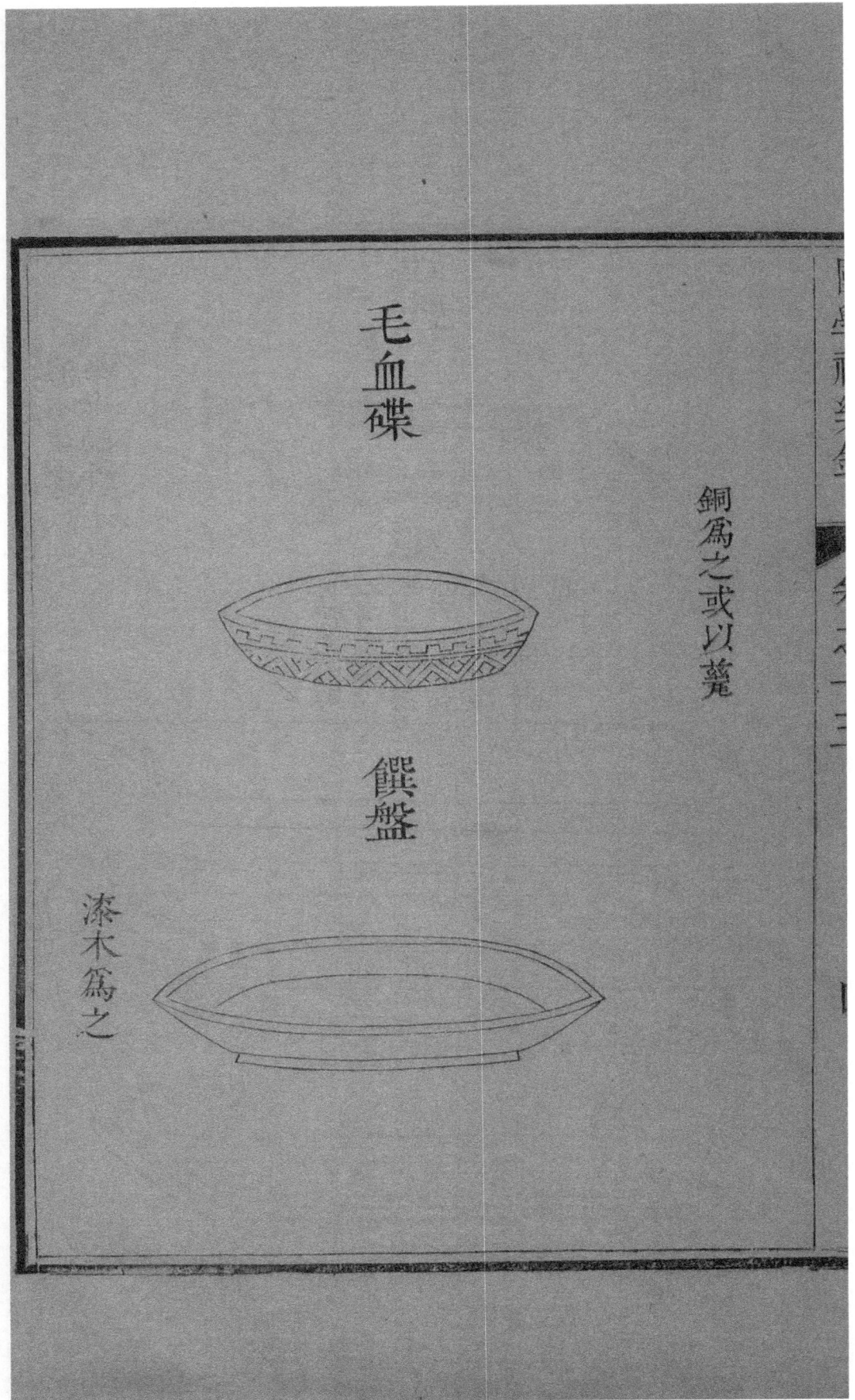

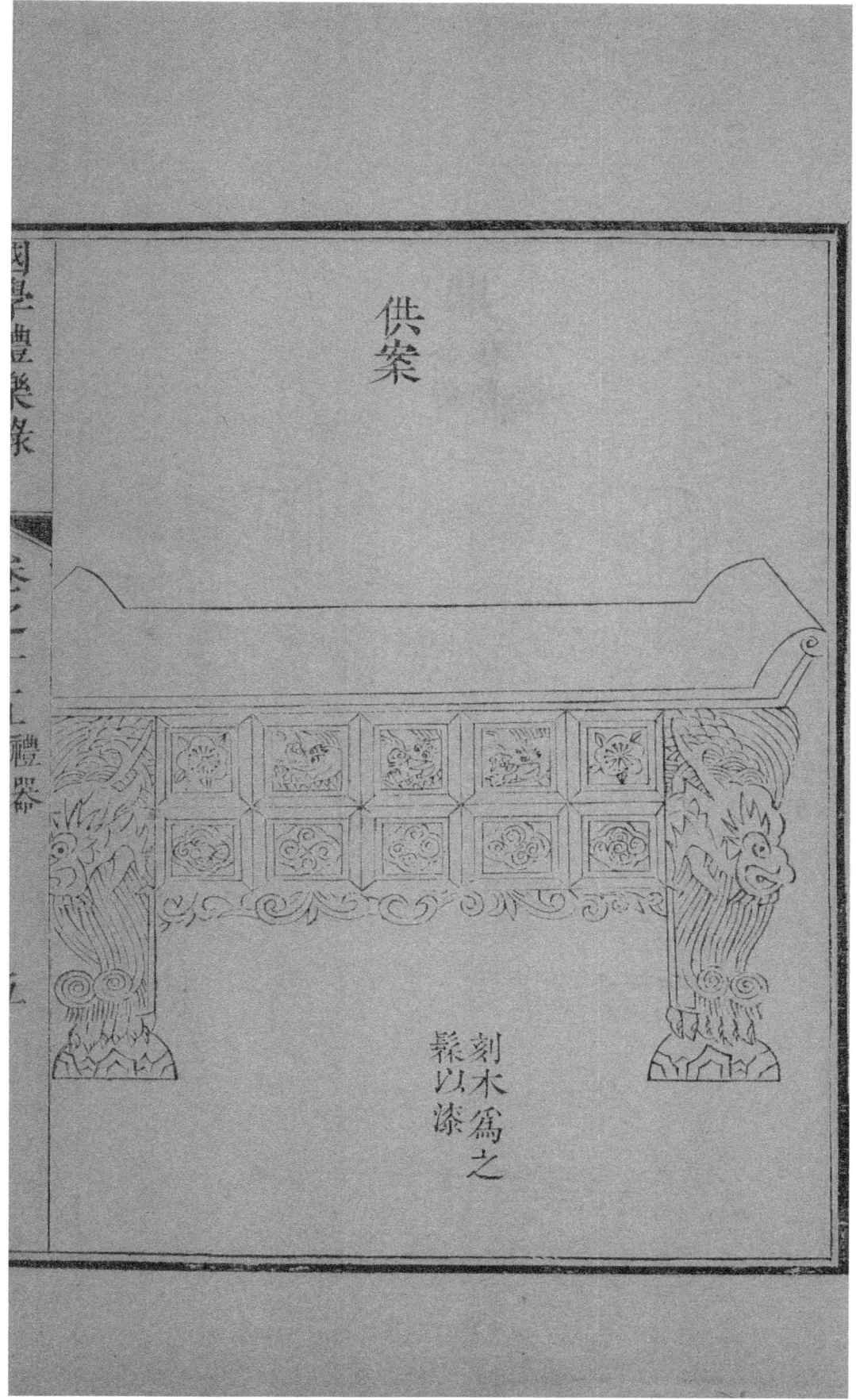

供案

刻木爲之
髹以漆

鼎
金鑄
爇香

几

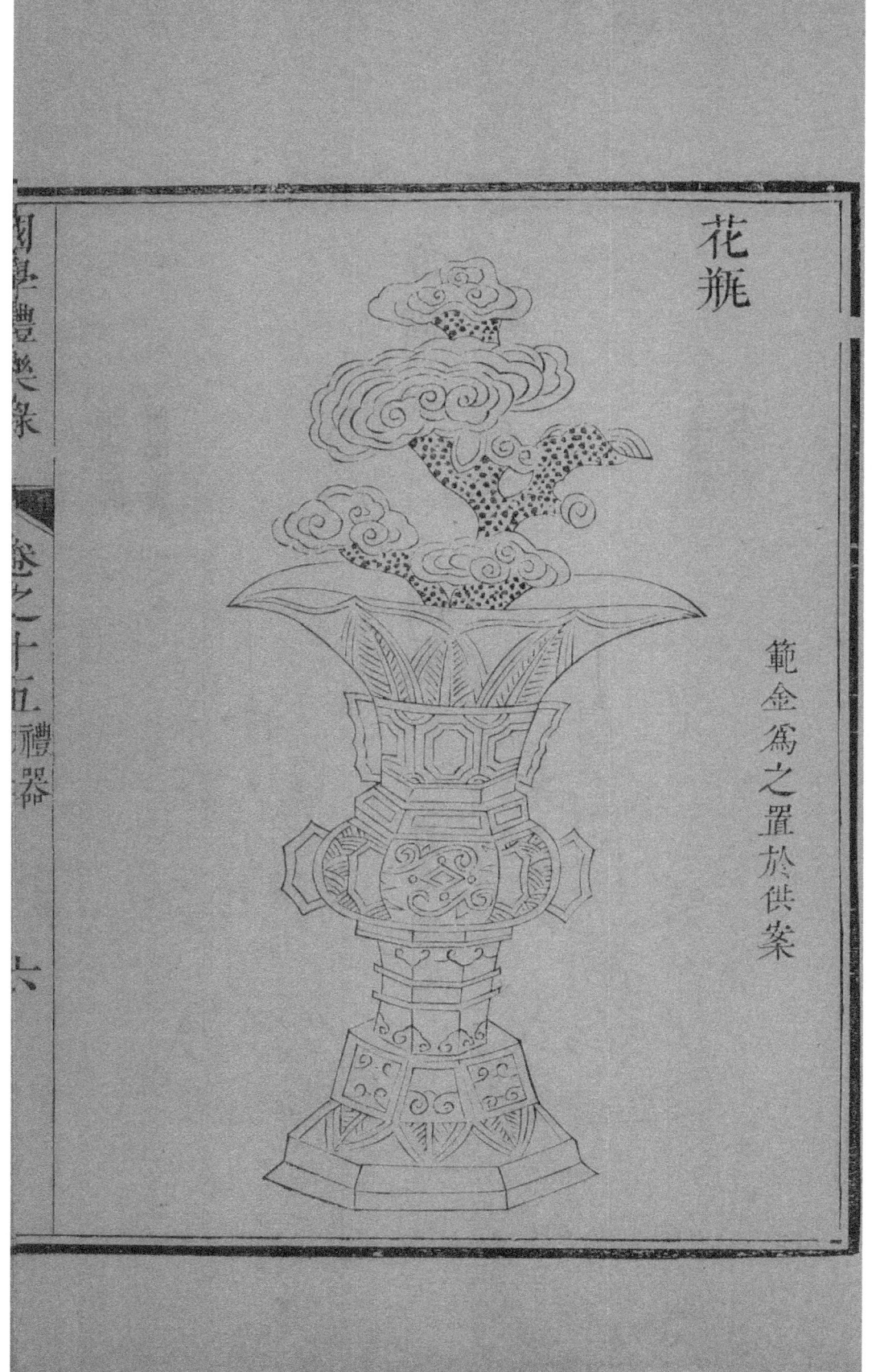

範金為之置於供案

香盒

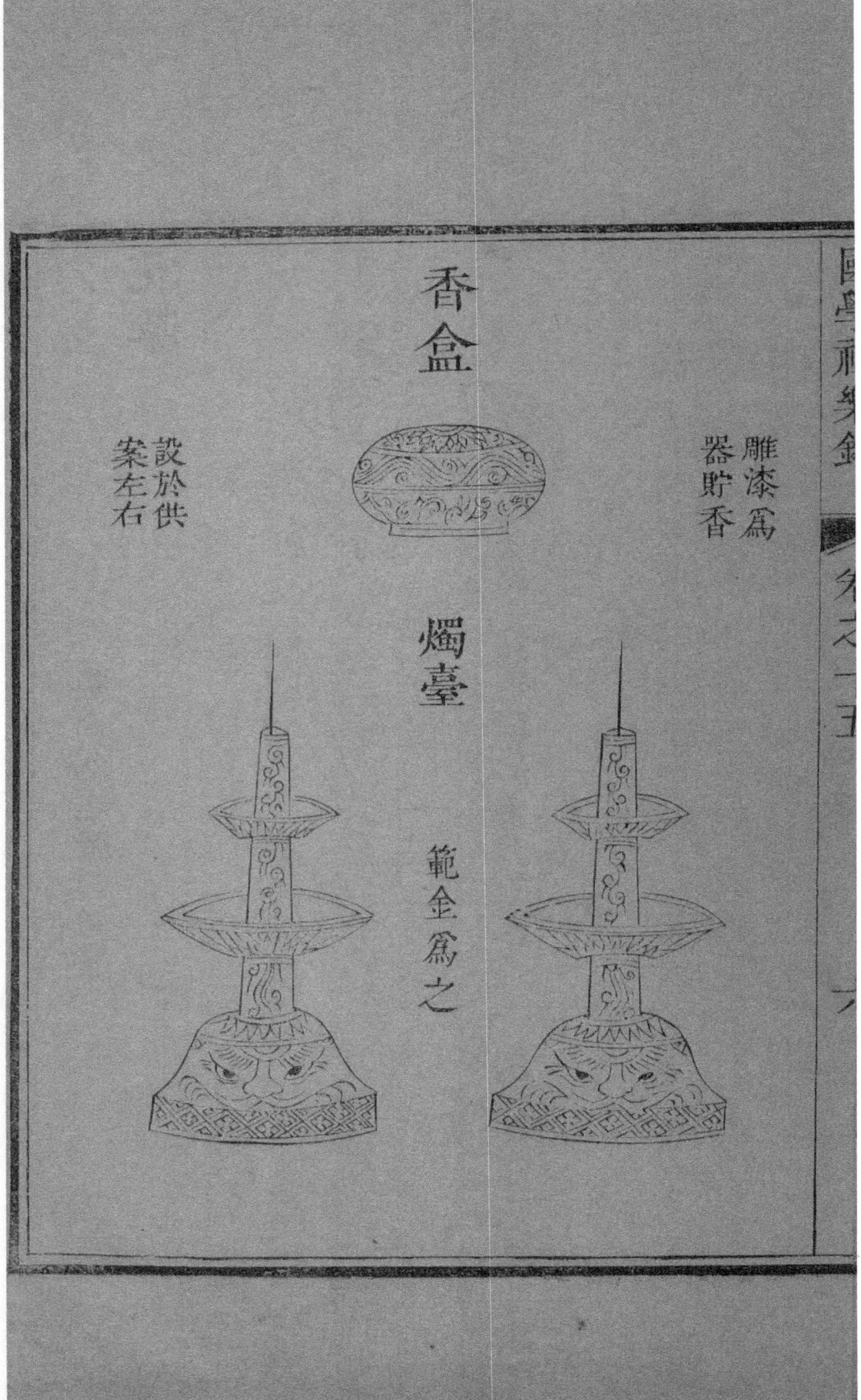

雕漆爲器貯香

設於供案左右

燭臺

範金爲之

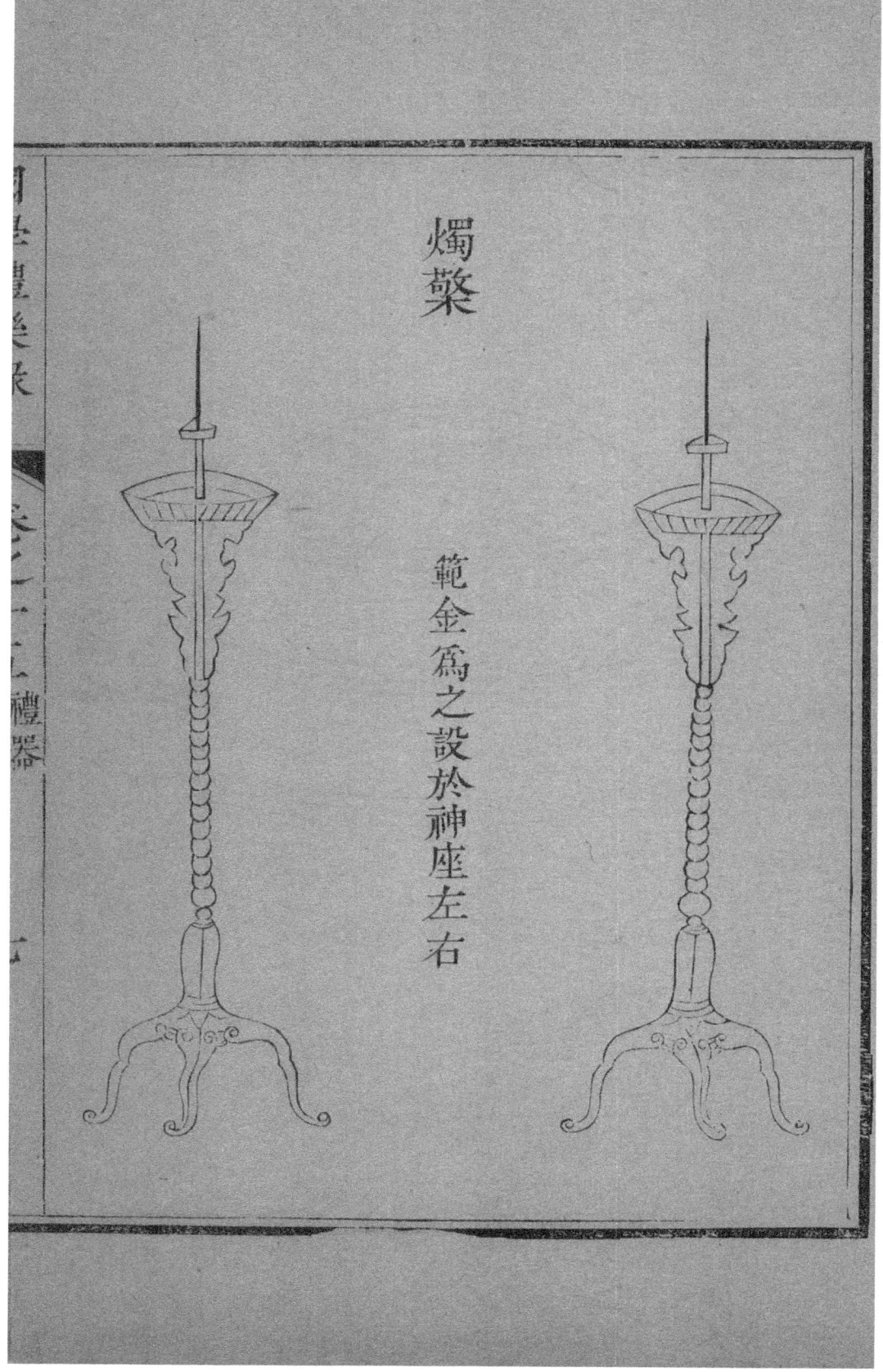

燭檠

範金爲之設於神座左右

太尊

泰有虞氏之尊瓦尊也
貴本尚質

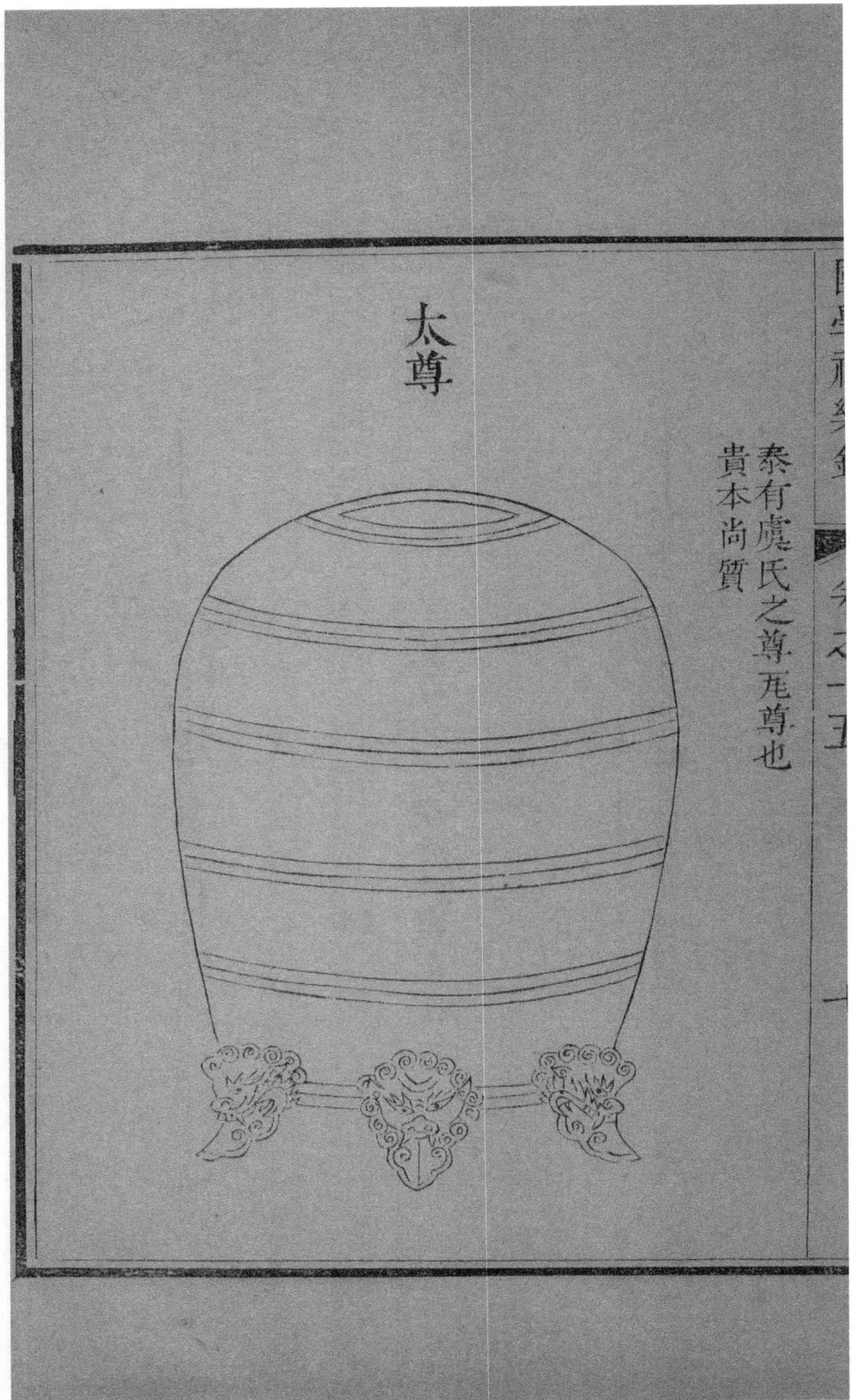

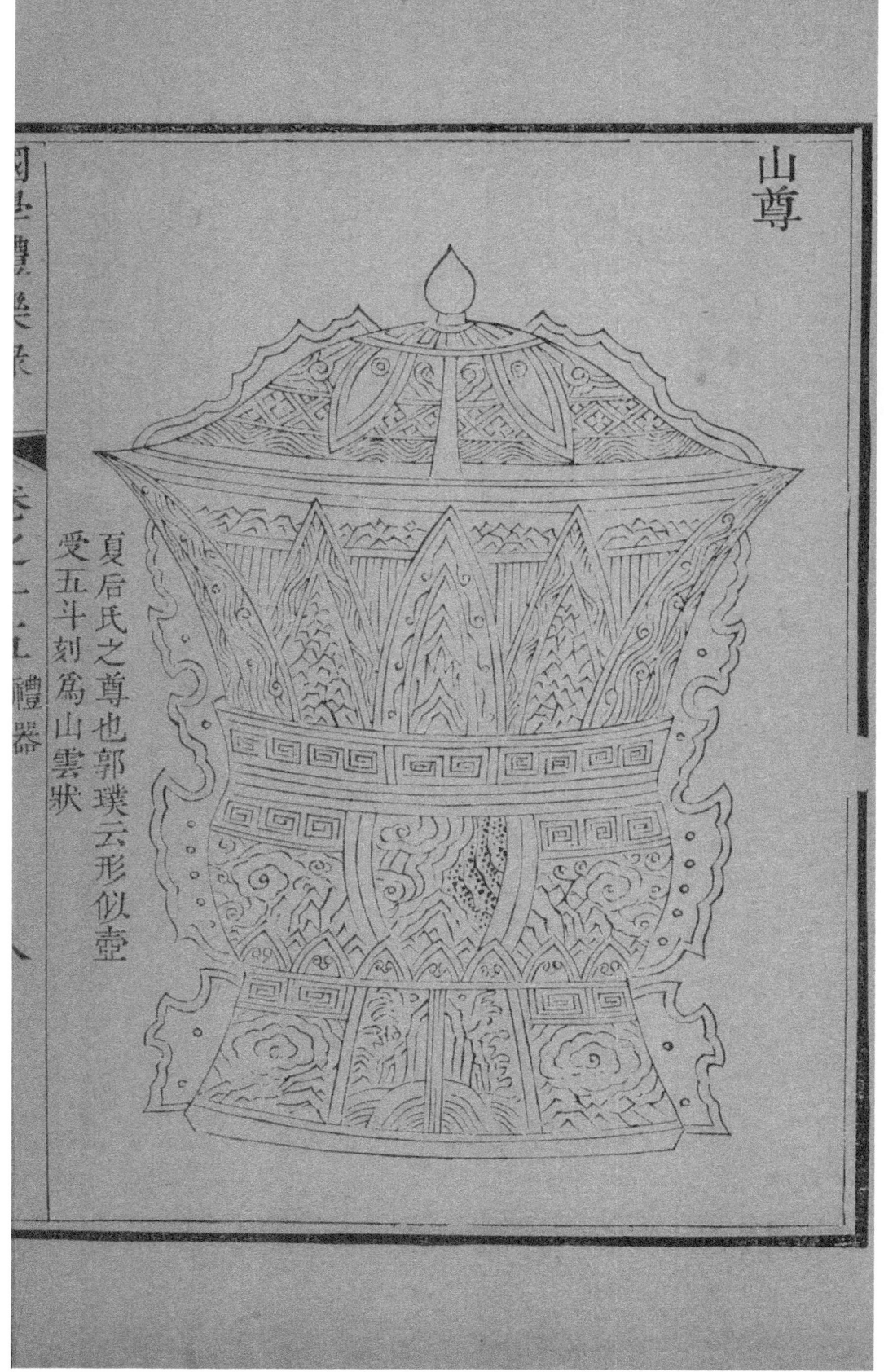

山尊

夏后氏之尊也郭璞云形似壺受五斗刻爲山雲狀

雲雷尊

鈕以螭首腹畫雲雷之狀取義其來不測貯初獻酒

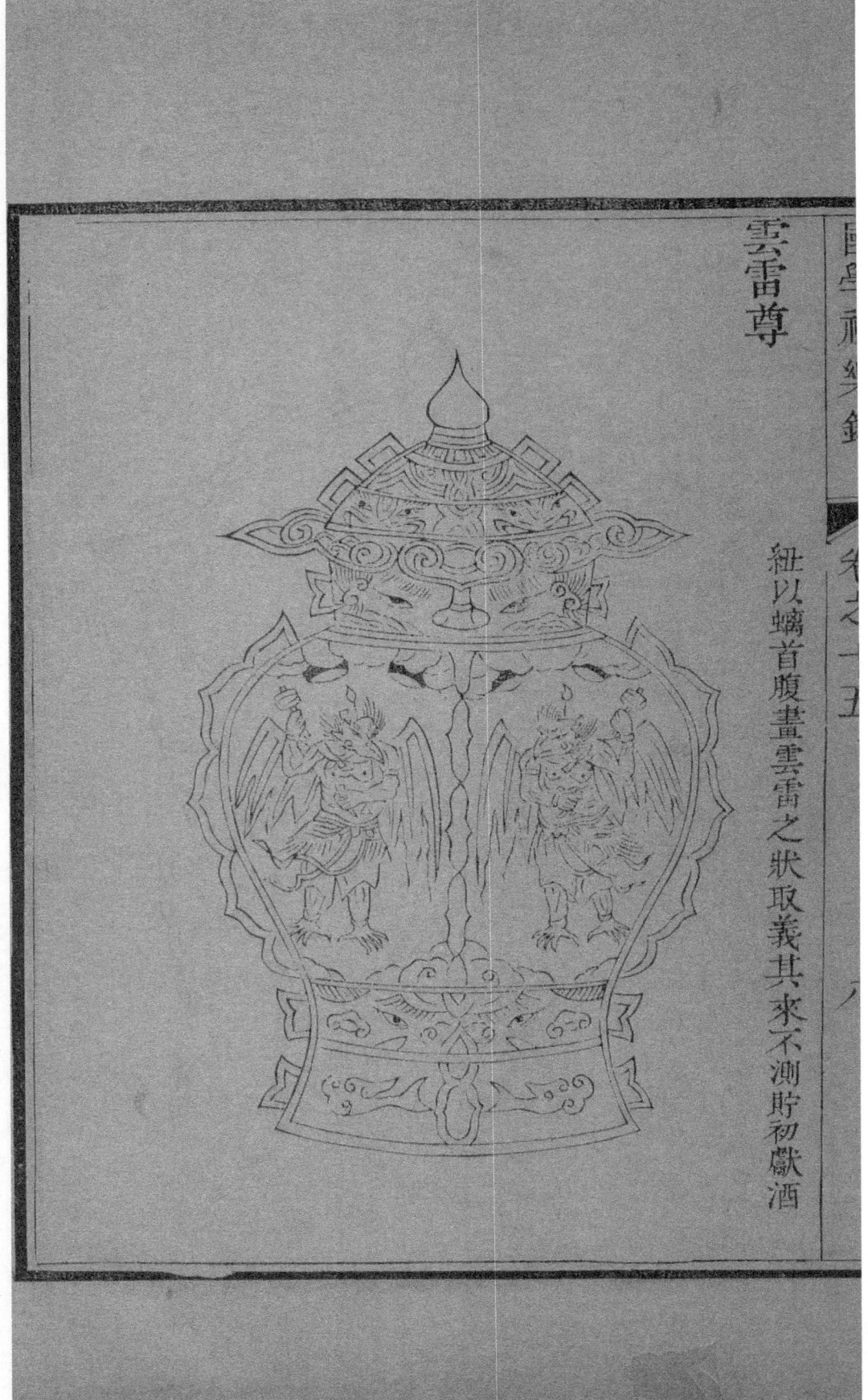

犧尊

範金爲犧牛形穴背受酒於腹上覆以蓋貯終獻酒

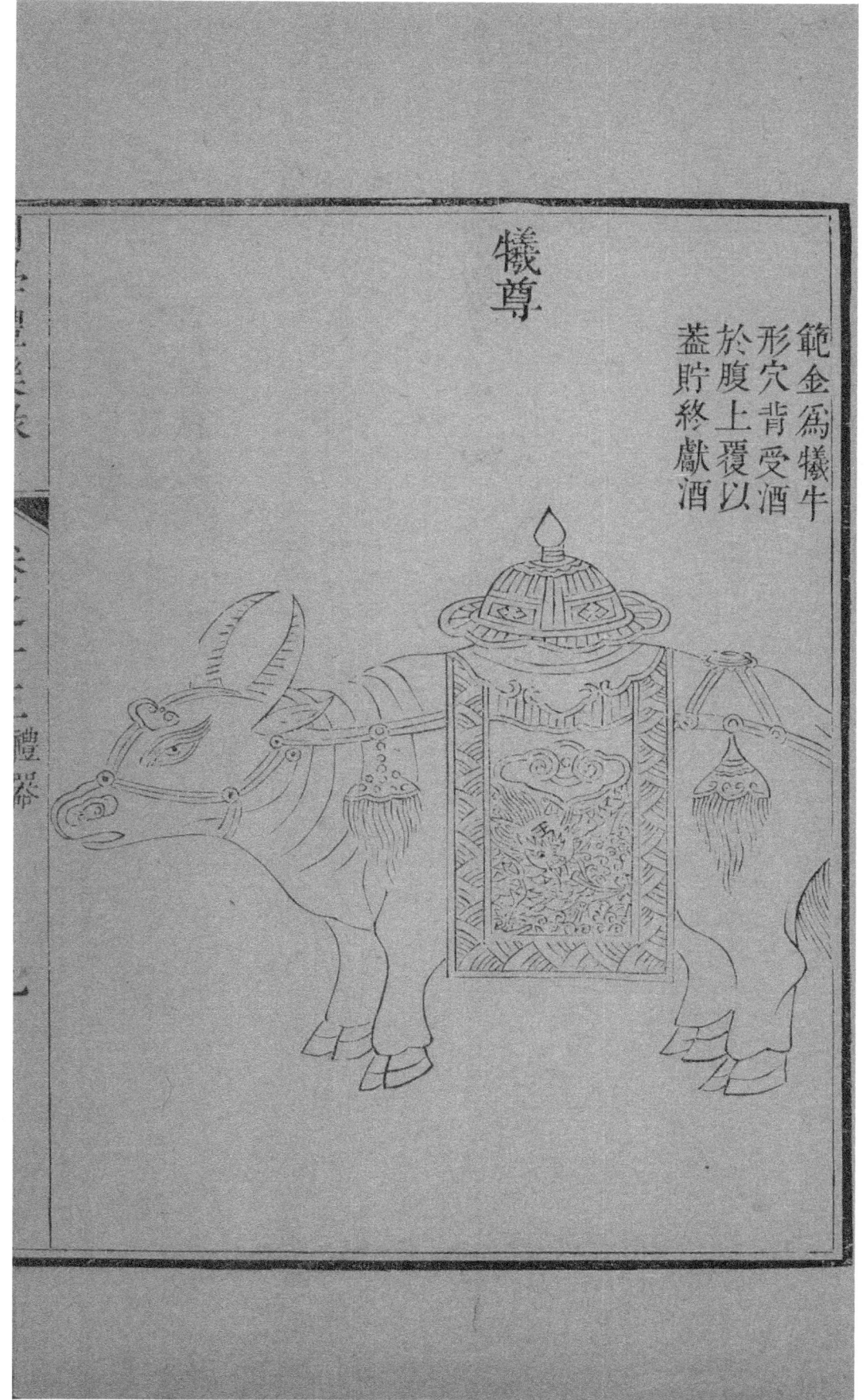

象尊

取形於象
範金爲之
貯亞獻酒

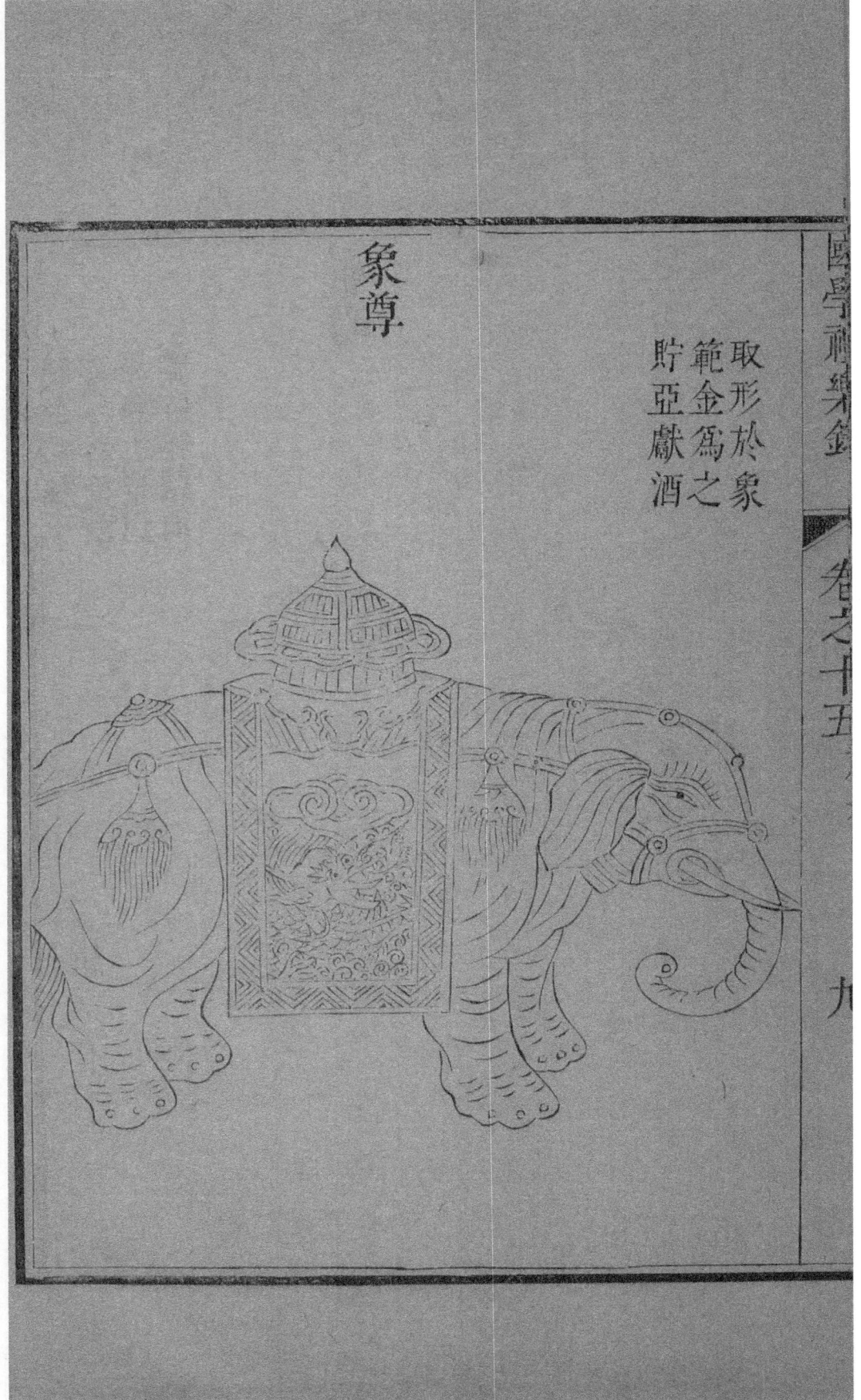

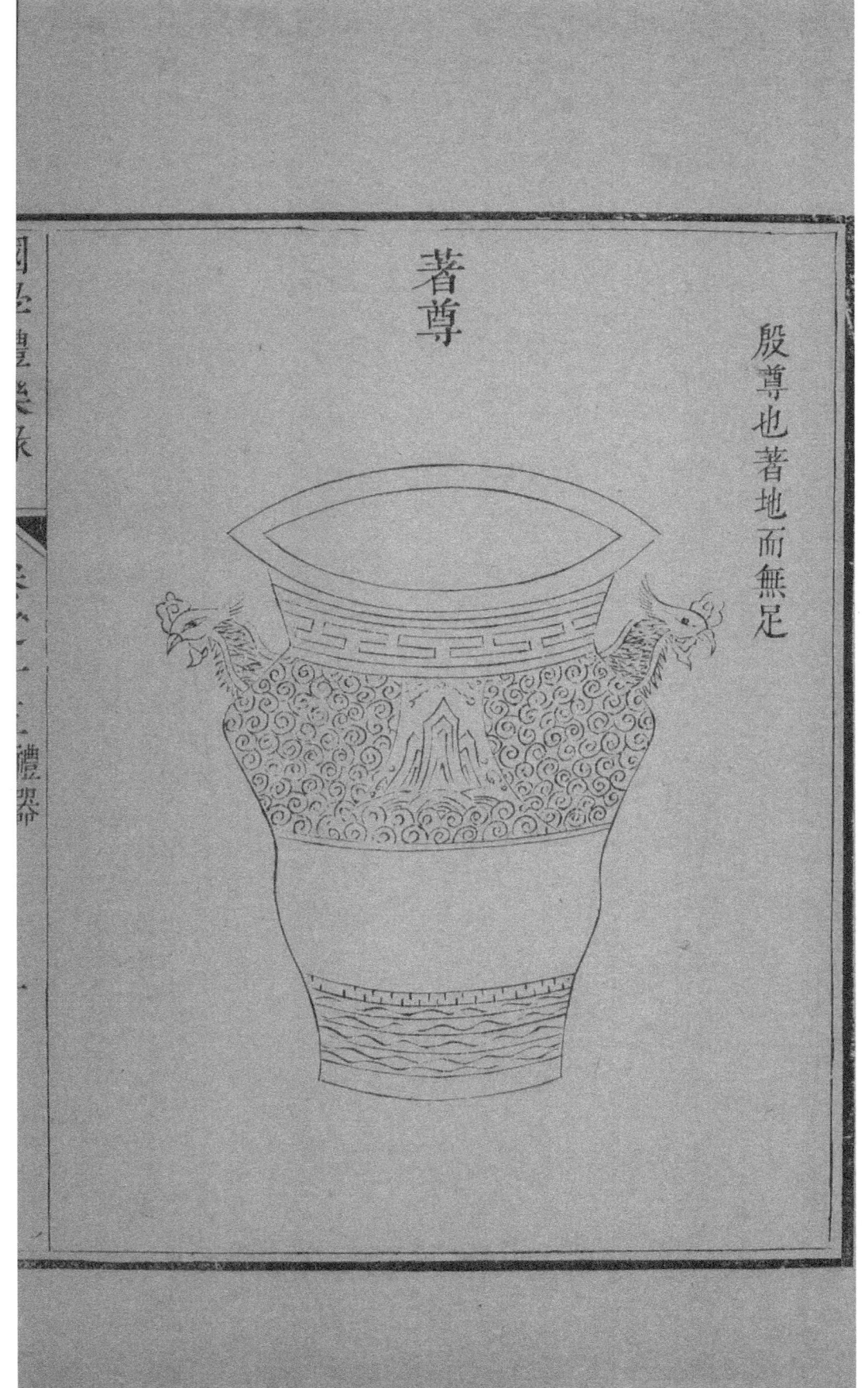

著尊

殷尊也著地而無足

卣

中尊也釀秬黍爲酒以
鬱鬯和之用貯以灌

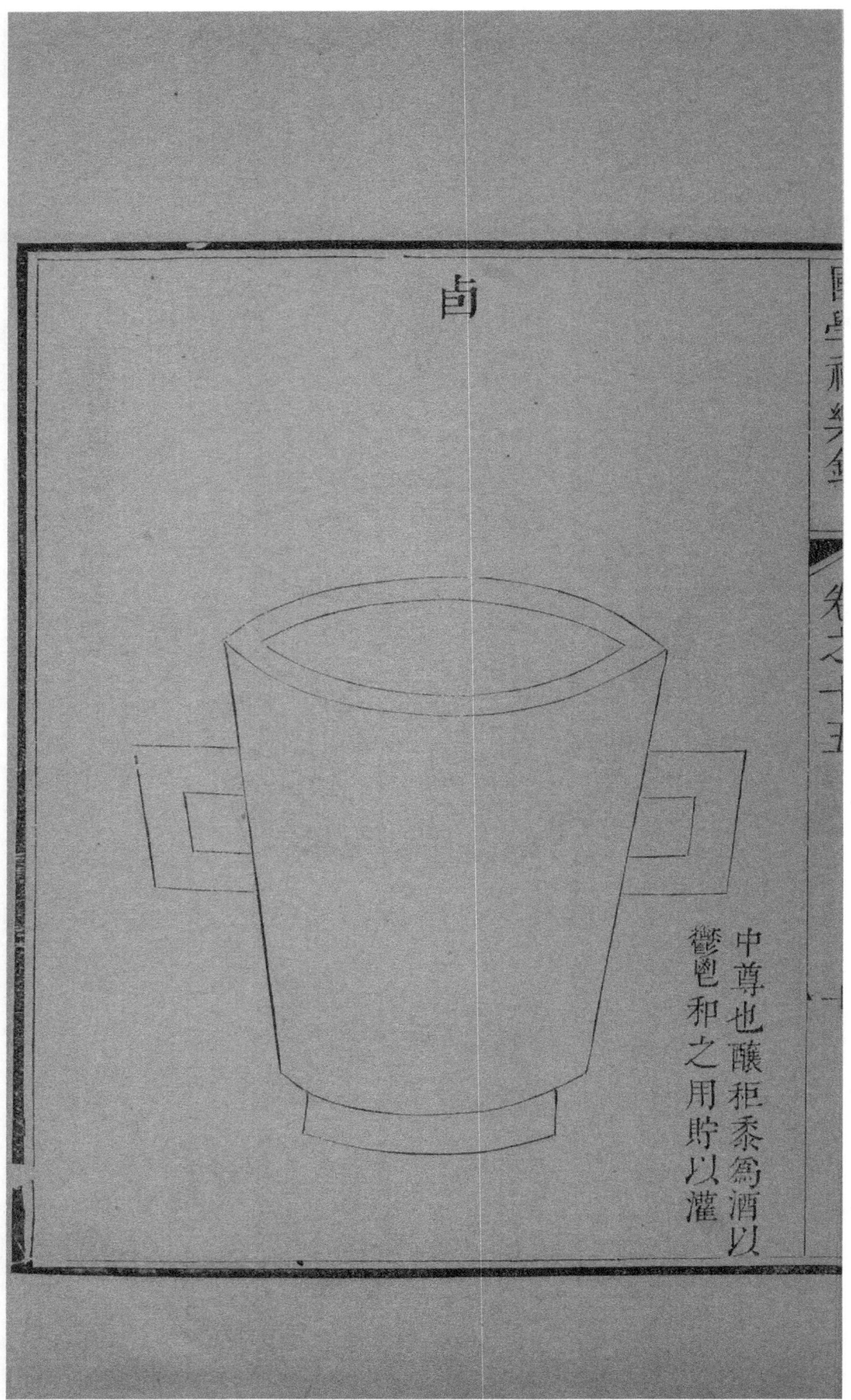

壺尊

尊作壺形其腹飾饕餮腹著風雲不獨示有節止而又明其施澤之及時也

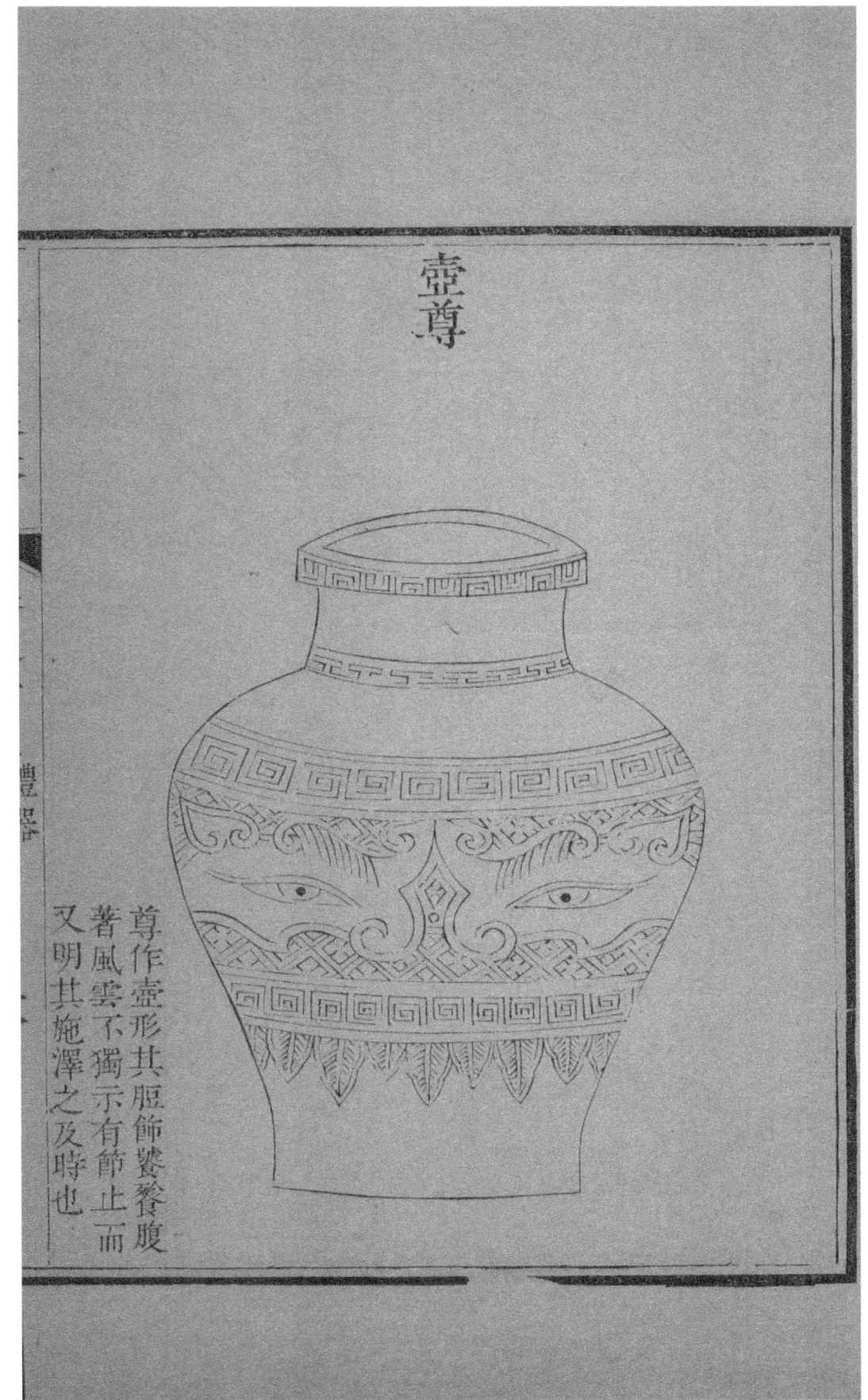

龍冪

以覆尊爵錦繪爲之四隅綴以金錢

龍勺

夏龍勺殷疏勺周蒲勺茲所用蓋夏制也

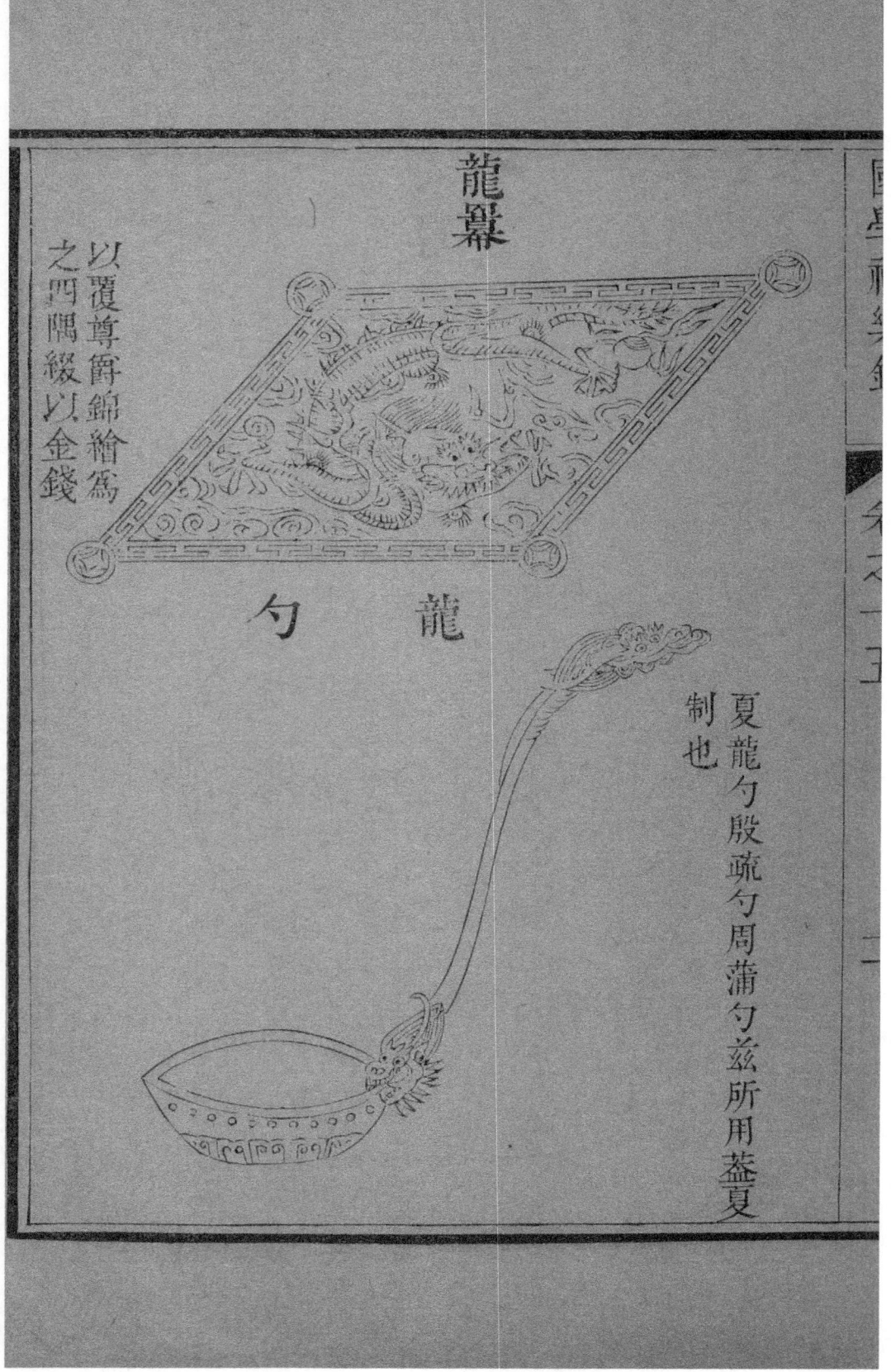

罍洗案

盥盆

注水濯手將祭時凡與祭者相次滌潔然後行事

頮架

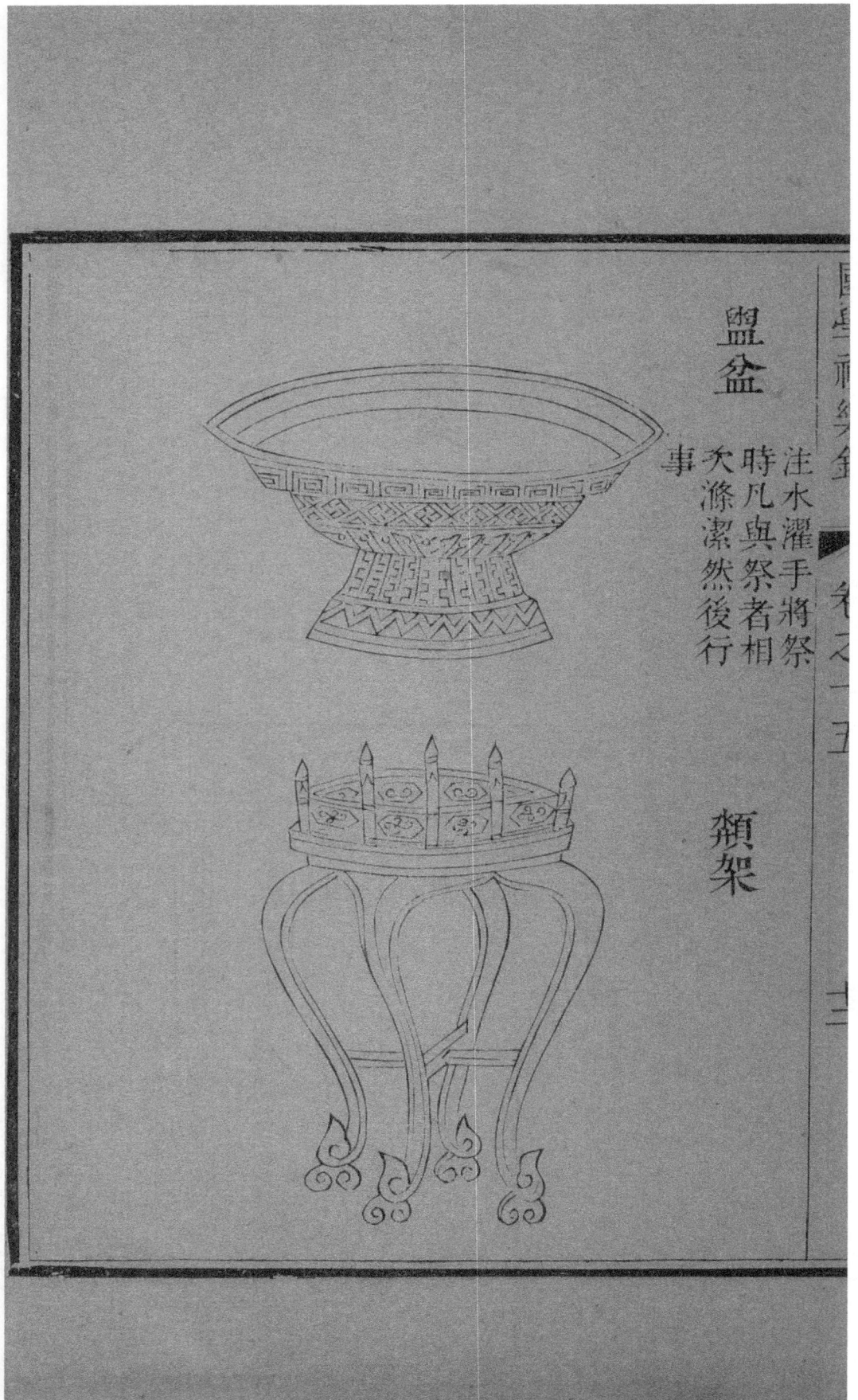

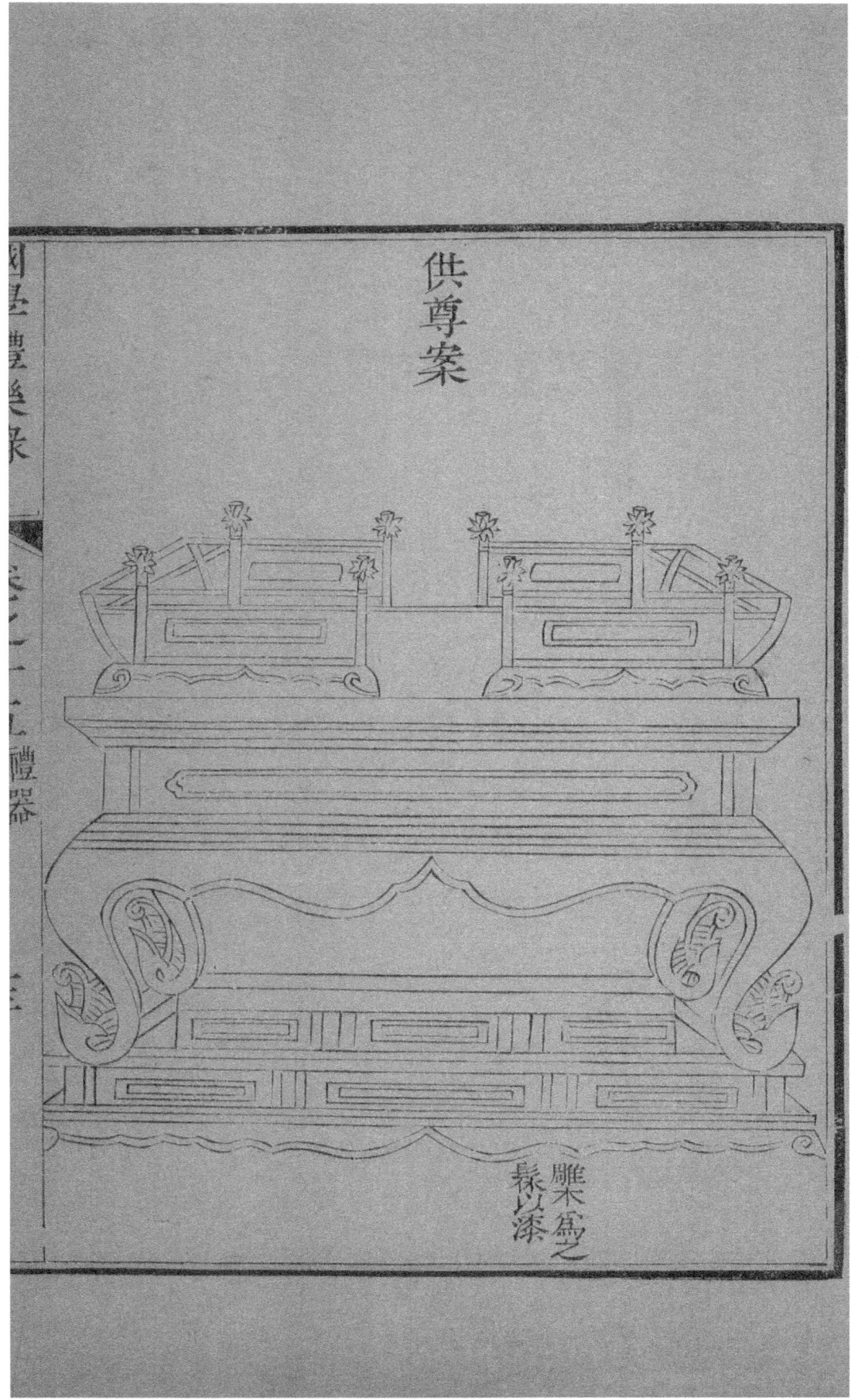

供尊案

雕木為之
髹以漆

漆木爲之外黝中質以紙
書祝文面粘之祭畢則捧
祝文以焚

祝版

獻尊案

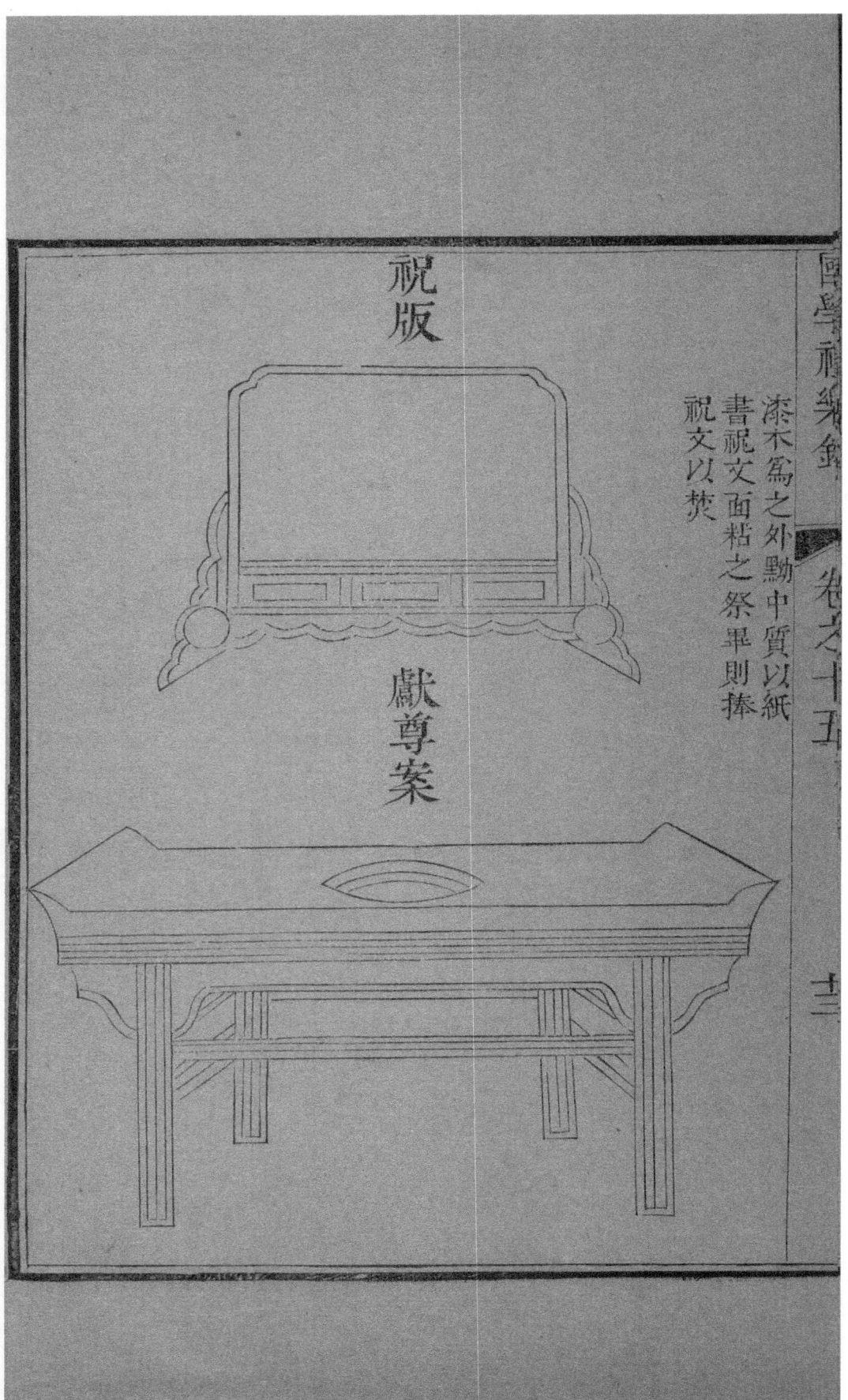

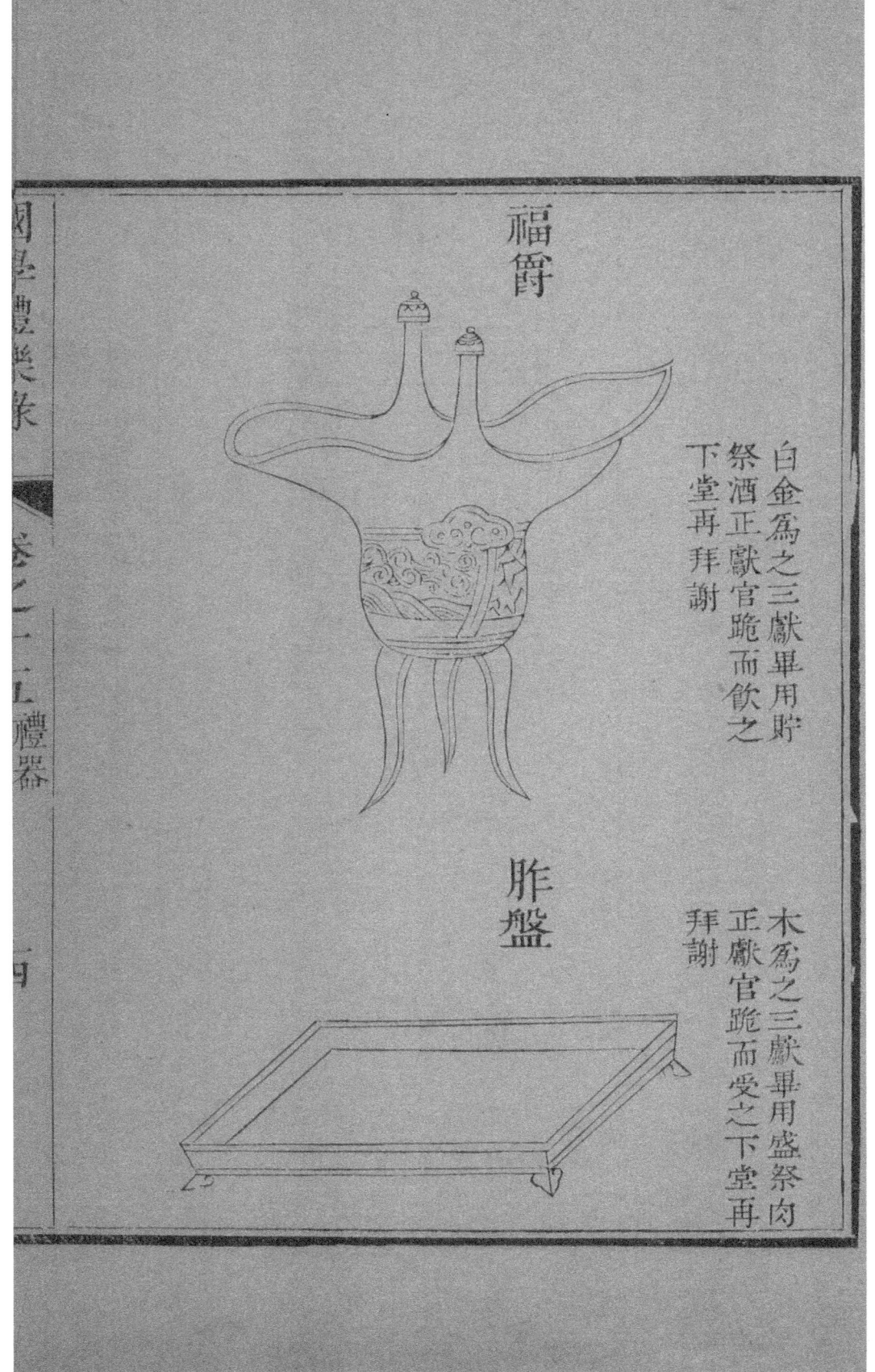

福爵

白金爲之三獻畢用貯祭酒正獻官跪而飲之下堂再拜謝

胙盤

木爲之三獻畢用盛祭肉正獻官跪而受之下堂再拜謝

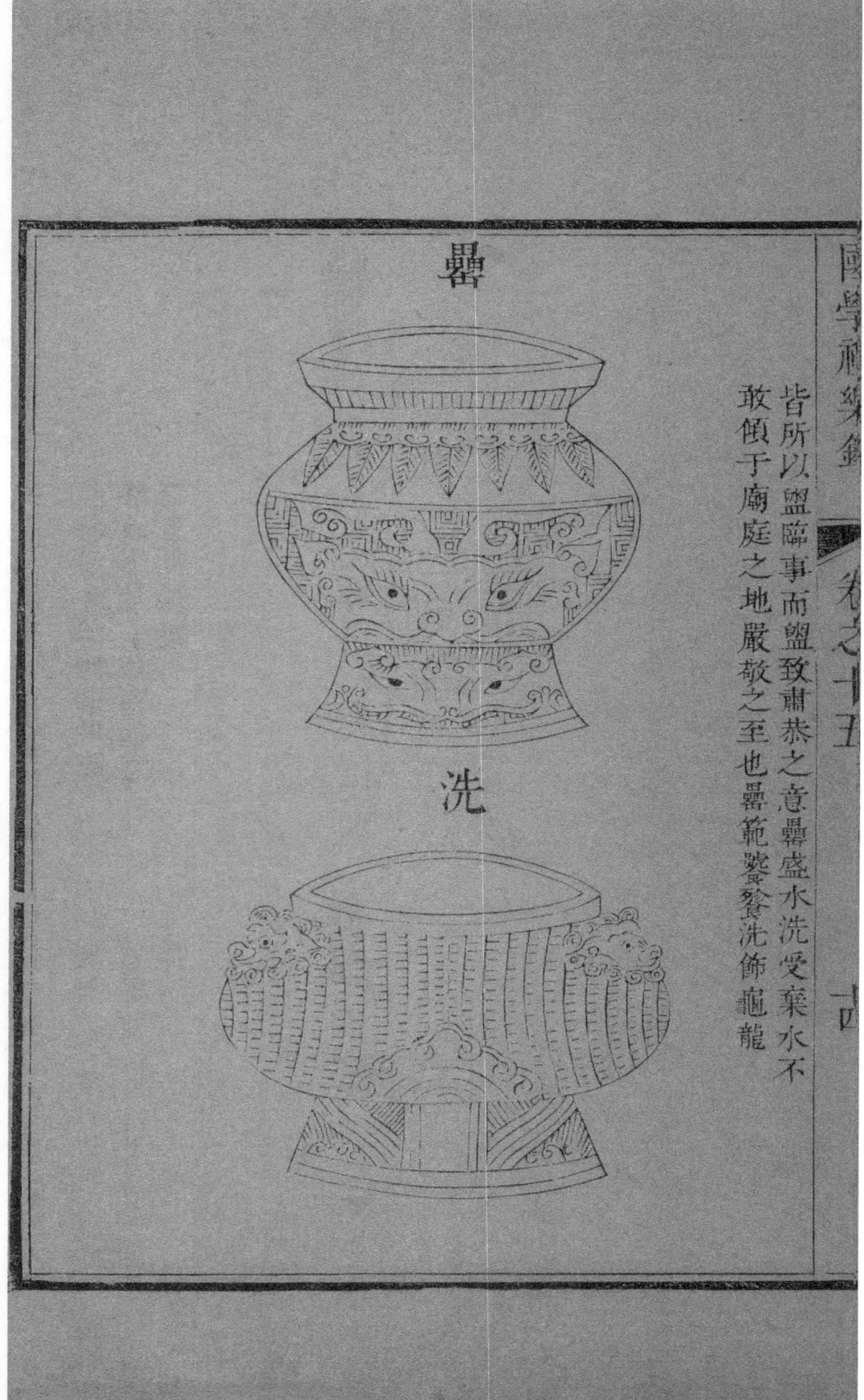

皆所以盥臨事而盥致肅恭之意罍盛水洗受棄水不敢傾于廟庭之地嚴敬之至也罍範饕餮洗飾黿龍

罍

洗

帨巾

以繒爲之或以布
將祭滌手以拭

巾笥

或竹器或
木器以函
帨巾

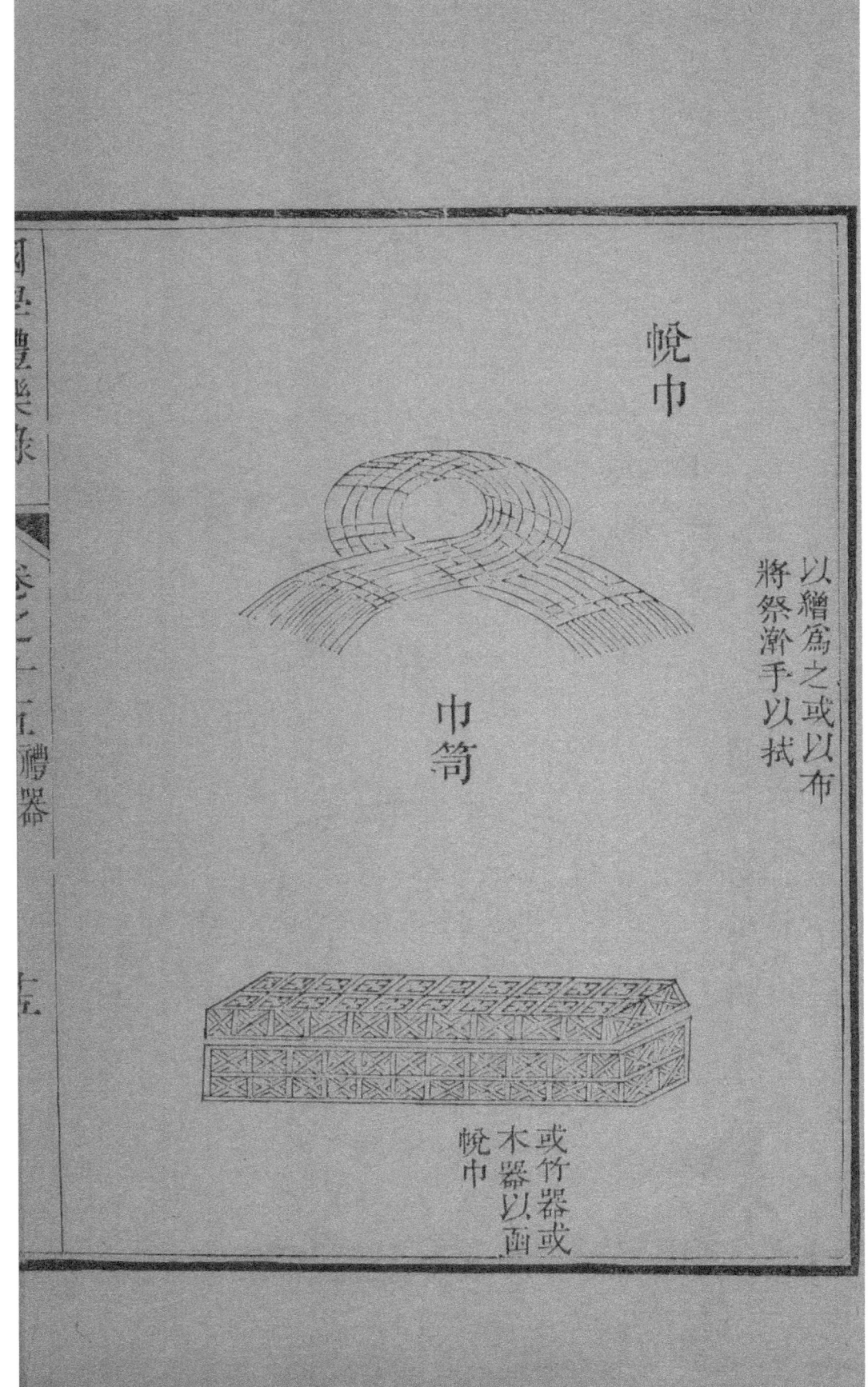

燔爐

彝

範金爲之周禮六彝雞彝鳥彝黃彝
虎彝蜼彝斝彝皆以貯灌酒

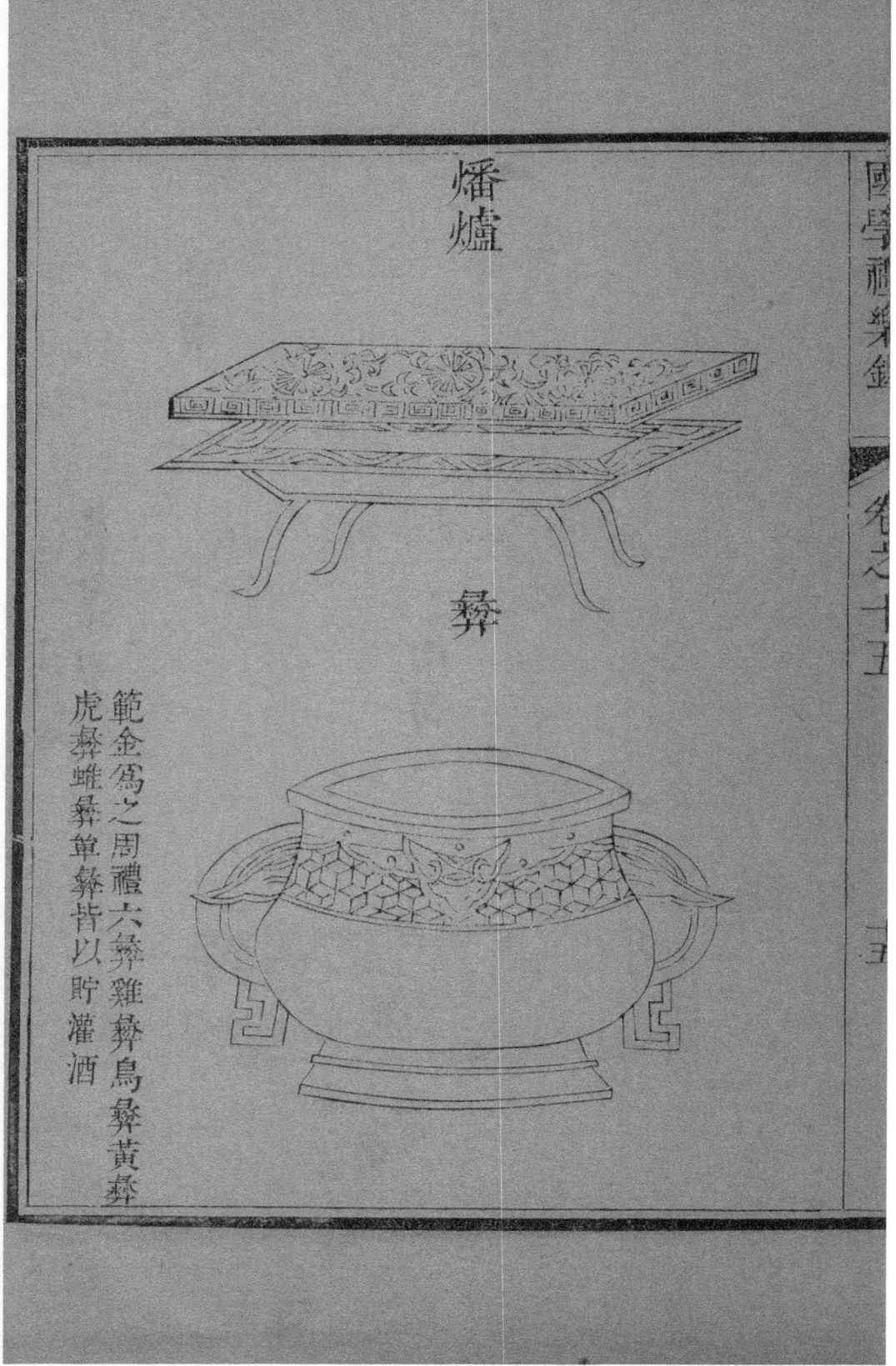

斝

茅沙池

古銅爲之
貯以茅沙
所以縮酒

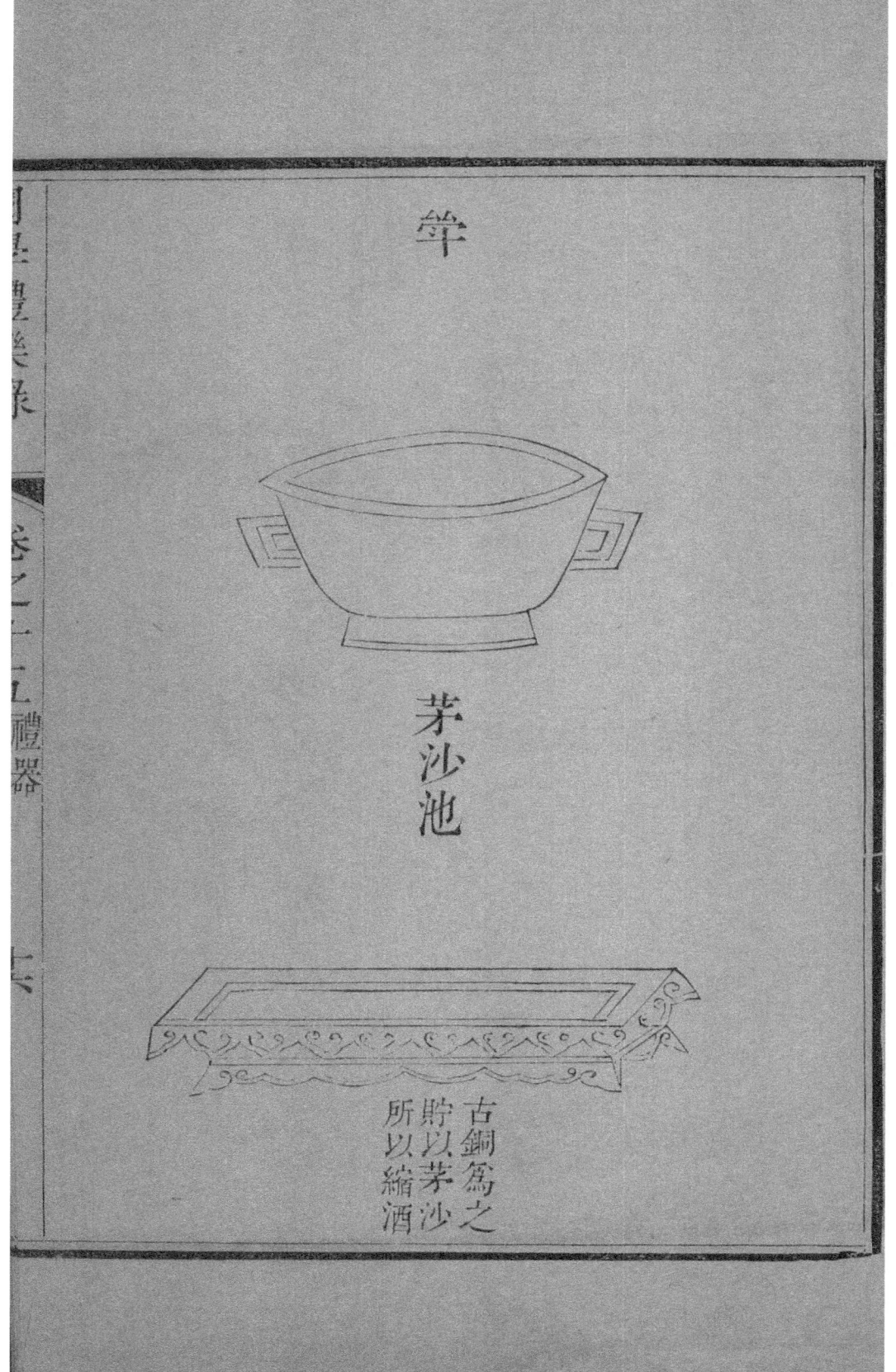

執爐

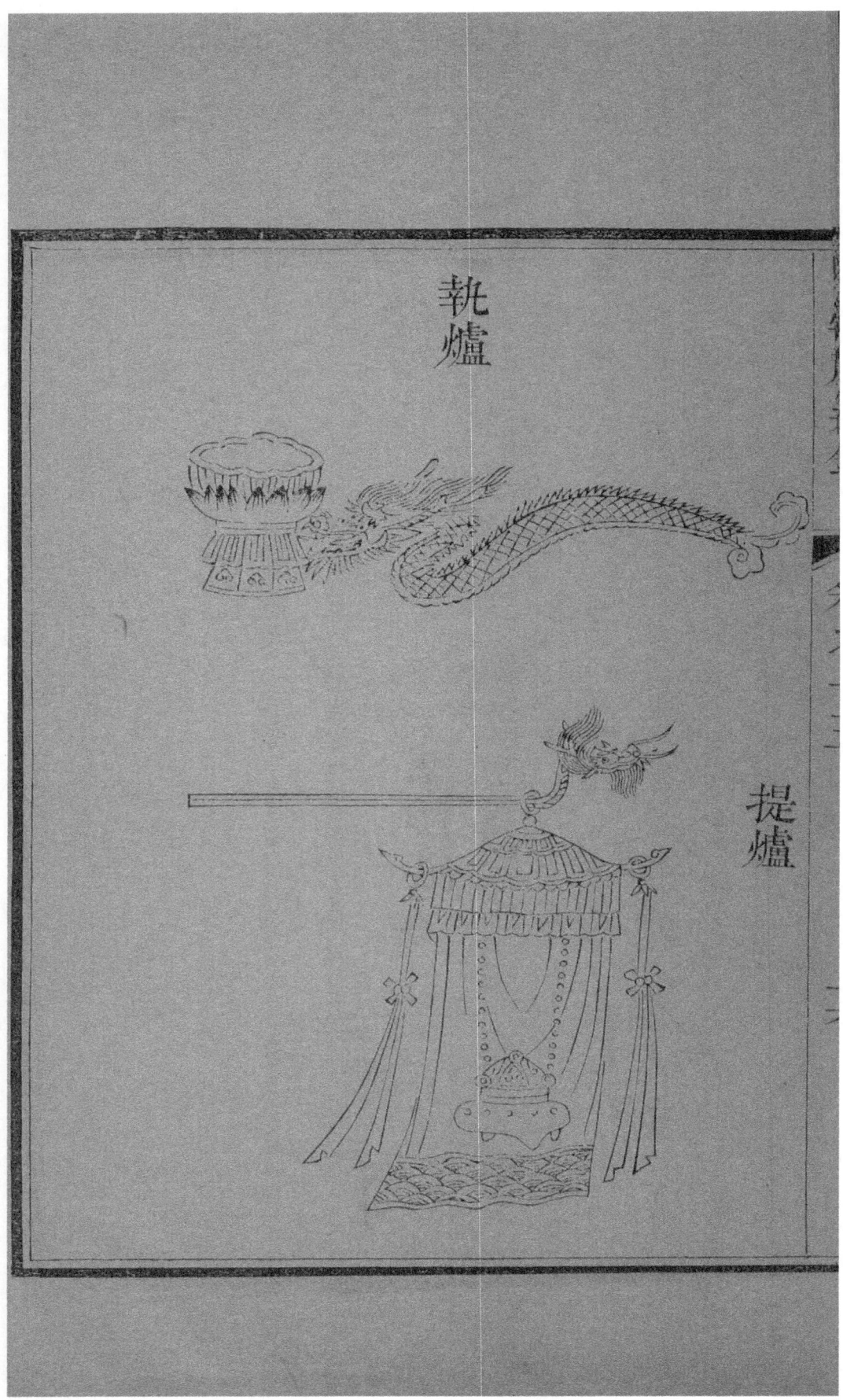

提爐

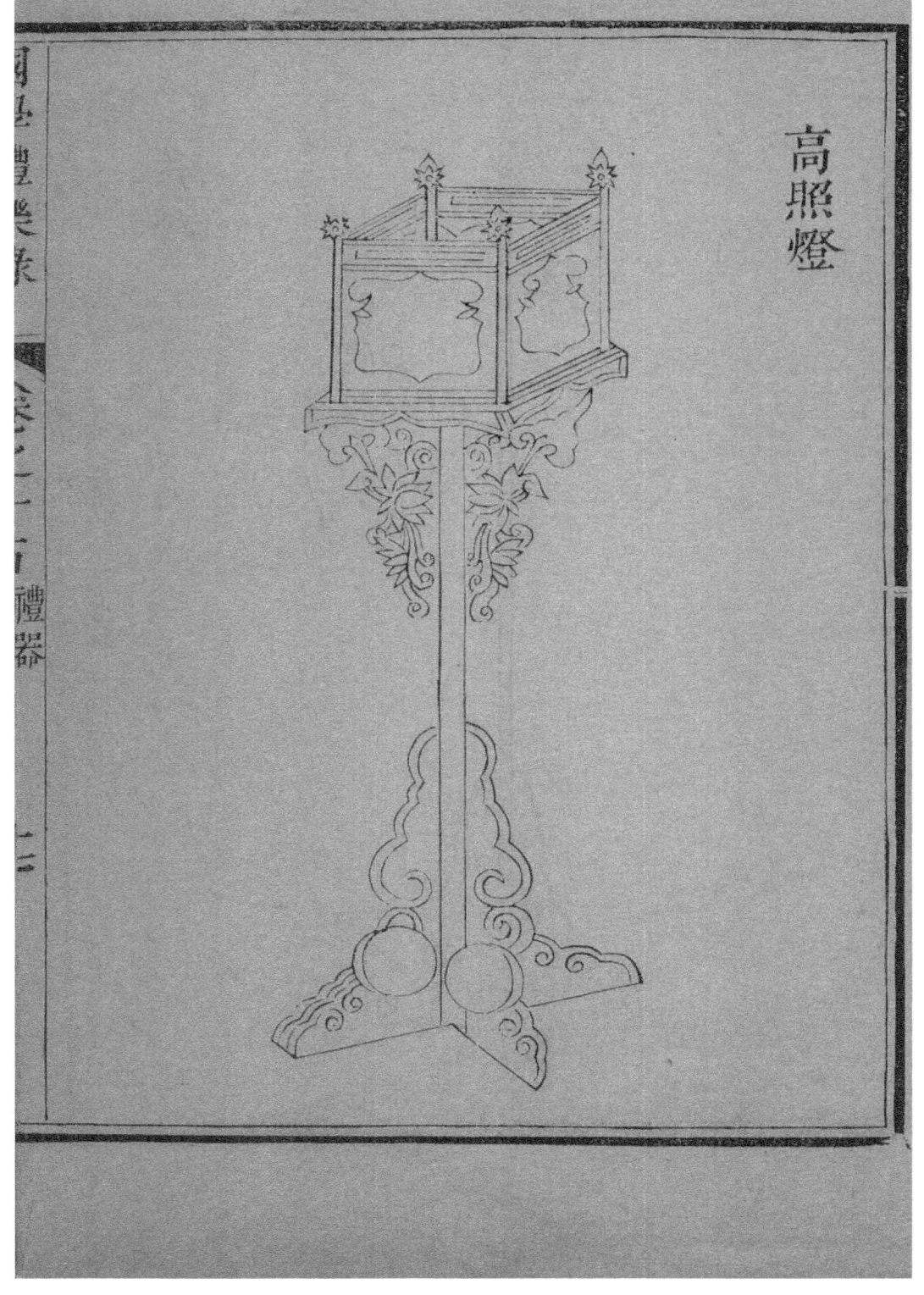

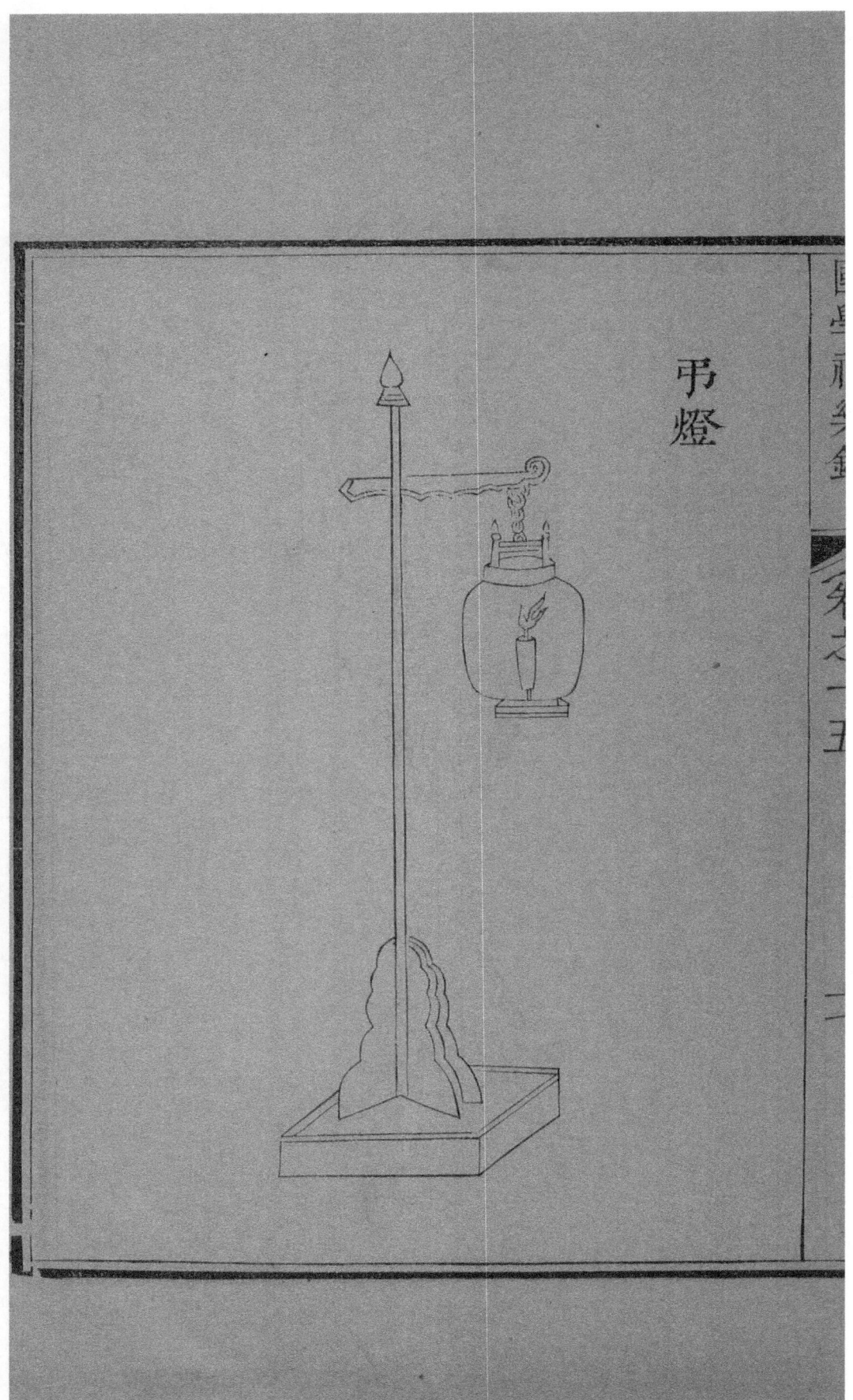

弔燈

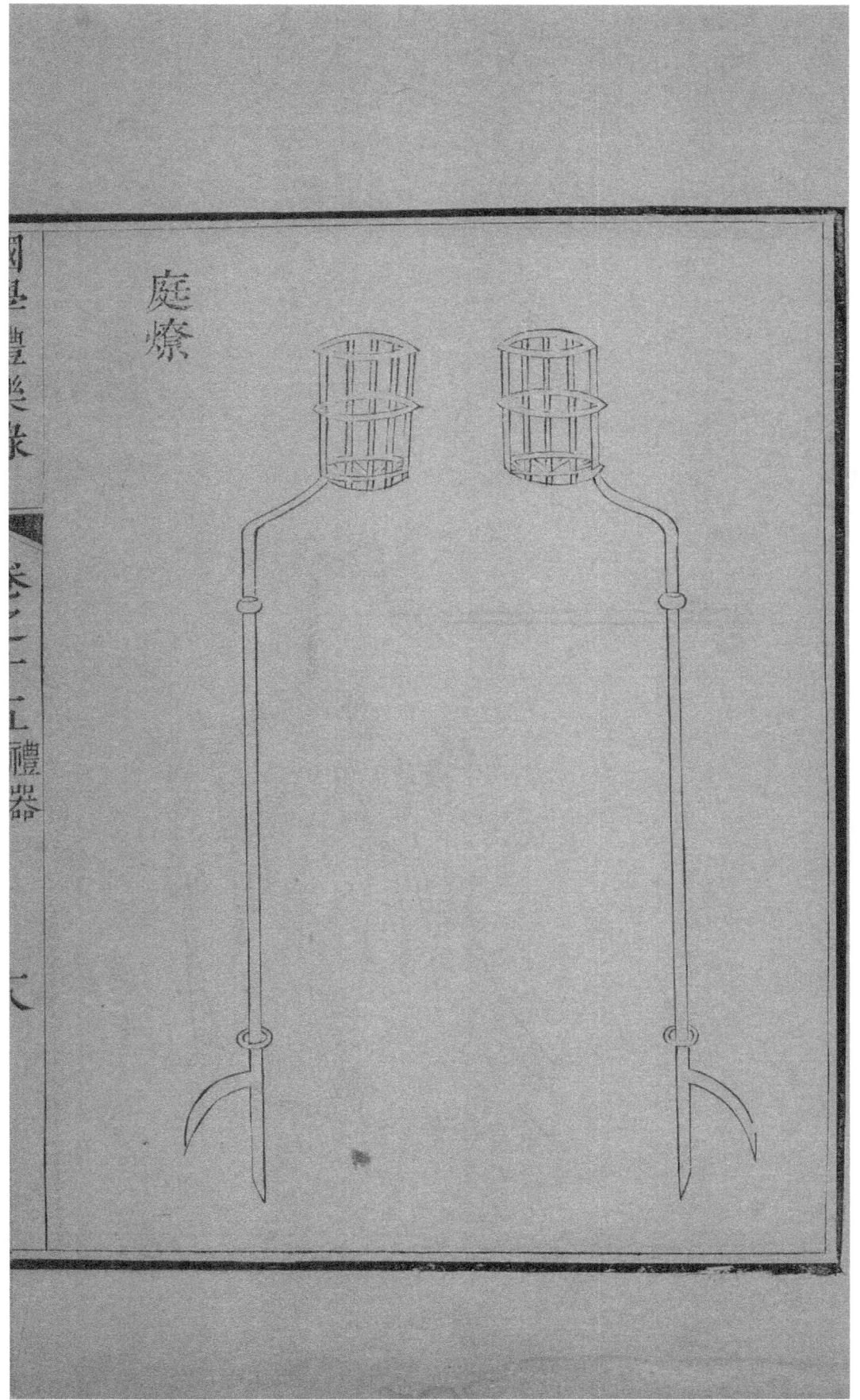

庭燎

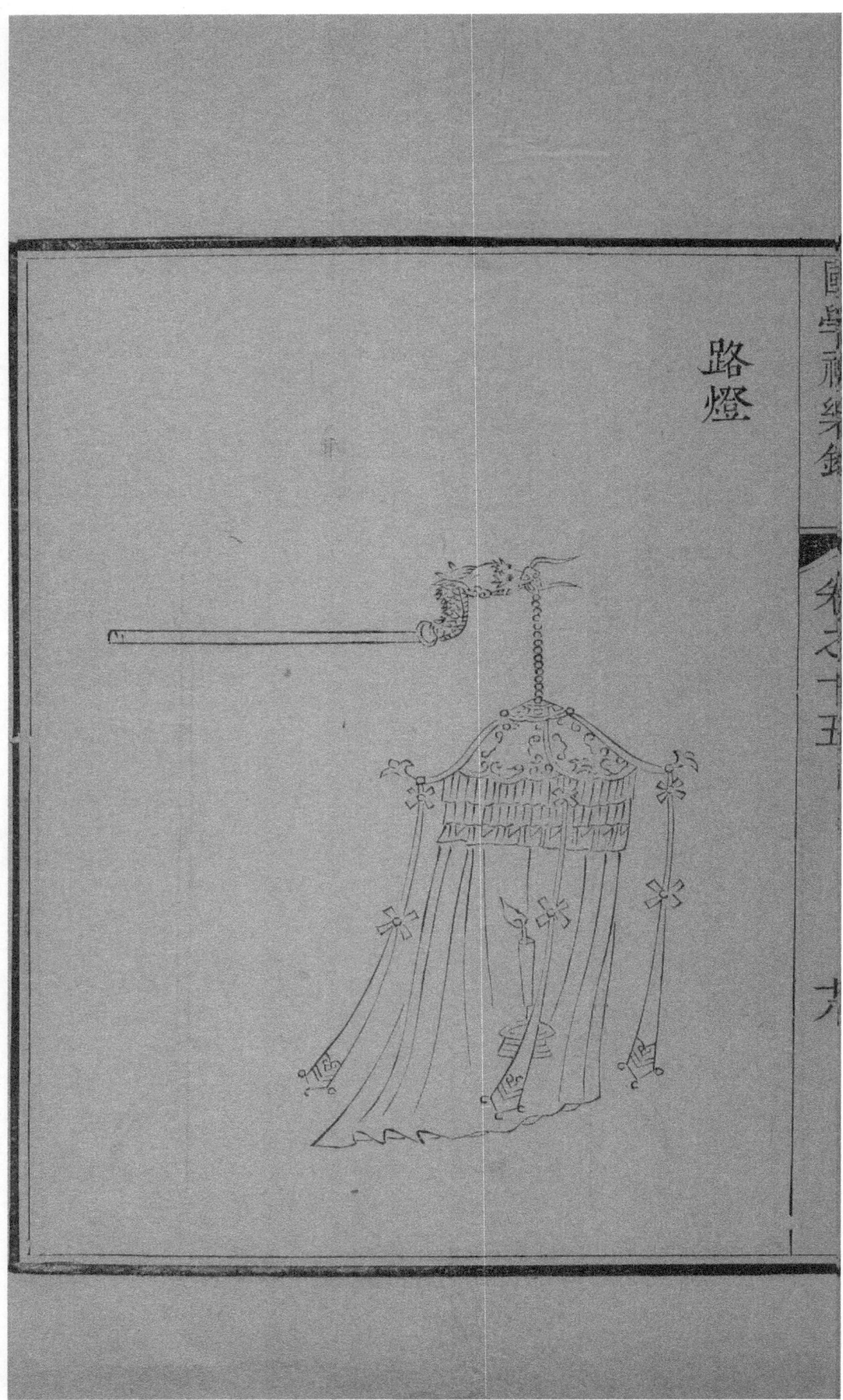

路燈

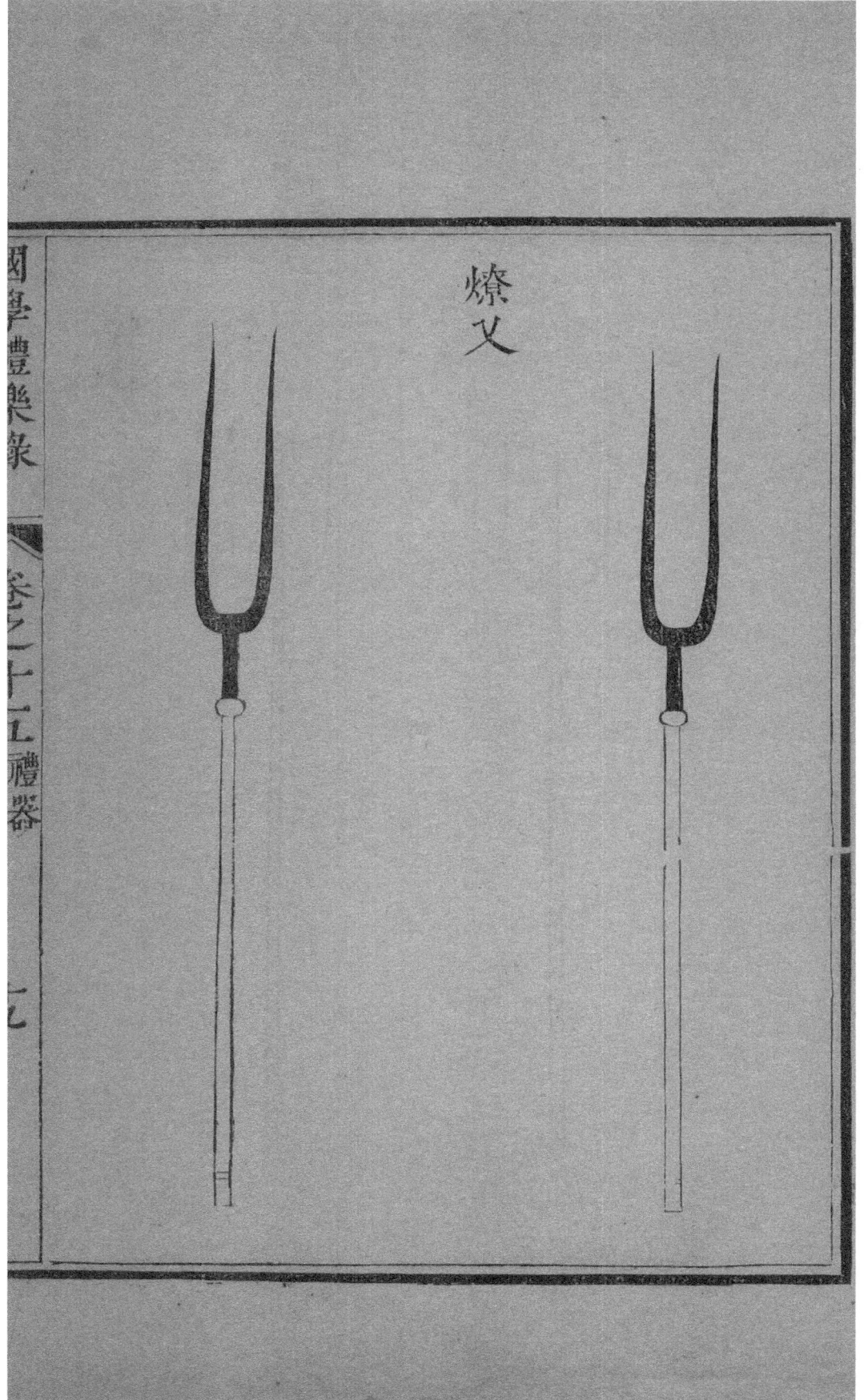

燈
叉

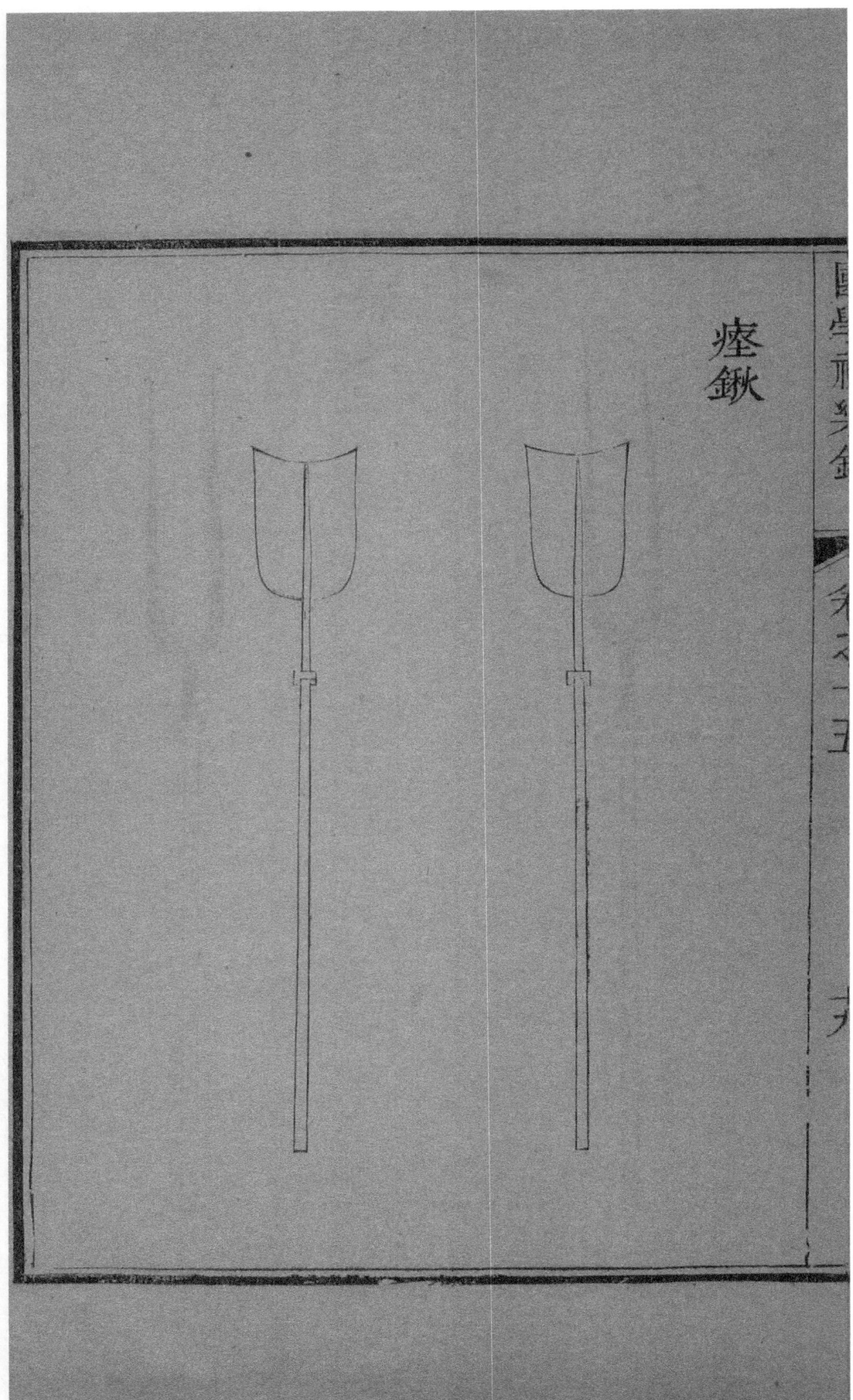

痙鍬

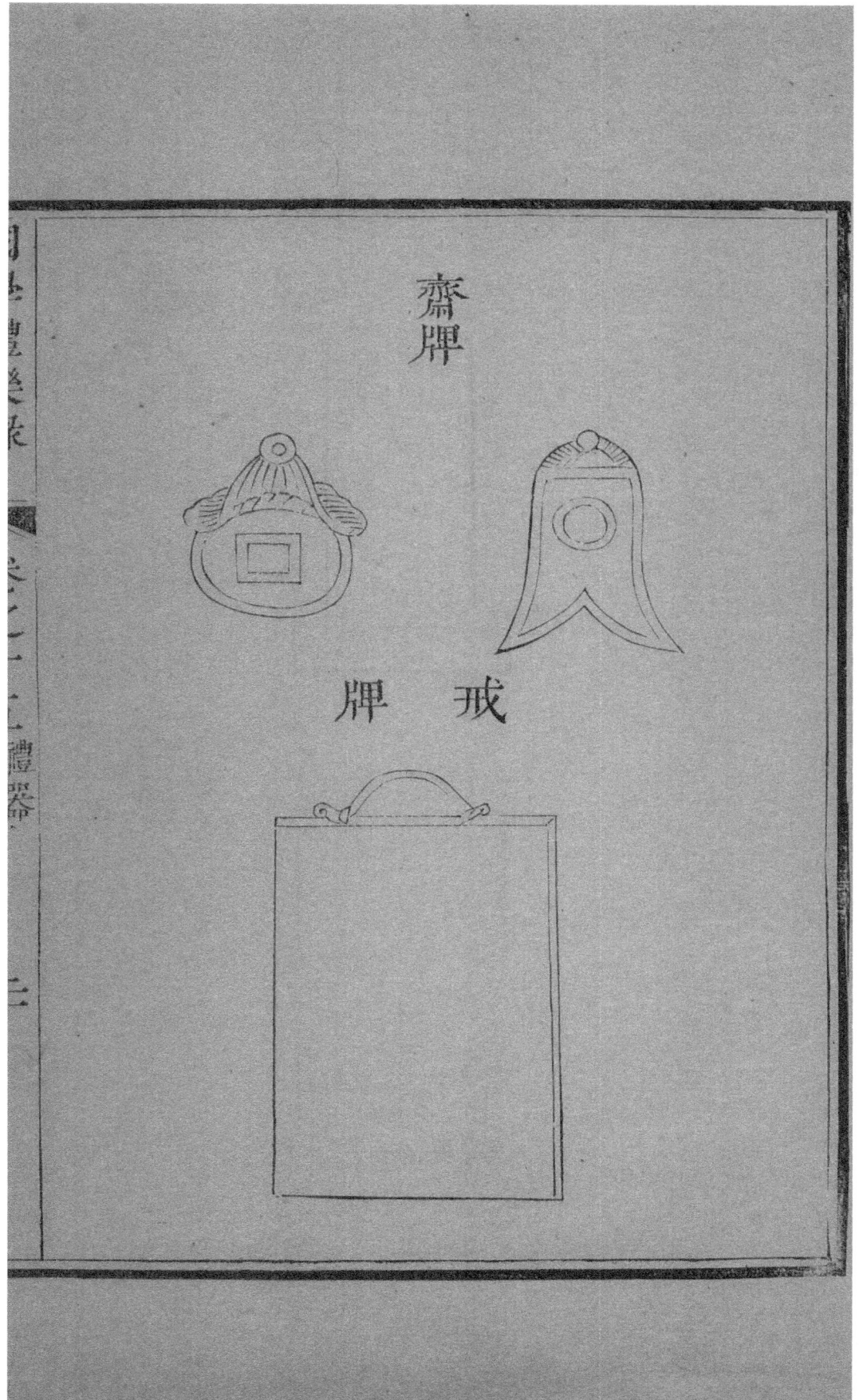

齋牌

牌戒

牌

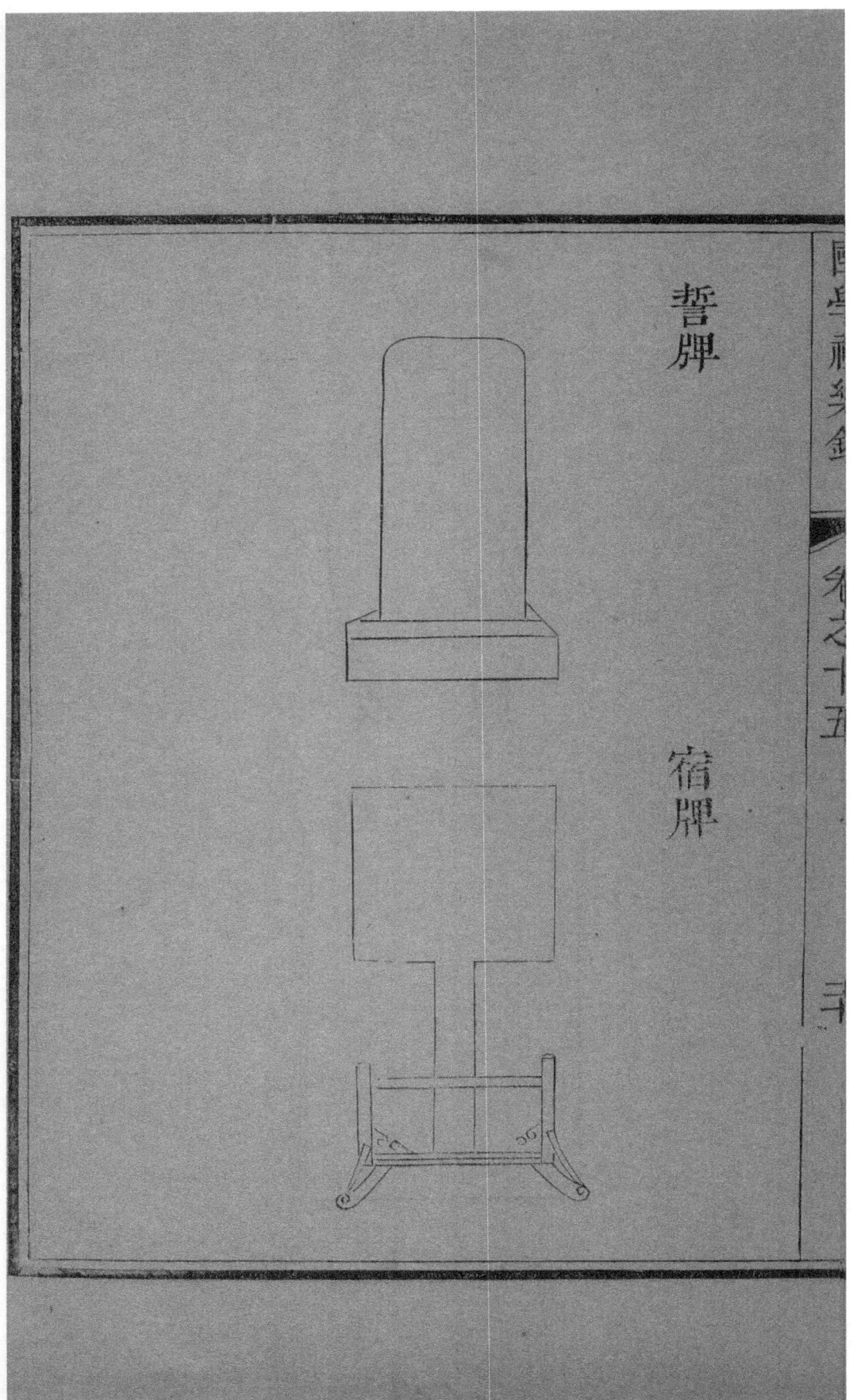

誓牌

宿牌

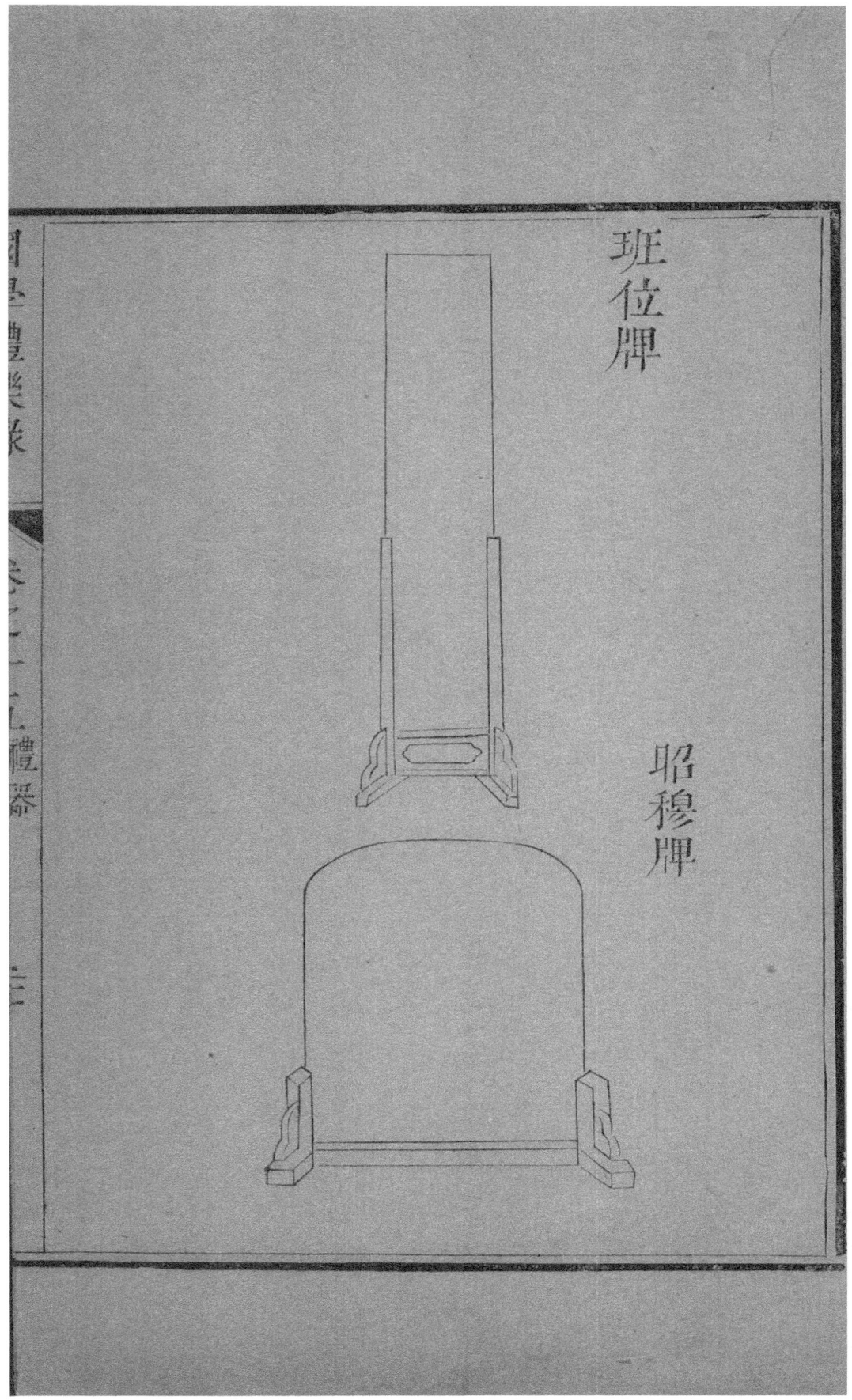

班位牌

昭穆牌

拜
席

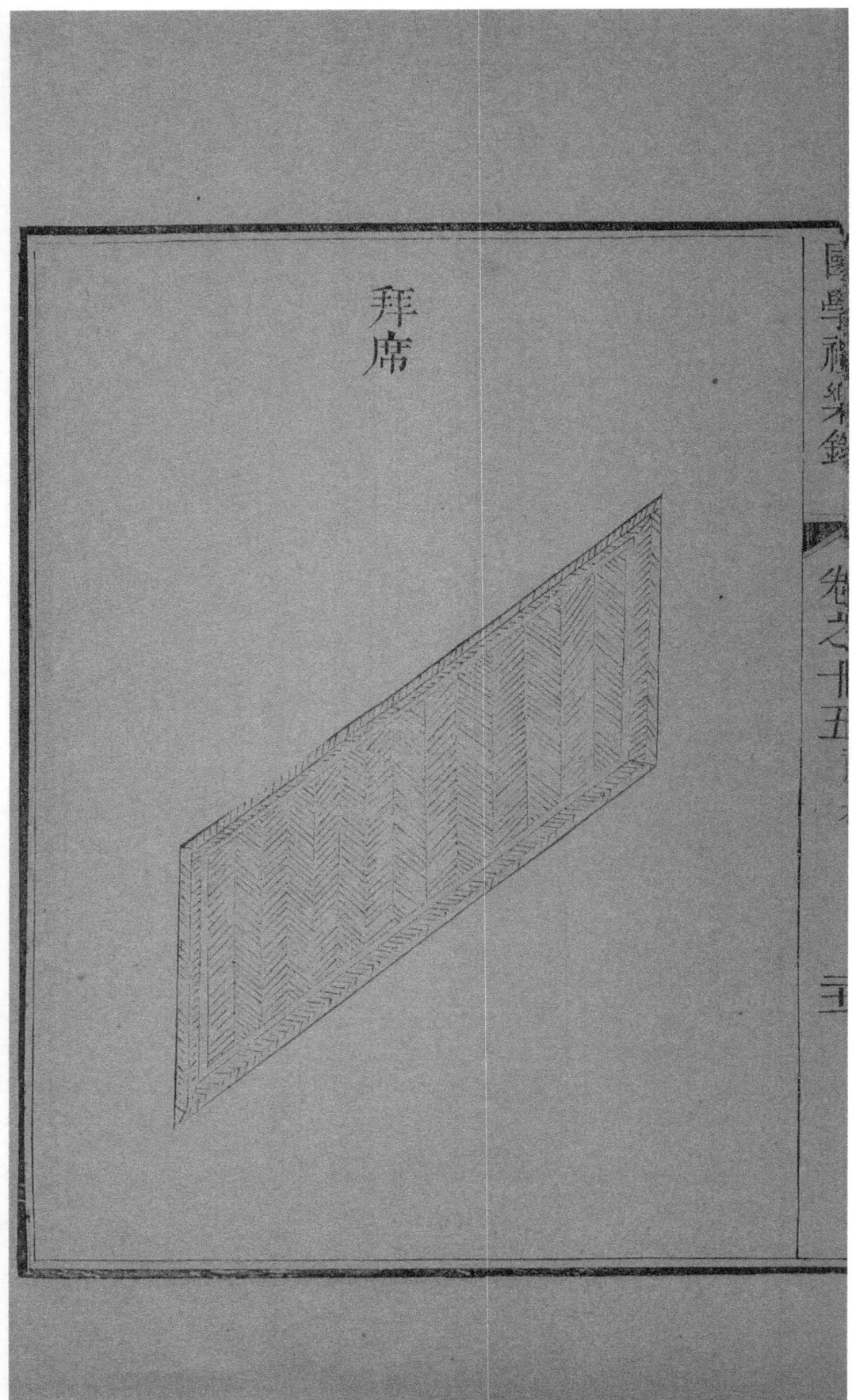

國學禮樂錄卷之十五

樂器圖

麾旛　鎛鐘　編鐘

特磬　編磬　琴

瑟 柱　箎　鳳簫

龍笛　洞簫　雙管

塤　笙　楹鼓

懸鼓　應鼓　搏拊

鞉鼓　田鼓　柷 止

敔 籈　旌節　籥

翟

計數二十五

特磬

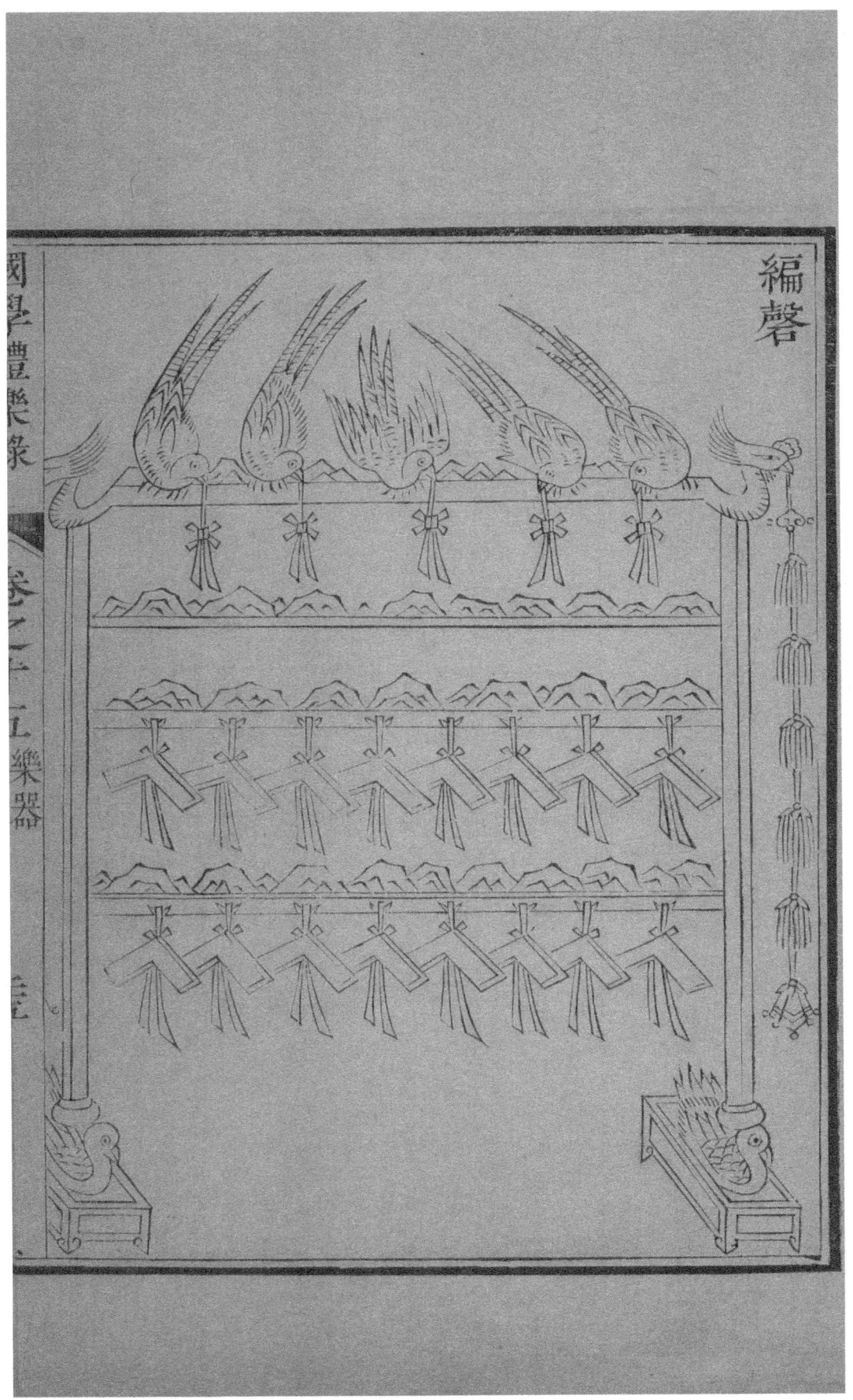

琴

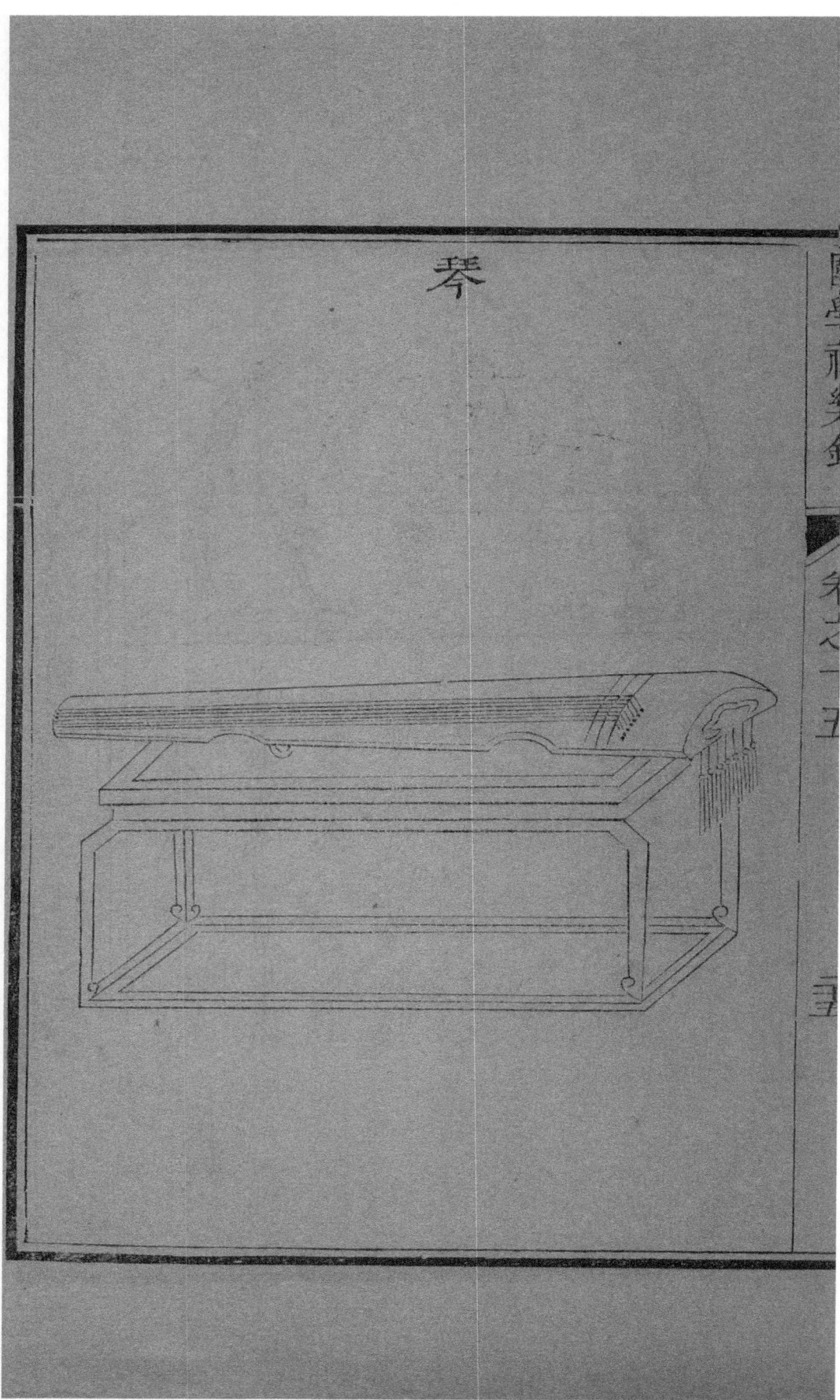

瑟

柱

卷二十五樂器

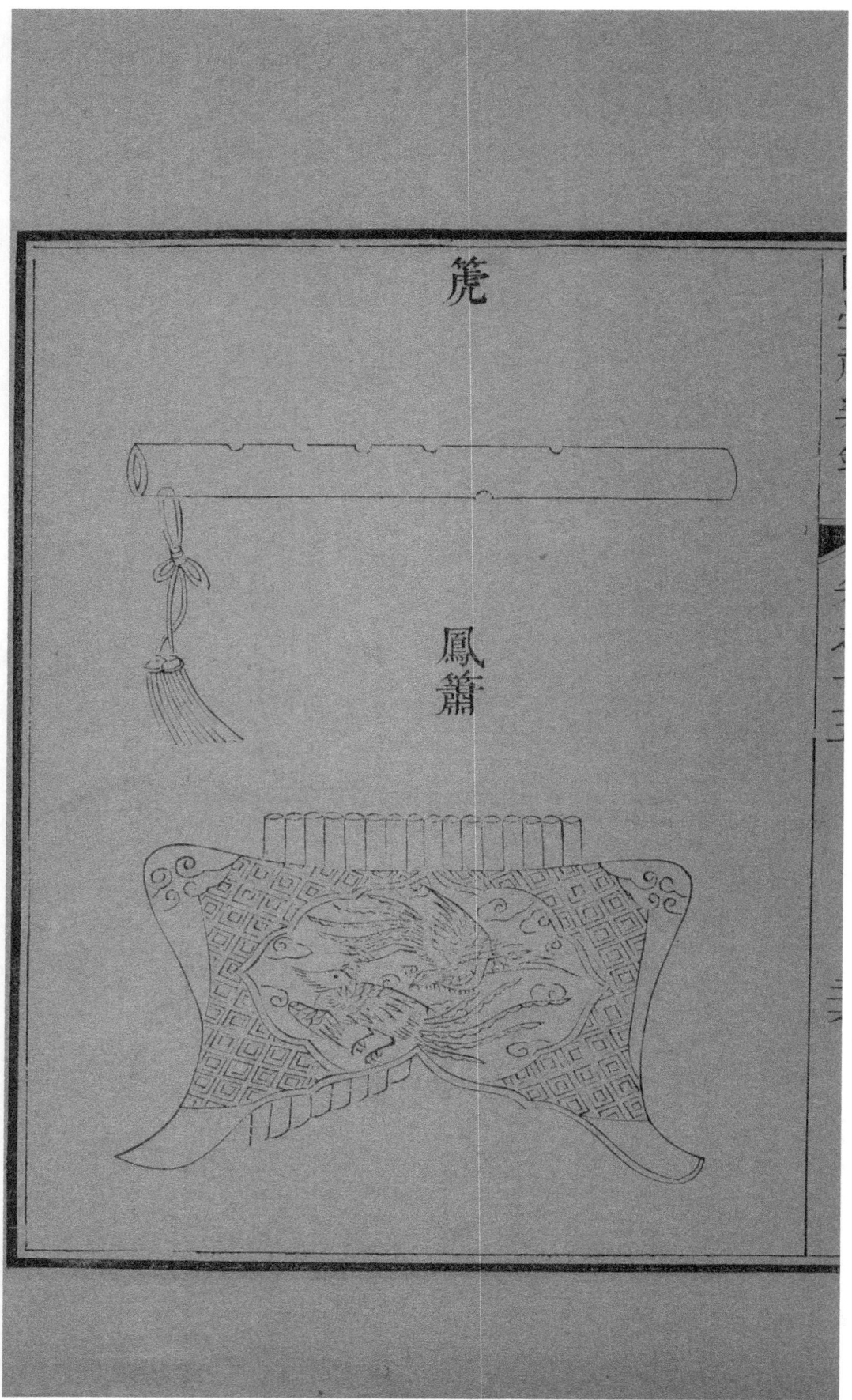

箎

鳳簫

龍笛

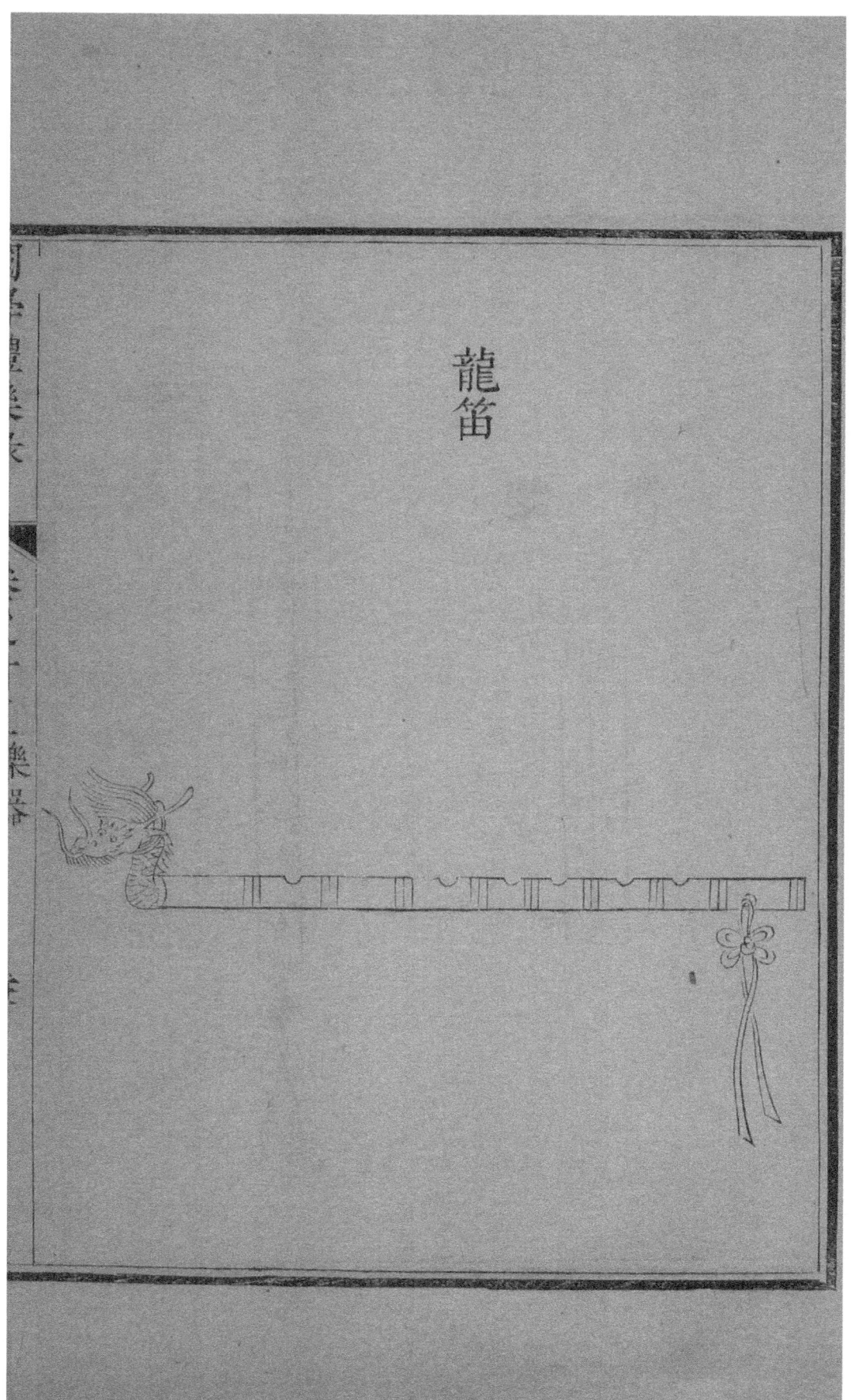

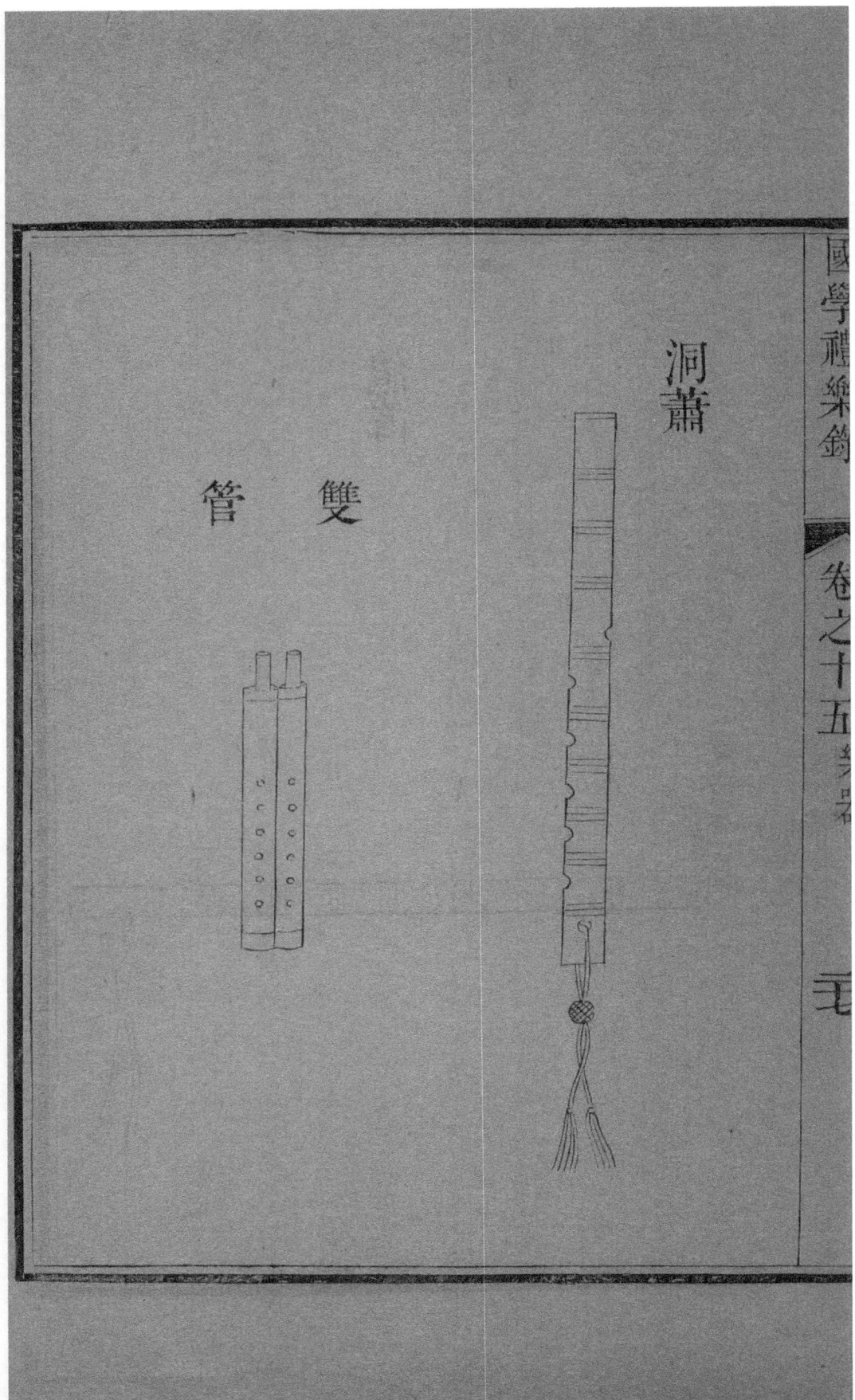

洞簫

管雙

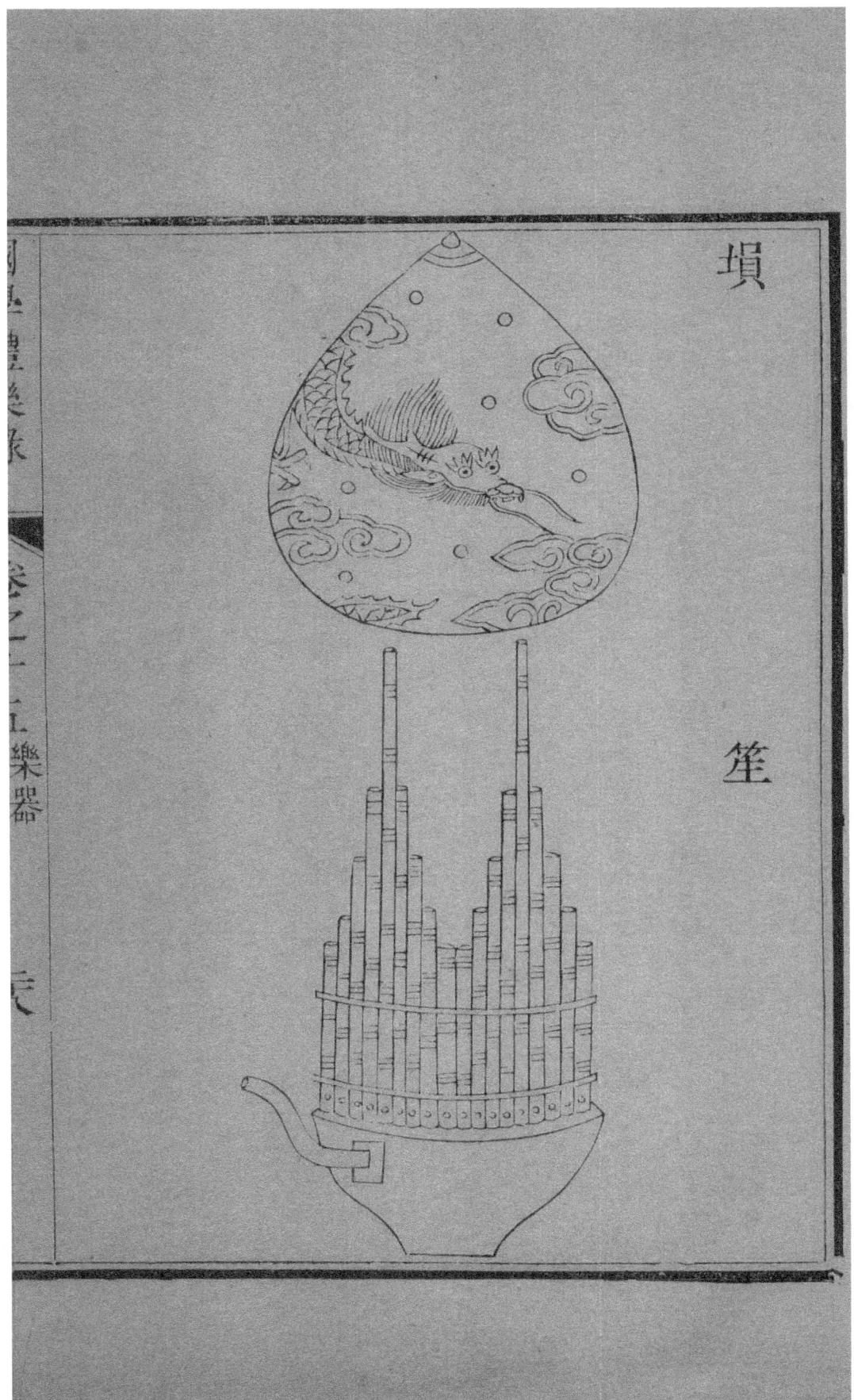

塤

笙

應
鼓

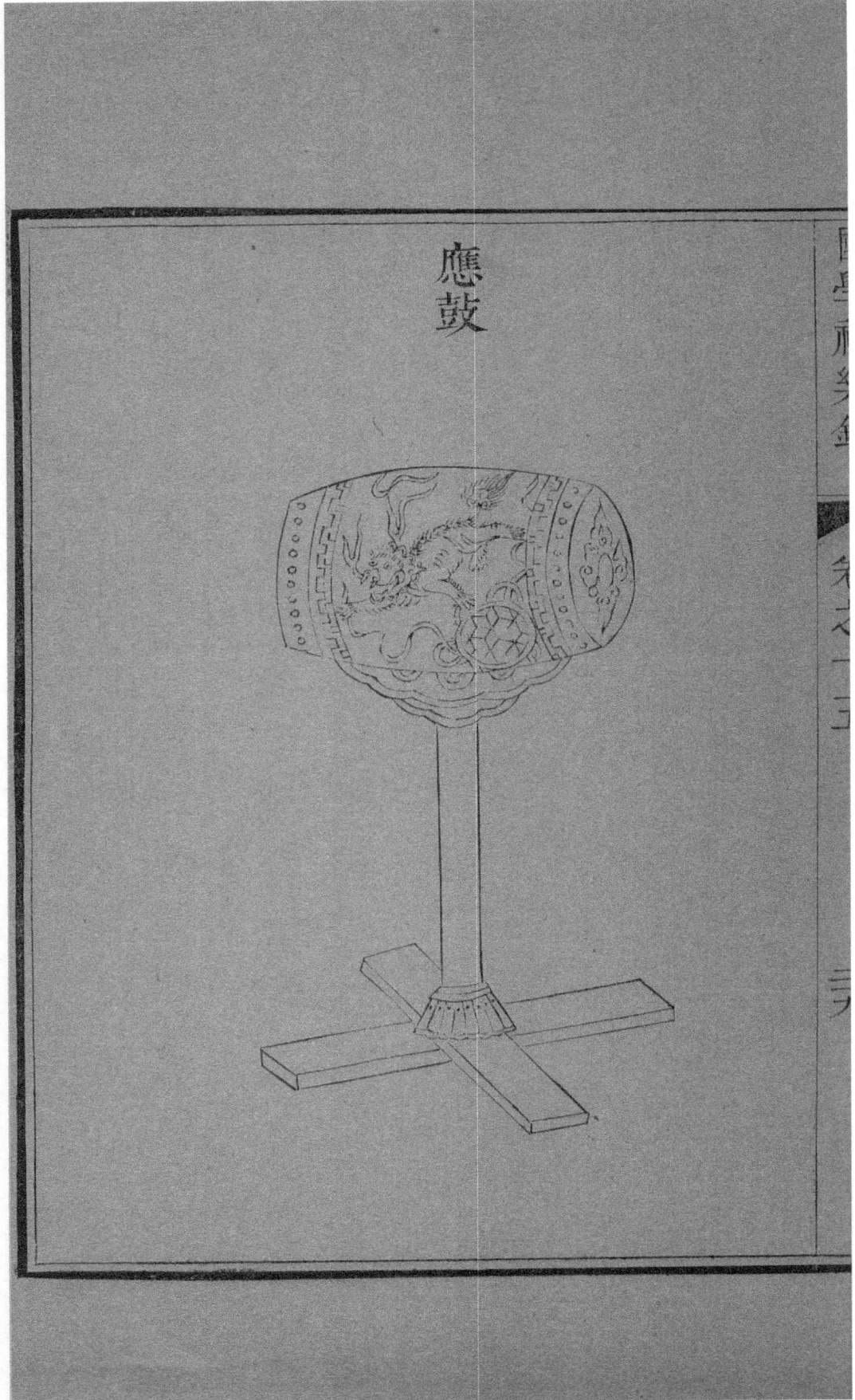

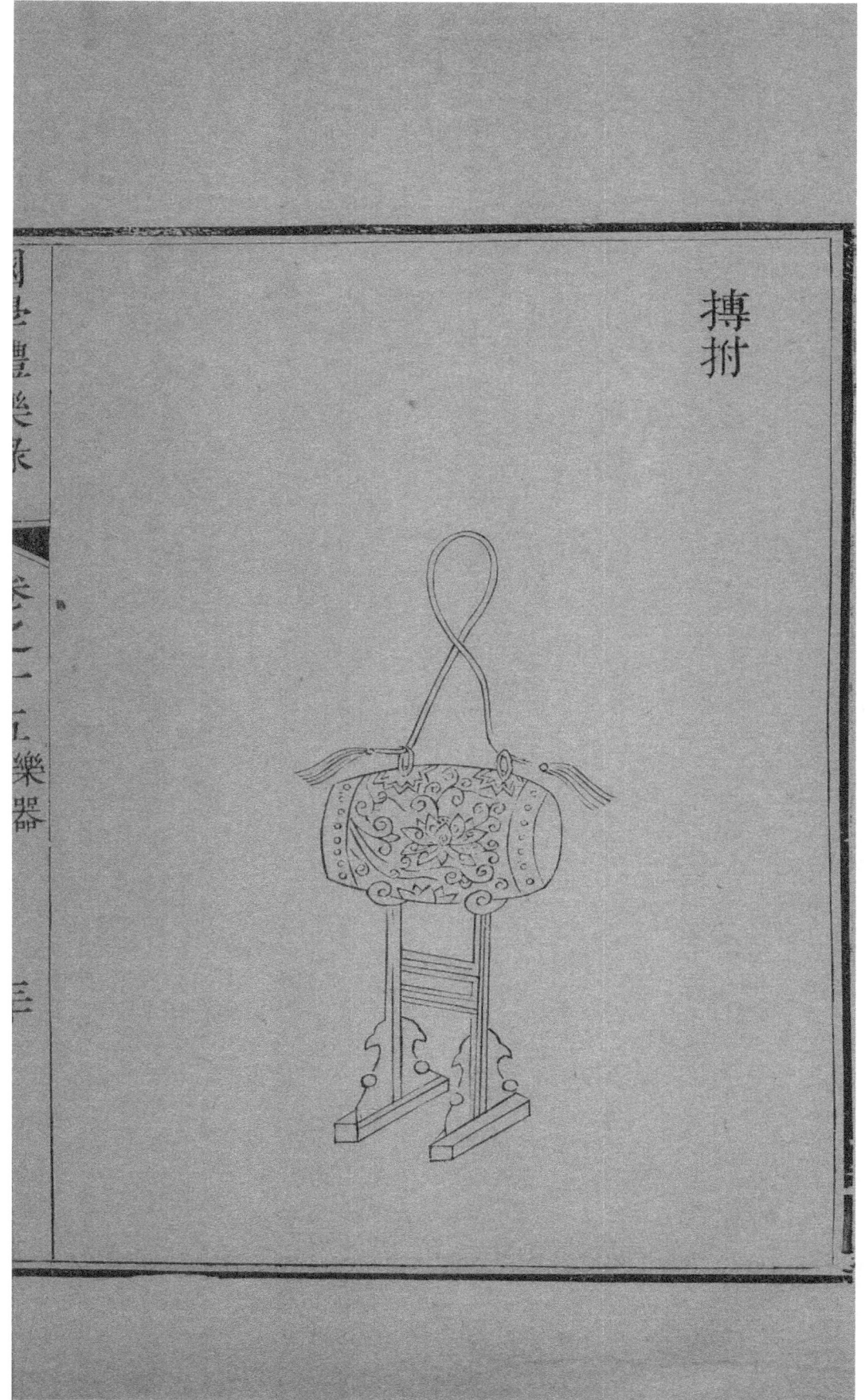

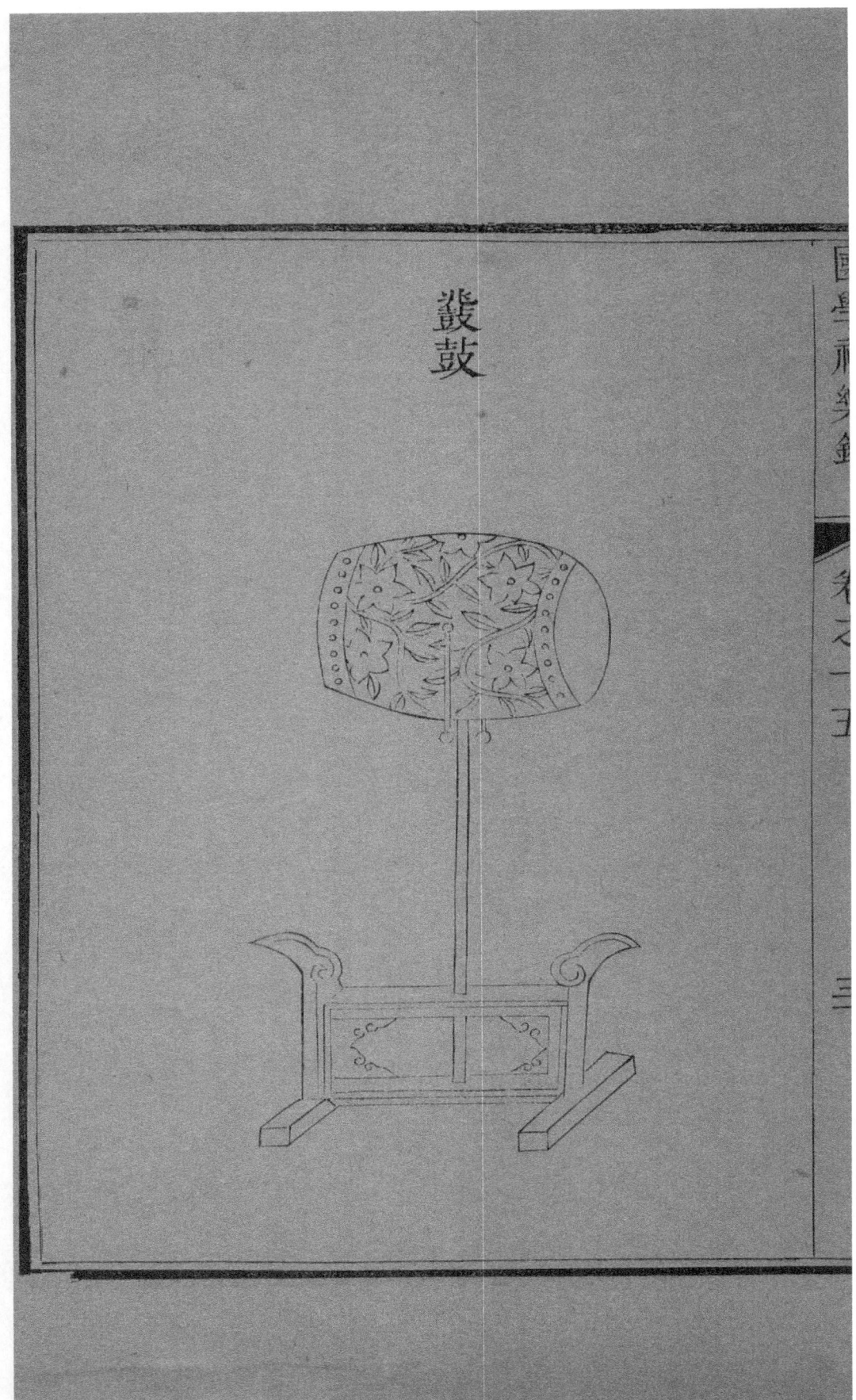

鼗鼓

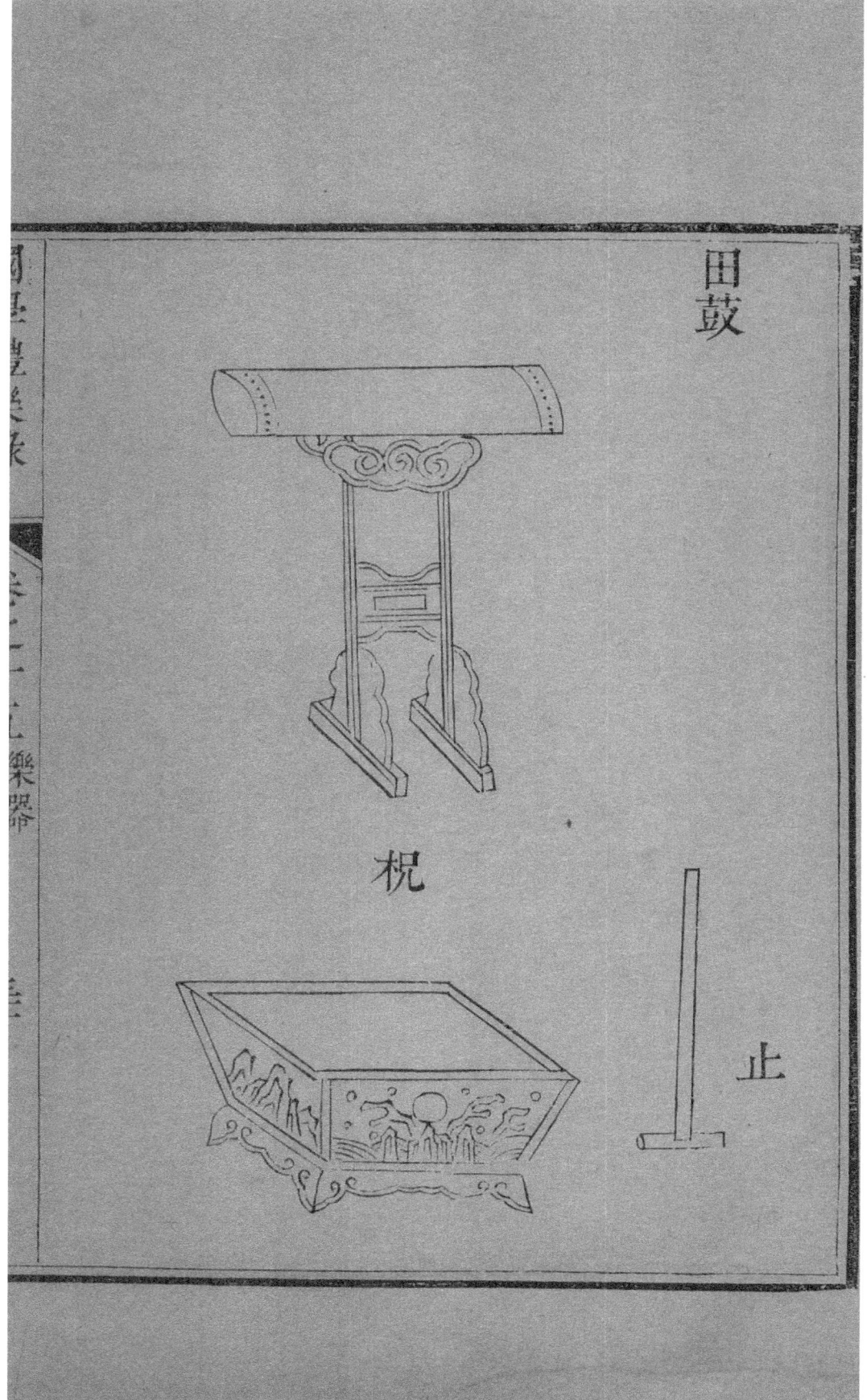

田鼓

柷

止

敧

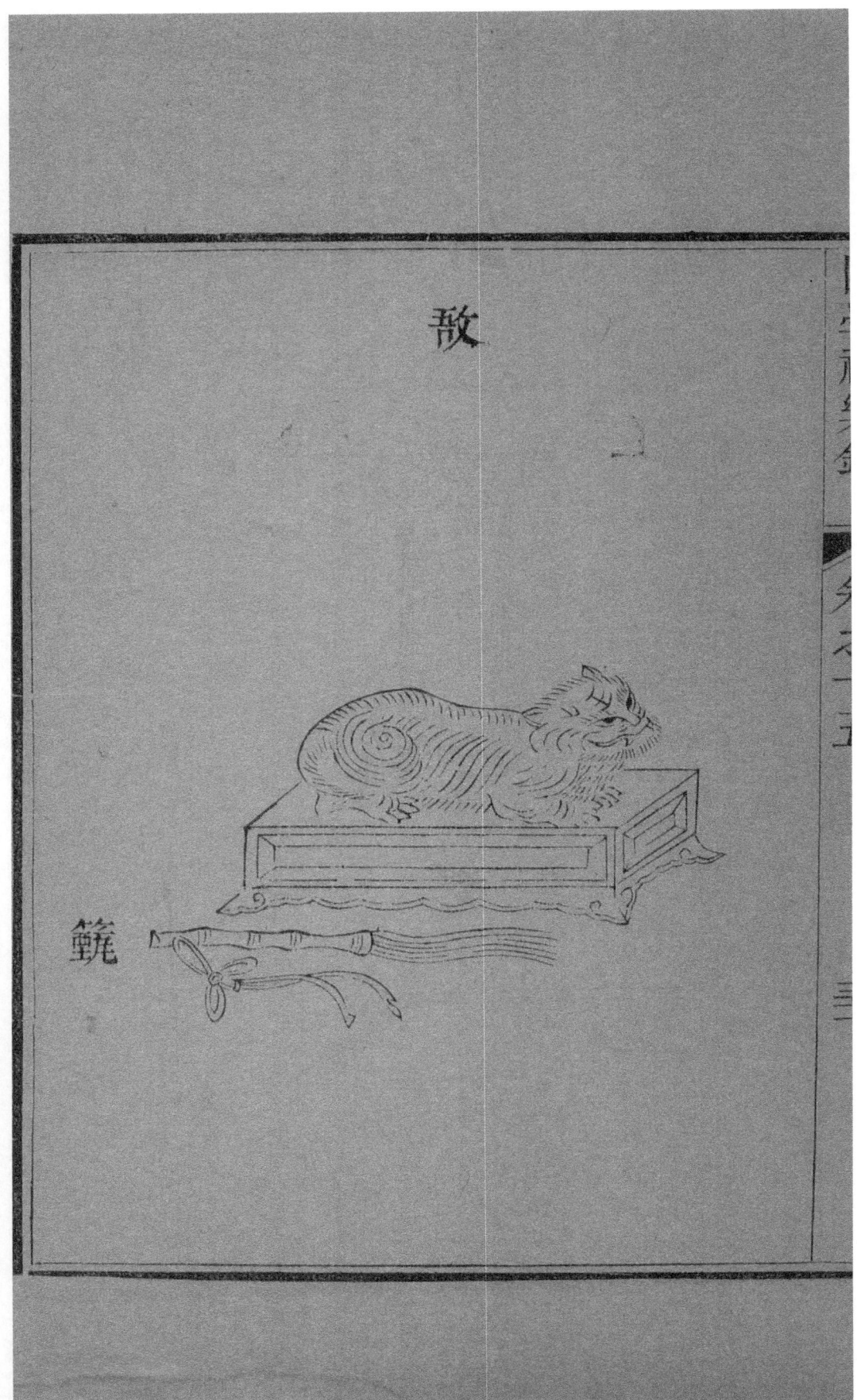

籤

節　旌

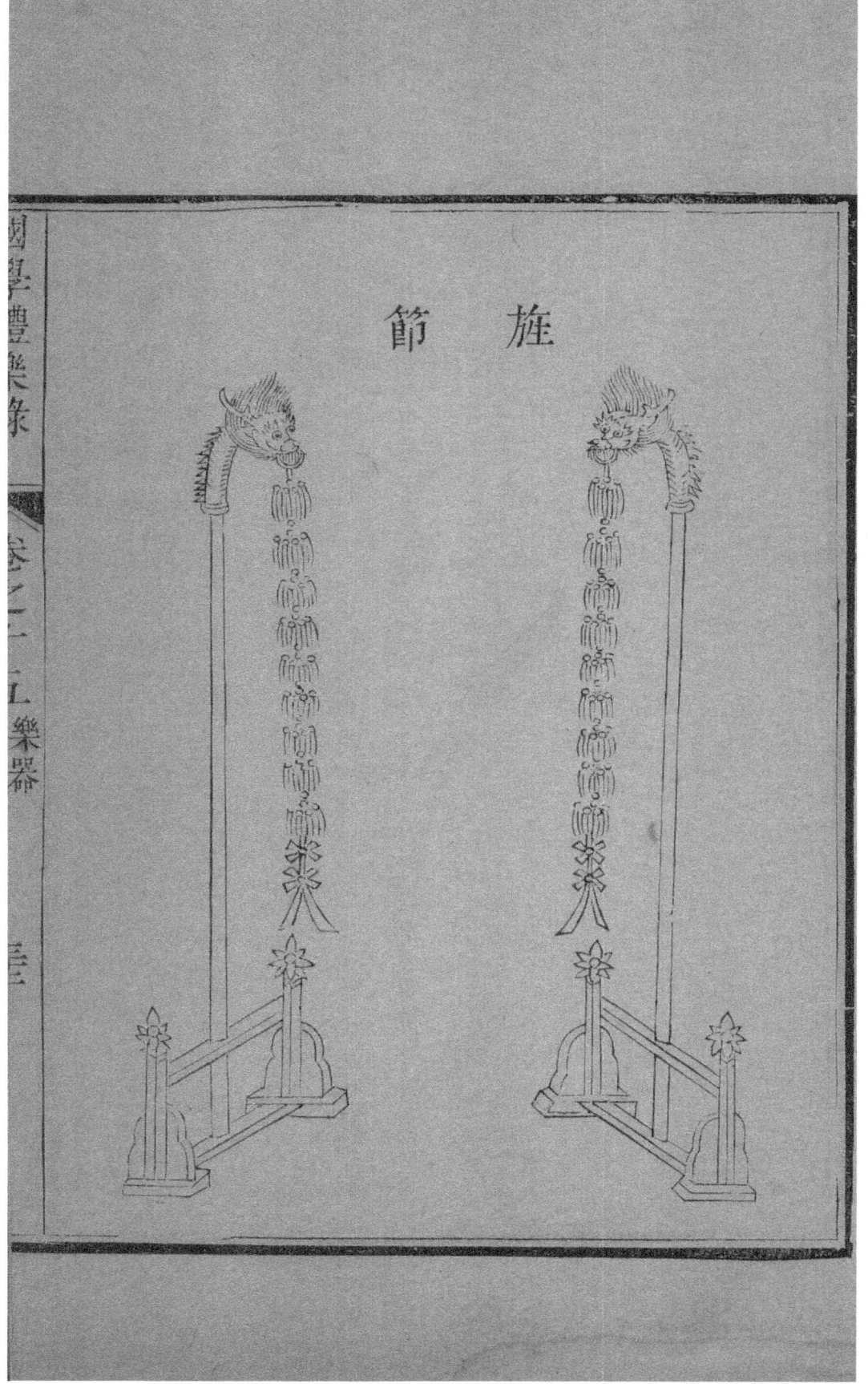

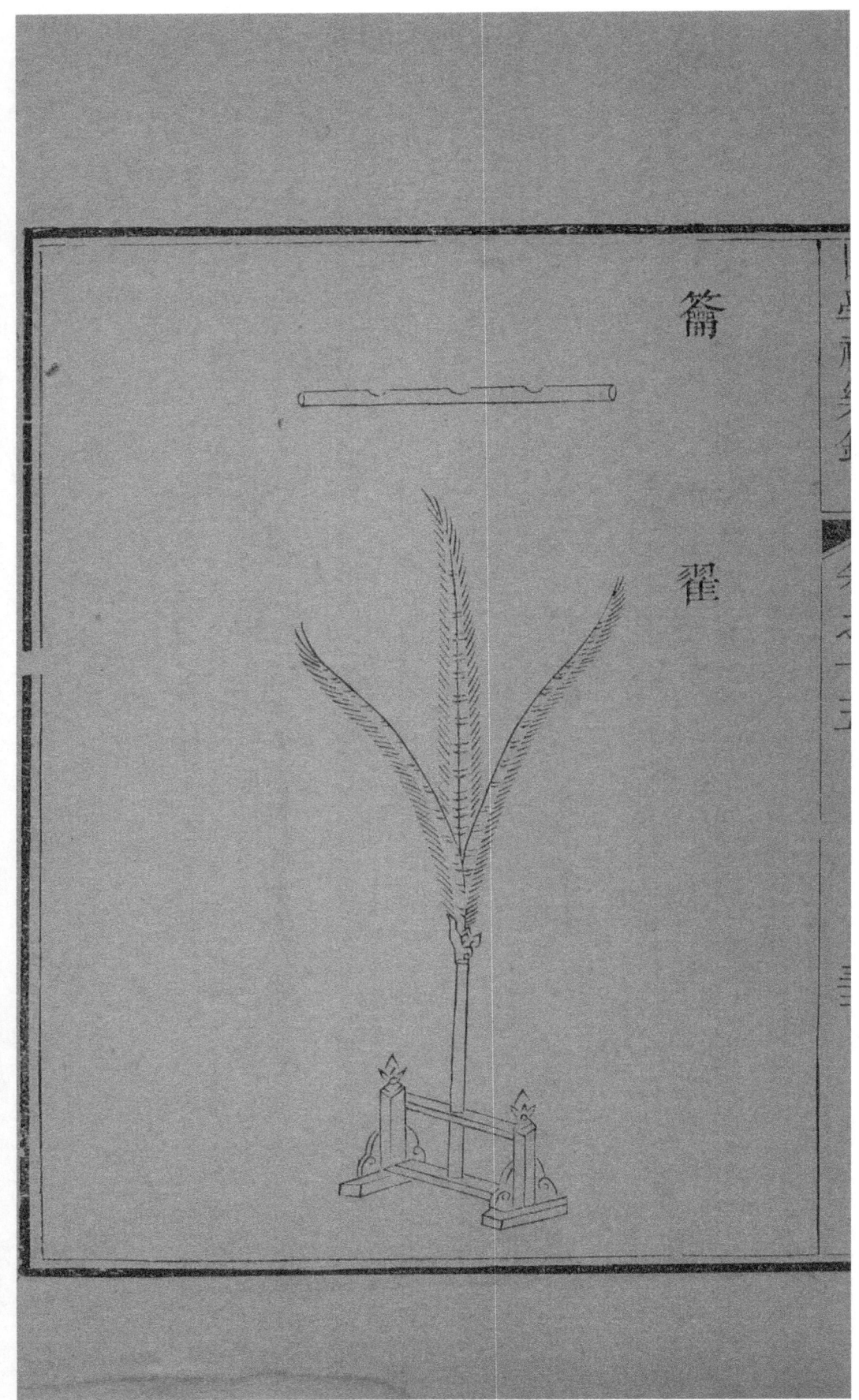

國學禮樂錄卷之十六

舞譜

旌節　舞將陳執節前導旣列綴兆則分東西立舞生之首如奠帛麾生唱樂奏寧和之曲東階節生亦揚節唱曰奏寧和之舞三獻皆同舞畢西階生抑節唱曰舞止遂植節架上舞生俱歸班

相鼓木鐸　節武舞以金鐸節文舞以木鐸一聲應一步傍侍者執搖聽堂下樂旣發聲卽搖一聲隨舞生所向之方辰俯則先俯仰則先仰以爲舞容之節相鼓用手執於胷前所以輔鐸每搖一響則擊鼓一聲以應之

籥翟　籥用左手橫執之有竅而不吹或云綴兆轉折入位時齊吹以節走趨翟用右手縱執之翟縱籥橫齊肩執之爲執起之齊目爲舉平心執之爲衡盡手向下執之爲落向前正舉爲拱向耳偏舉爲呈籥翟縱橫兩分爲開籥翟縱橫相加爲合籥翟縱合如一爲相各分順手向下爲垂兩執相接爲交凡執籥秉翟俱右手在外左手在內其手指俱大指在內四指在外縱則如繩橫則如衡執秉者不可忽也

舞　鼓聲既嚴旌節前導魚貫而進列行於陛上左右相同聽節生唱奏寧和之舞則散而爲佾聽唱樂止則聚

而成列忽散忽聚部位不亂如兵家之陣法然凡舞東階者面東則西階者面西東階者面西則西階者面東又東階者用左手左足舞蹈則西階者用右手右足舞蹈其向背低昂周旋俯仰各各成偶不可亂也

凡立之容五　兩階相對爲向內立　兩階相背爲向外立　俱面正北爲朝上立　兩兩相對爲相對立　兩兩相背爲相背立

舞之容二　兩階相顧作勢爲向內舞　兩階相負作勢爲向外舞

首之容三　舉面朝上爲仰首　俯面向下爲低首　左

右顧爲側首

身之容五　起身正立爲平身　曲其背爲躬身　正立左右轉爲側身　轉過爲回身　開左右膝直身下坐爲蹲身

手之容五　一手高舉爲起手　順下爲垂手　前伸爲出手　兩手合舉爲拱手　相持爲挽手

步之容二　前邁爲進步　後縮爲退步

足之容七　起足前尖以足跟著地爲蹺足　起足後跟以足尖著地爲點足　進足稍前爲出足　膝前足後爲曲足　履位還換爲移足　左足加右右足加左爲

交足　反履底向上爲蹈足

禮之容九　屈身出手下賜爲授　更屈身出手上承爲受　拱手後退爲辭　拱手向左右爲讓　低首屈身拱手爲謙　平出兩肘拱手齊心爲揖　低首屈身至地爲拜　屈膝至地爲跽　點首爲叩頭　蹺一足屈一足拱手左右讓爲舞蹈

舞生按譜作勢　凡舞合字四字欲遲工字六字欲疾上字尺字欲適中　聽鐸鼓旣響兩階羽籥齊作進退俯仰象文德之容合歌聲之妙而舞之能事畢矣

曲奏譜

大成樂共六曲入奏內疊奏二曲共譜只有合四上尺工六六字共用二律三呂五正聲一子聲有宮商徵羽而無角有喉齒舌唇而無牙元朝歌章與此同而曲譜則合四一上勾尺工凡六五十字全用今之譜未知誰氏所作舊傳協律郎冷謙爲之自明初肄於太常頒行天下洎今因用播之八音按譜奏聲亦能諧和但字句不全依宮商入之喉舌唇齒者未免格格不合是在歌者神而明之焉

迎神　樂奏咸和之曲　無舞

大太四哉南工宣林尺聖仲上道太四德仲上尊林尺崇中上維南工持林尺王中上

化太四斯林尺民仲上是黃合宗太四典黃合祀太四有仲上常林尺精南工純林尺

竝太四隆仲上神黃六其南工來林尺格仲上於林尺昭仲上聖黃合容太四

奠帛　樂奏寧和之曲　有舞

自太四生仲上民林尺來仲上誰太四底黃合其仲上盛太四惟南工師林尺神仲上

明太四度黃合越太四前仲上聖太四粢仲上帛太四具仲上成林尺禮黃合容太四

斯林尺稱仲上黍太四稷南工非黃六馨林尺惟南工神林尺之仲上聽太四

初獻　樂奏安和之曲　有舞

大太四哉仲上聖黃合師太四實南工天林尺生仲上德太四作仲上樂太四以仲上

崇林尺時仲上祀太四無林尺數仲上清黃六酤南工惟林尺馨仲上嘉林尺牲仲上

孔黃合碩太四薦太四羞南工神黃六明林尺庶南工幾林尺昭仲上假太四

亞獻　樂奏景和之曲　有舞

百仲尺 王南工 宗林尺 師仲上 生林尺 民仲上 物太四 軌黃合 瞻黃六 之南工 洋林尺

洋仲上 神林尺 其仲上 寧太四 止黃合 酌太四 彼黃合 金林尺 罍仲上 惟南工 清林尺

且太四 旨仲上 登仲上 獻太四 惟林尺 三仲上 於黃六 嘻南工 成林尺 禮仲上

終獻　曲舞皆同亞獻

徹饌　樂奏宣和之曲　無舞

犧仲上 象太四 在仲上 前林尺 豆太四 籩仲上 在黃合 列太四 以太四 享南工 以林尺

薦仲上 既仲上 芬林尺 既太四 潔仲上 禮黃合 成太四 樂仲上 備太四 人南工 和林尺

神仲上 悅太四 祭黃合 則太四 受仲上 福林尺 率黃六 遵南工 無林尺 越仲上

送神　樂奏祥和之曲　無舞

有(太四)嚴(南工)學(林尺)宮(仲上)四(黃合)方(太四)來(仲上)宗(太四)恪(黃六)恭(南工)祀(林尺)
事(仲上)威(南工)儀(林尺)雝(仲上)雝(太四)歆(仲上)格(林尺)惟(南工)馨(林尺)神(仲上)馭(太四)
還(林尺)復(仲上)明(黃六)禋(南工)斯(林尺)畢(仲上)咸(南工)膺(林尺)百(仲上)福(太四)

望瘞　樂同送神　無舞

按文廟舞凡六變初變在綴之中東西立象尼山毓聖五老降庭再變而爲佾數稍前進象筮仕於魯而魯治三變而東西分象歷聘列國而四方化四變稍後退象刪述六經告備於天五變而左右向象講論授受傳道於賢六變而復歸於綴中東西立象廟堂尊崇弟子配享攷之帝王樂舞武舞退文舞進由一成至十二成一

變至九變其綴兆皆起於南而散於南與此不同也

舞佾圖

舞象九十六式備載於後

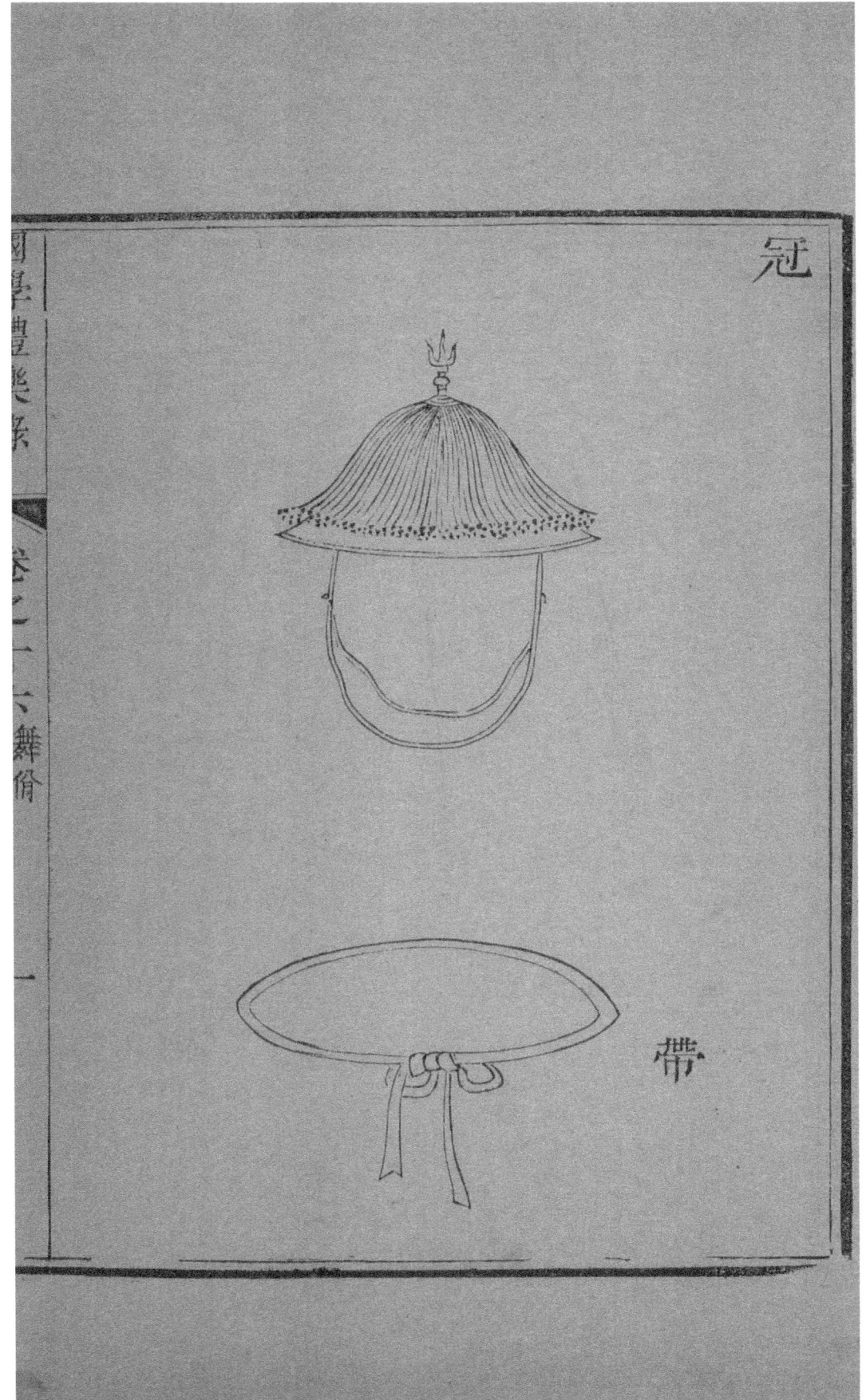

冠

帶

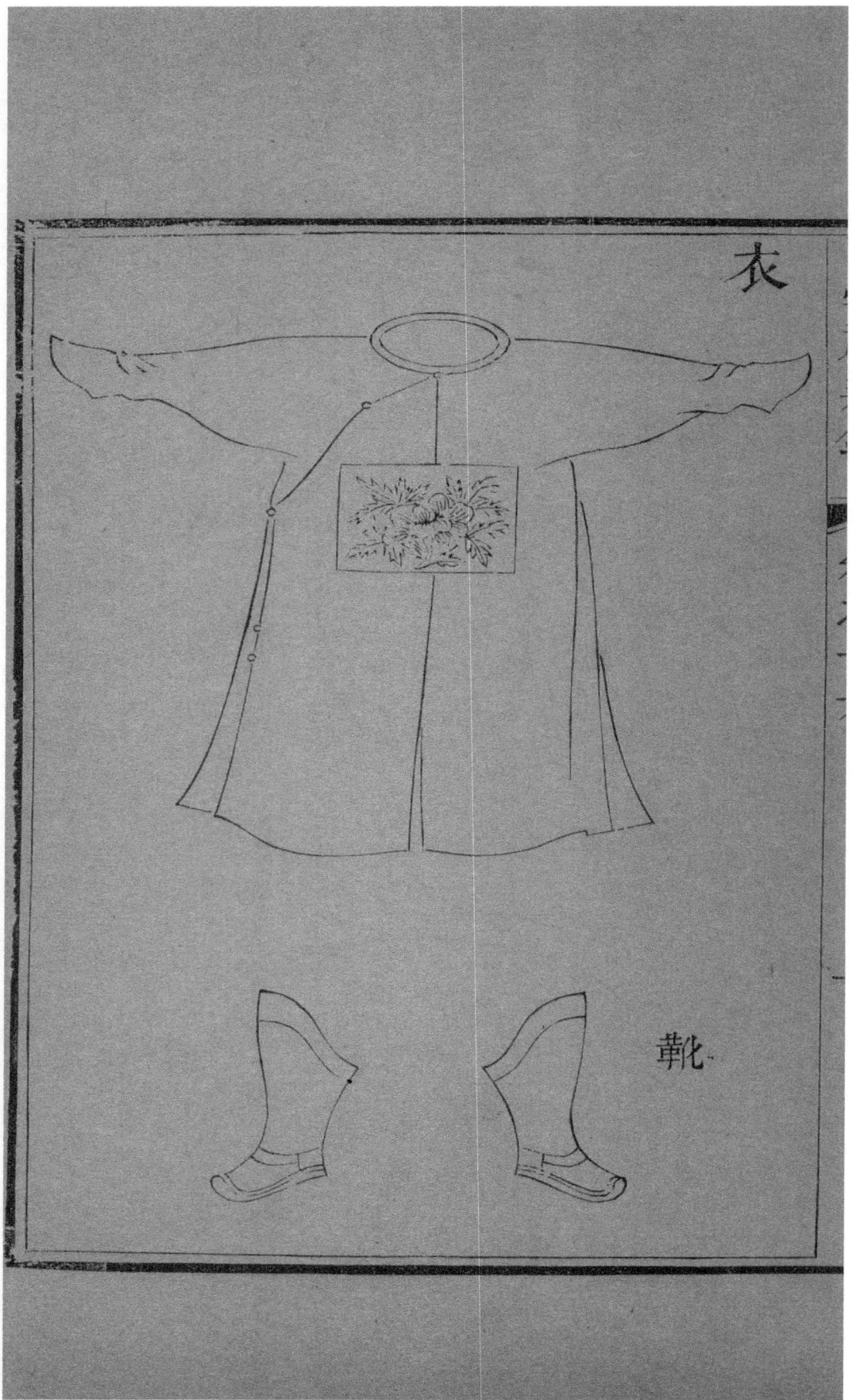

衣

靴

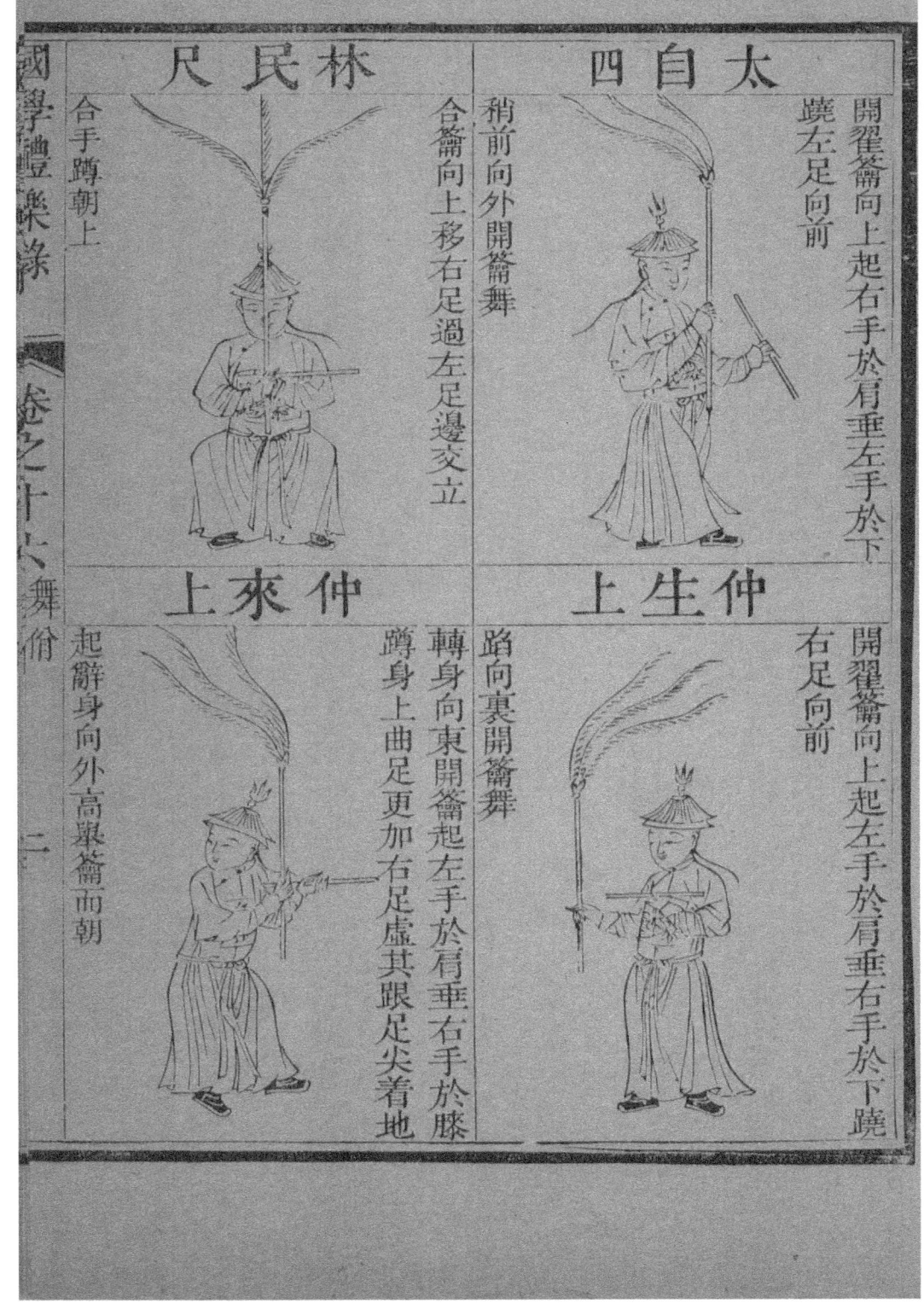

太　自　四

開翟籥向上起右手於肩垂左手於下
蹺左足向前

稍前向外開籥舞

林　民　尺

合籥向上移右足過左足邊交立

合手蹲朝上

仲　生　上

開翟籥向上起左手於肩垂右手於下蹺
右足向前

蹈向裏開籥舞

仲　來　上

轉身向東開籥起左手於肩垂右手於膝
蹲身上曲足更加右足虛其跟足尖着地

起辭身向外高舉籥而朝

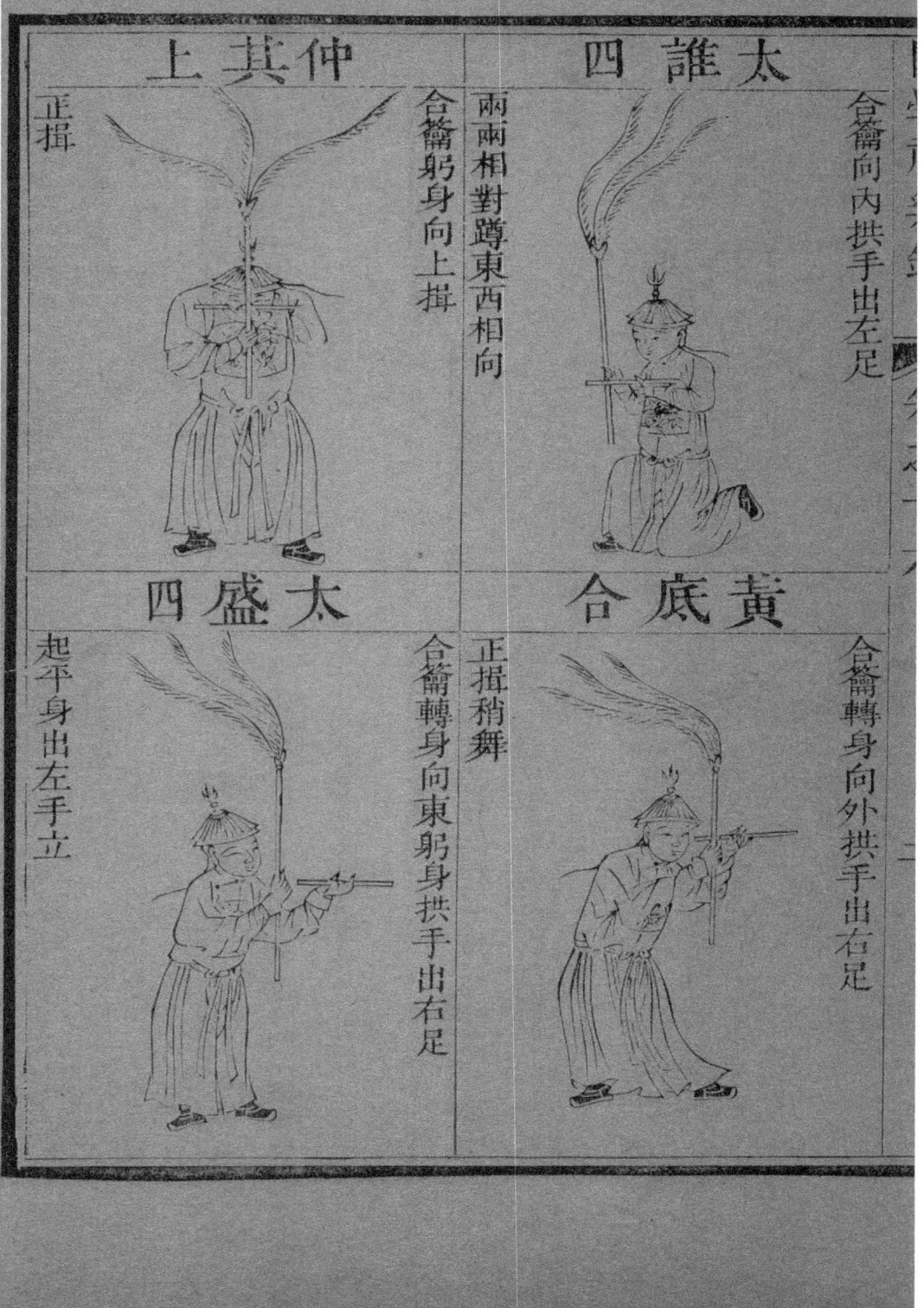

太誰四

合籥向內拱手出左足

兩兩相對蹲東西相向

仲其上

合籥躬身向上揖

正揖

黃底合

合籥轉身向外拱手出右足

正揖稍舞

太盛四

合籥轉身向東躬身拱手出右足

起平身出左手立

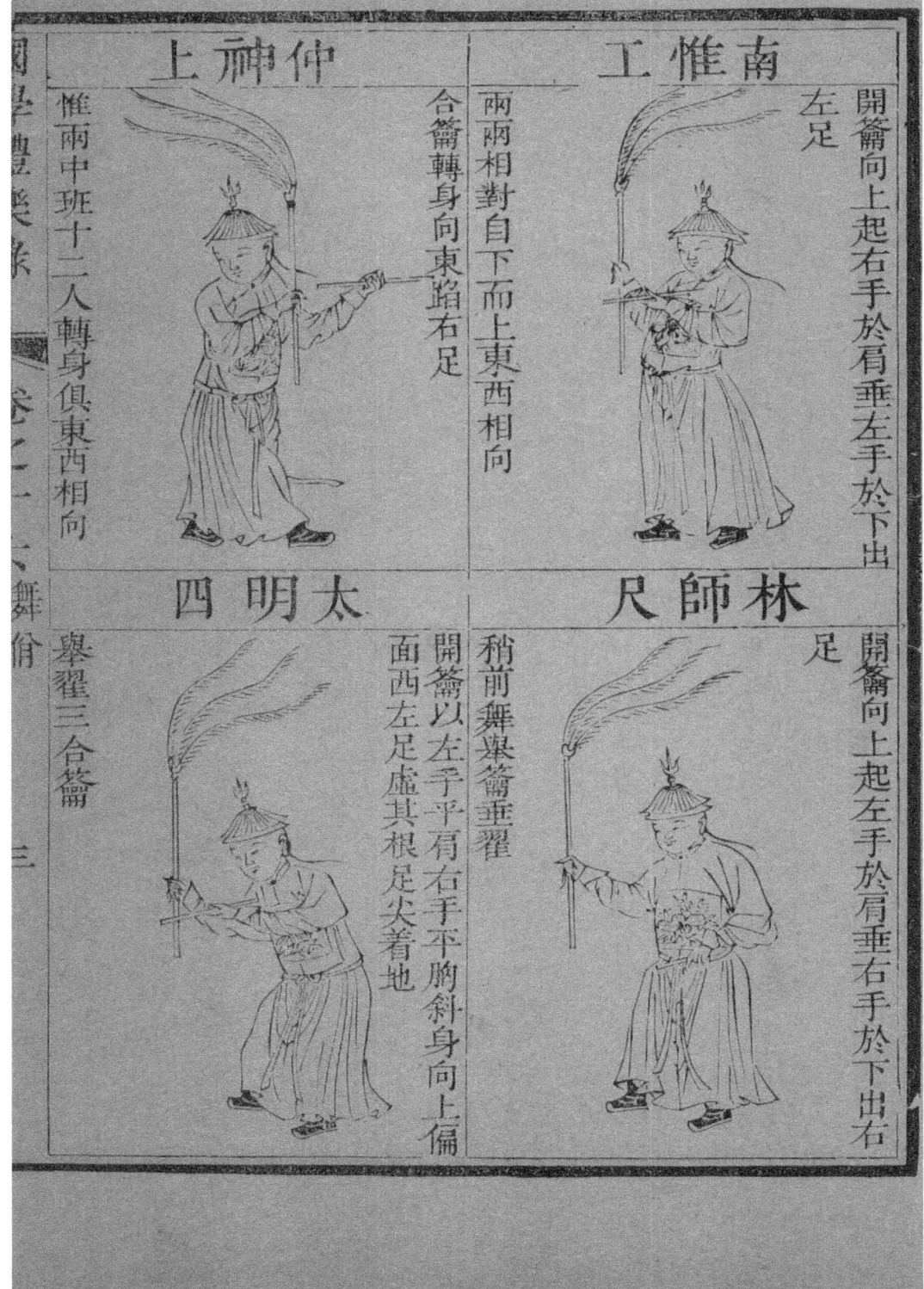

南惟工

開籥向上起右手於肩垂左手於下出左足

兩兩相對自下而上東西相向

仲神上

合籥轉身向東蹈右足

惟兩中班十二人轉身俱東西相向

林師尺

開籥向上起左手於肩垂右手於下出右足

稍前舞舉籥垂翟

太明四

開籥以左手平肩右手平胸斜身向上偏面西左足虛其根足尖着地

舉翟三合籥

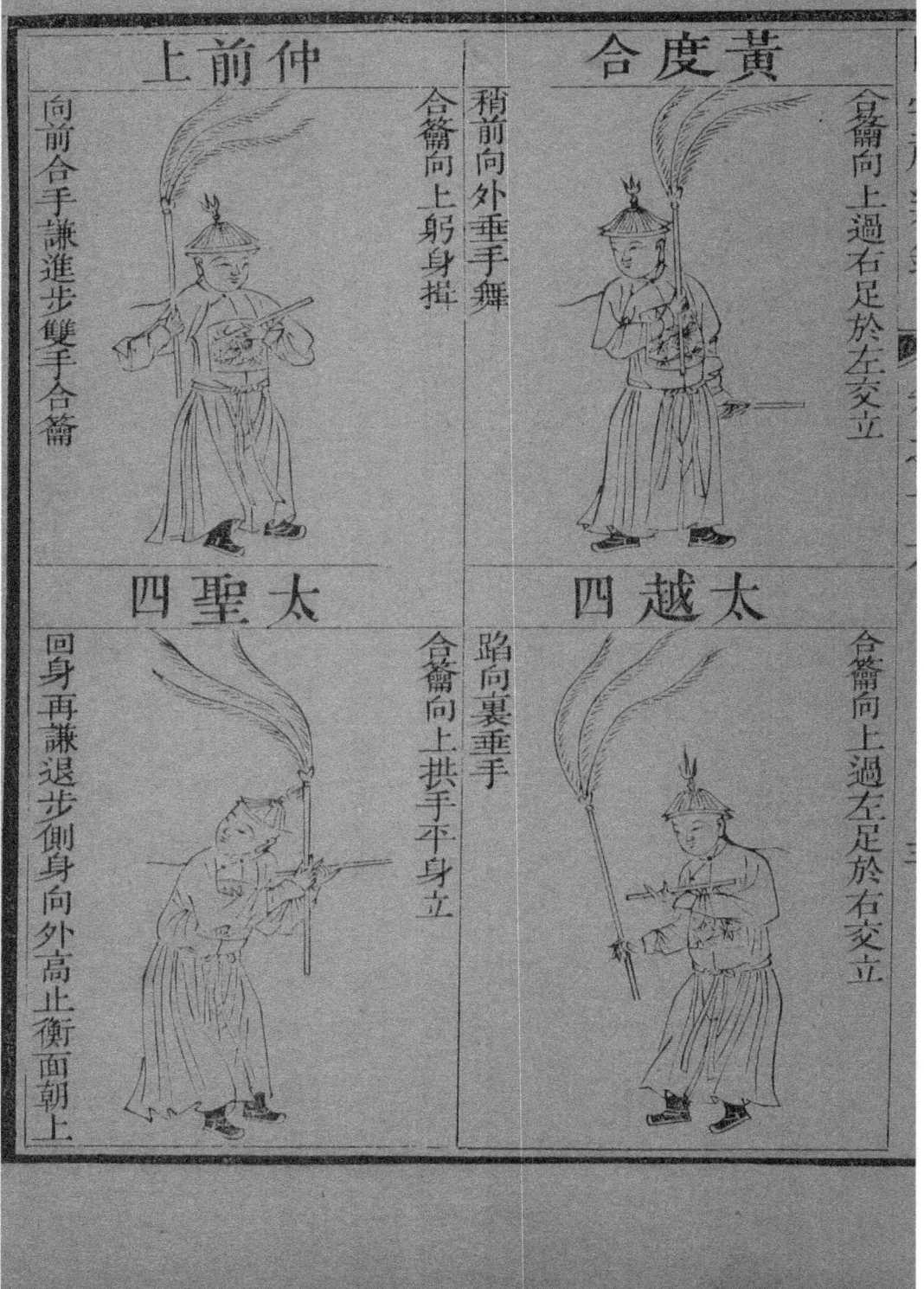

黃度合

合籥向上過右足於左交立

稍前向外垂手舞

仲前上

合籥向上躬身揖

向前合手謙進步雙手合籥

太越四

合籥向上過左足於右交立

蹈向裏垂手

太聖四

合籥向上拱手平身立

回身再謙退步側身向外高止衡面朝上

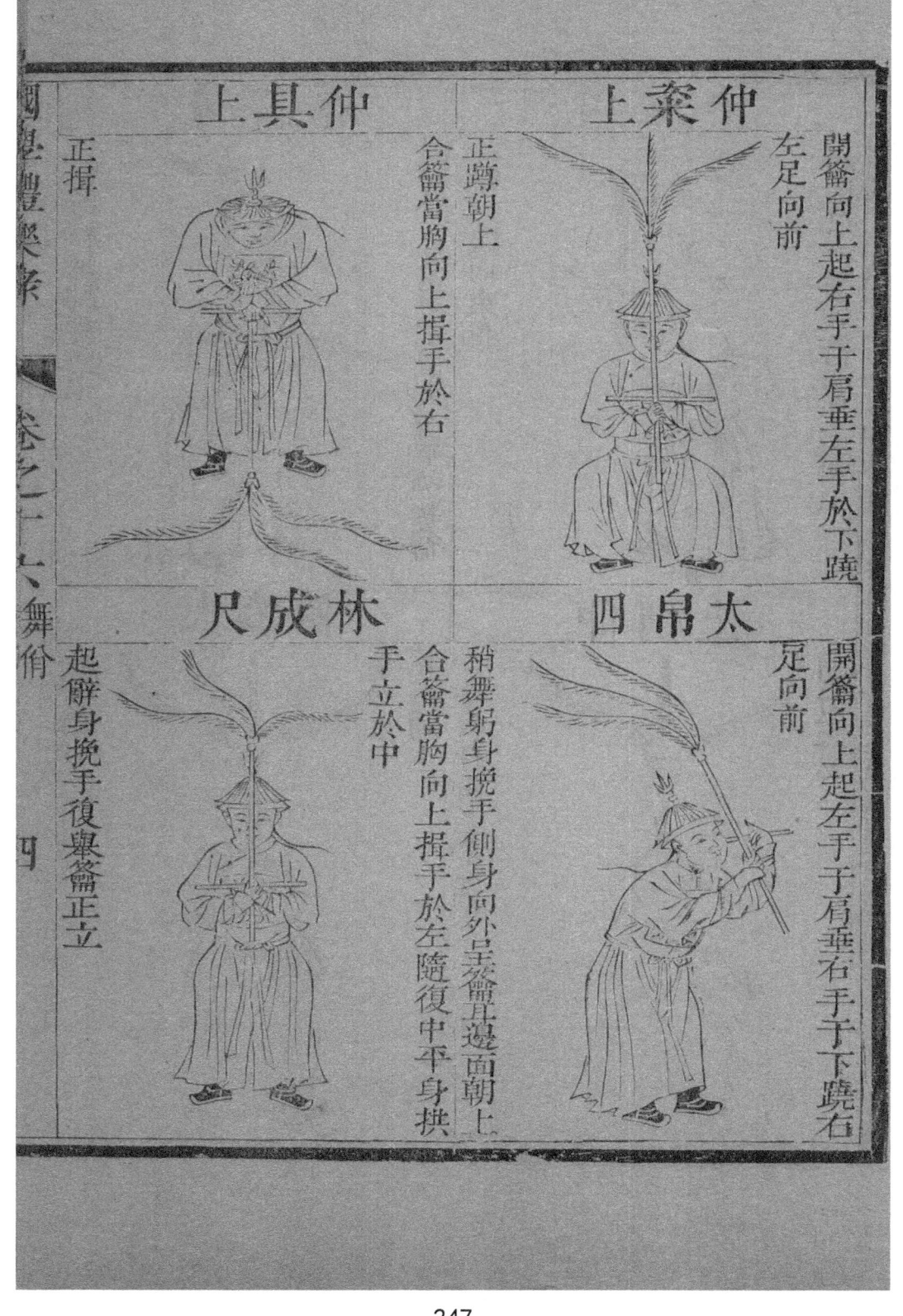

仲粢上

開籥向上起右手于肩垂左手於下蹺左足向前

正蹲朝上

仲具上

合籥當胸向上揖手於右

正揖

太帛四

開籥向上起左手于肩垂右手于下蹺右足向前

稍舞躬身挽手側身向外呈籥且邊面朝上

林成尺

合籥當胸向上揖手於左隨復中平身拱手立於中

起辭身挽手復舉籥正立

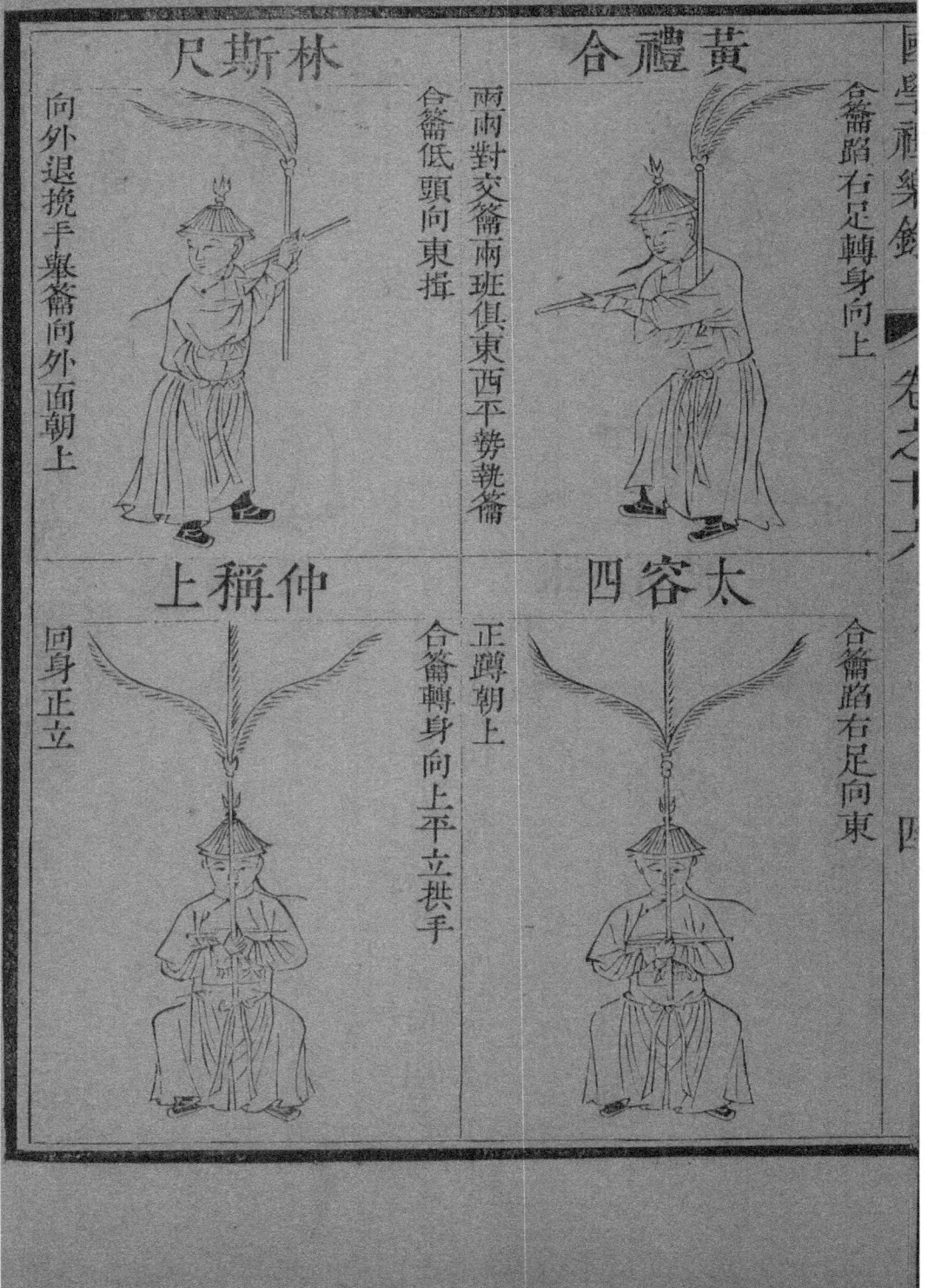

黃禮合

合籥蹈右足轉身向上

兩兩對交籥兩班俱東西平勢執籥

林斯尺

合籥低頭向東揖

向外退挽手舉籥向外面朝上

太容四

合籥蹈右足向東

正蹲朝上

仲稱上

合籥轉身向上平立拱手

回身正立

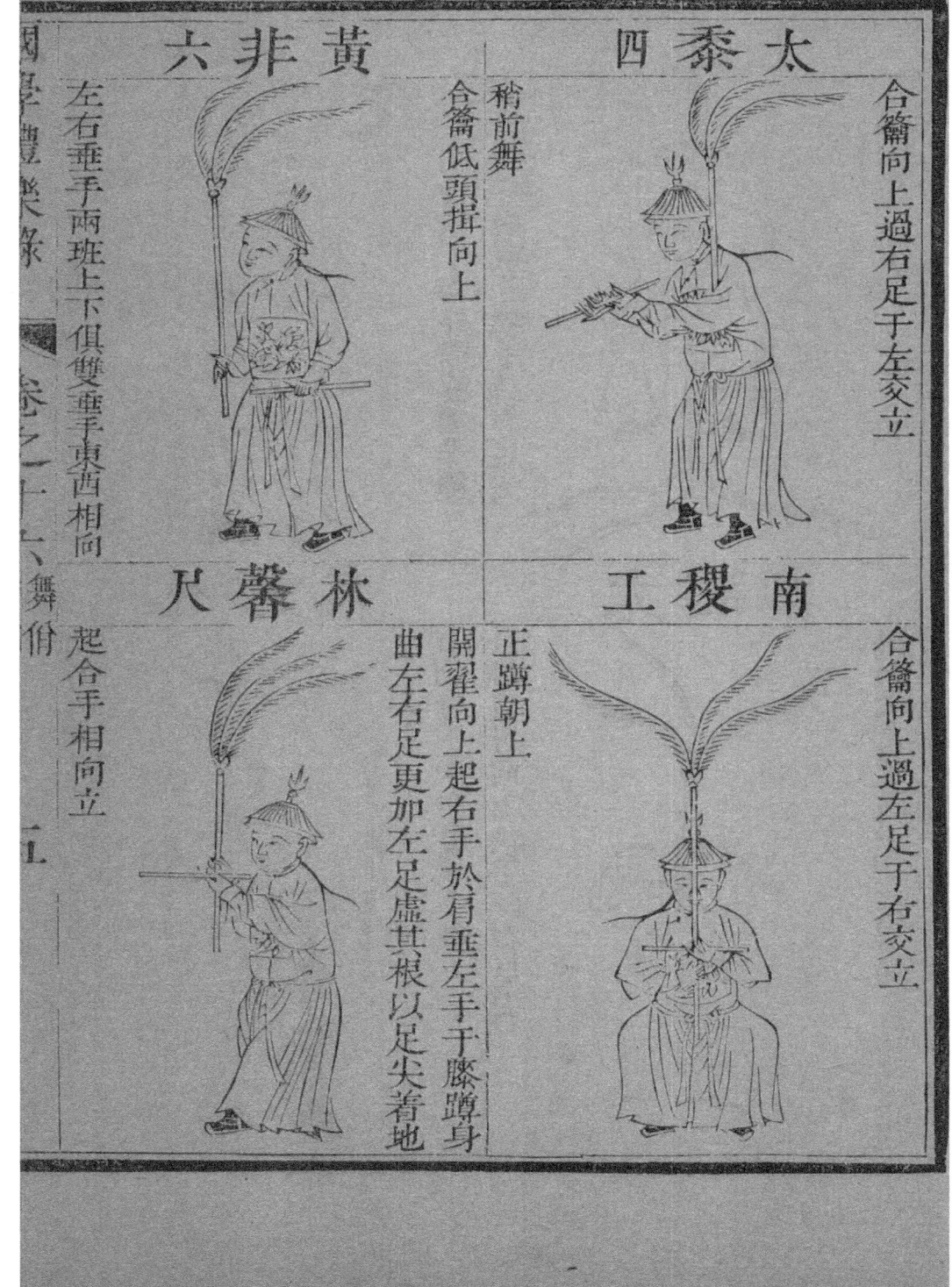

太黍四

合籥向上過右足于左交立

稍前舞

黃非六

合籥低頭揖向上

左右垂手兩班上下俱雙垂手東西相向

南稷工

合籥向上過左足于右交立

正蹲朝上

林馨尺

闊翟向上起右手於肩垂左手于膝蹲身曲左右足更加左足虛其根以足尖着地

起合手相向立

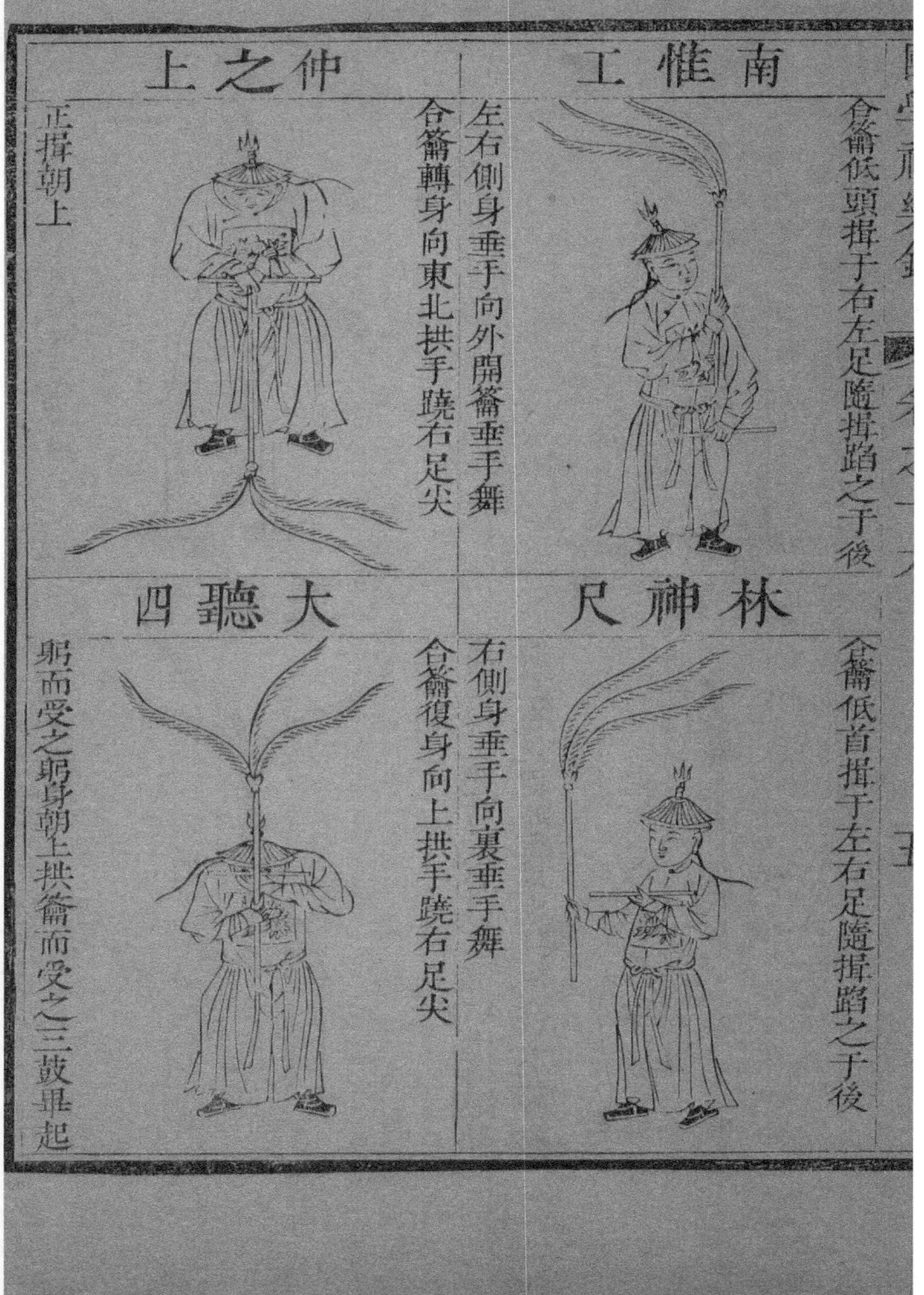

南惟工

合籥低頭揖于右左足隨揖蹈之于後
左右側身垂手向外開籥垂手舞

仲之上

合籥轉身向東北拱手蹺右足尖
正揖朝上

林神尺

合籥低首揖于左右足隨揖蹈之于後
右側身垂手向裏垂手舞

大聽四

合籥復身向上拱手蹺右足尖
躬而受之躬身朝上拱籥而受之三鼓畢起

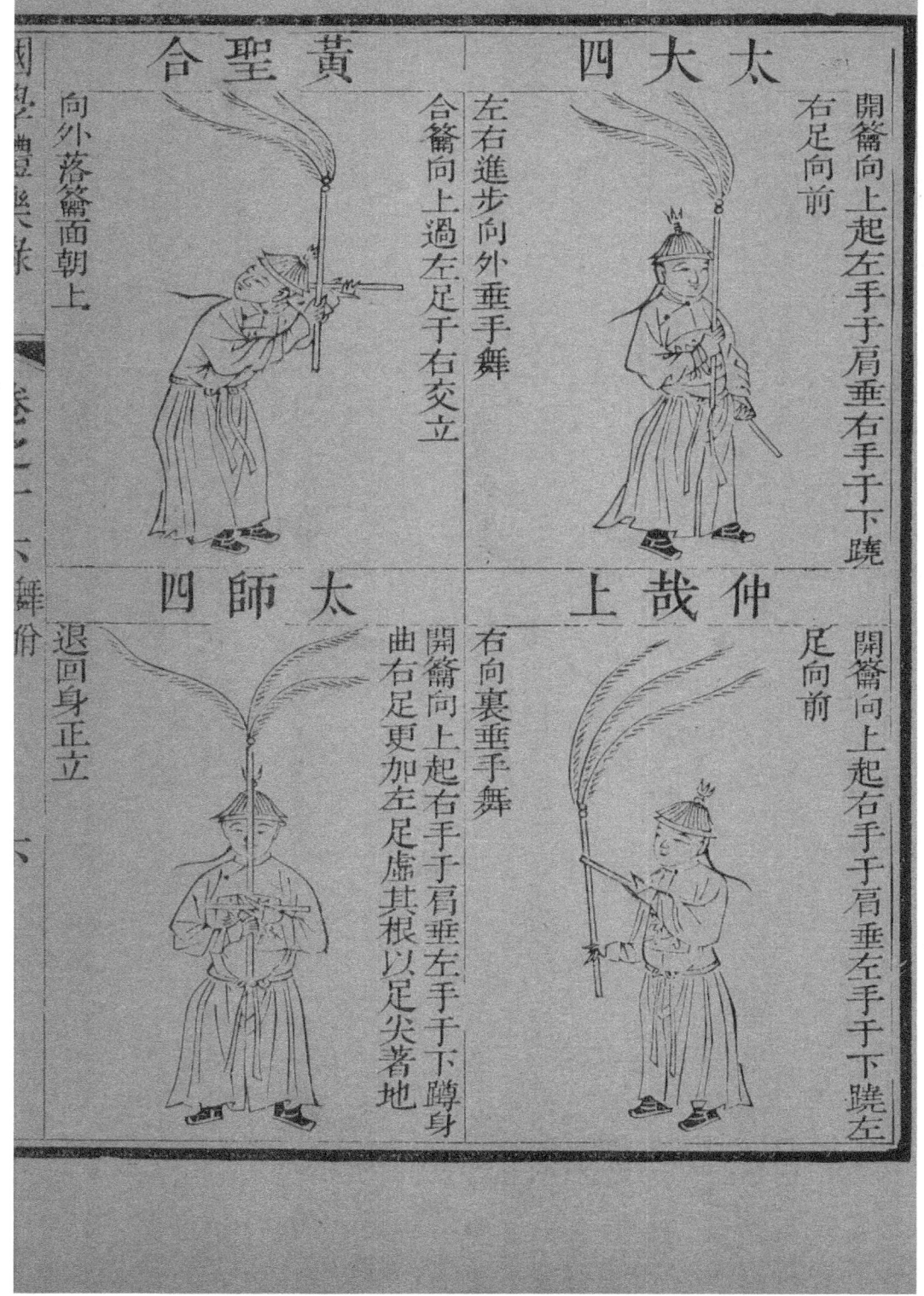

太大四

開籥向上起左手于肩垂右手于下蹺右足向前

左右進步向外垂手舞

黃聖合

合籥向上過左足于右交立

向外落籥面朝上

仲哉上

開籥向上起右手于肩垂左手于下蹺左足向前

右向裏垂手舞

太師四

開籥向上起右手于肩垂左手于下蹲身曲右足更加左足虛其根以足尖著地

退回身正立

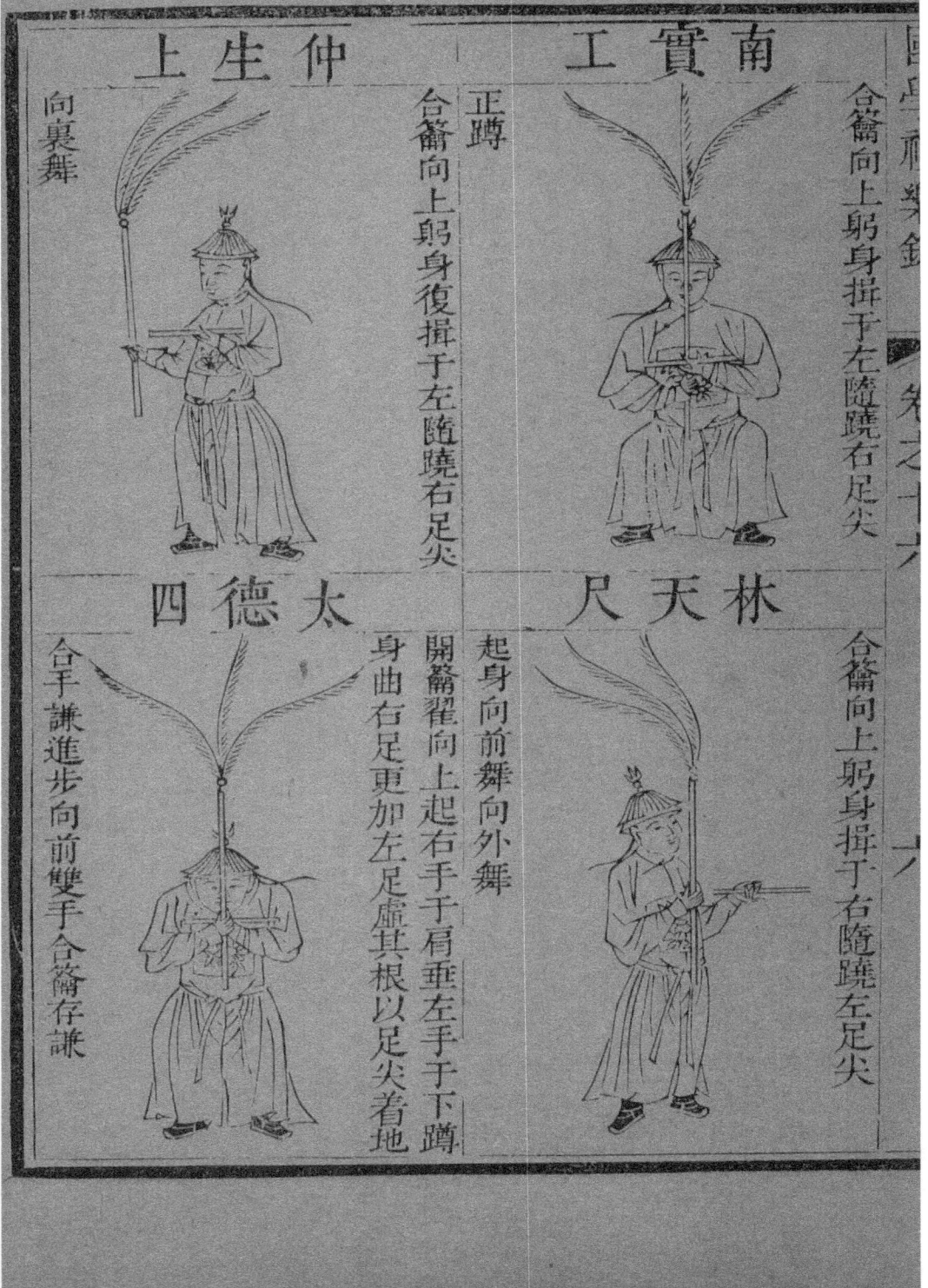

南實工

合籥向上躬身揖于左隨蹺右足尖

正蹲

林天尺

合籥向上躬身揖于右隨蹺左足尖

起身向前舞向外舞

仲生上

合籥向上躬身復揖于左隨蹺右足尖

向裏舞

太德四

開籥翟向上起右手于肩垂左手于下蹲
身曲右足更加左足虛其根以足尖着地

合手謙進步向前雙手合籥存謙

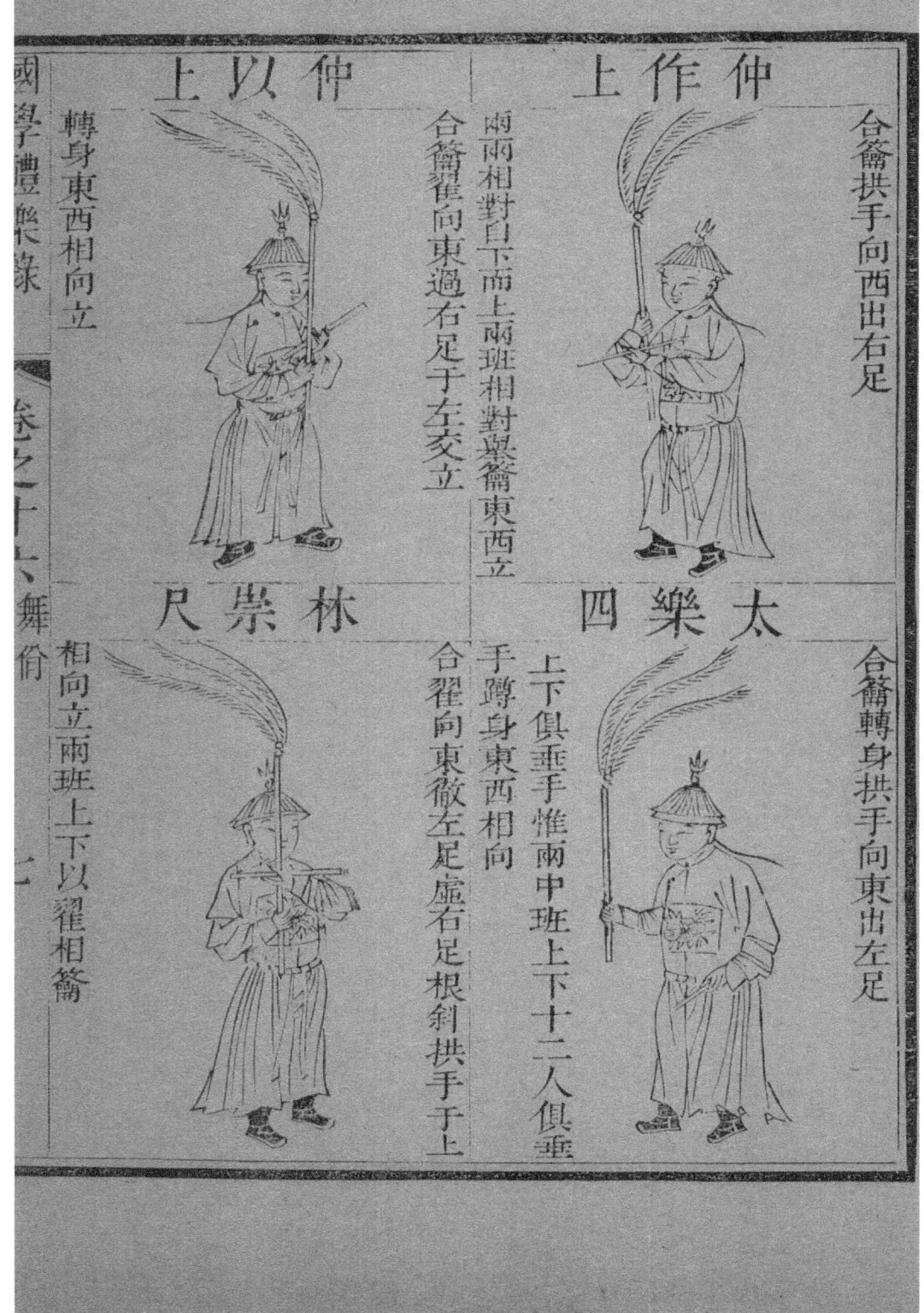

仲作上

合籥拱手向西出右足

兩兩相對自下而上兩班相對舉籥東西立

仲以上

合籥翟向東過右足于左交立

轉身東西相向立

太樂四

合籥轉身拱手向東出左足

上下俱垂手惟兩中班上下十二人俱垂手蹲身東西相向

林崇尺

合翟向東微左足虛右足根斜拱手于上

相向立兩班上下以翟相籥

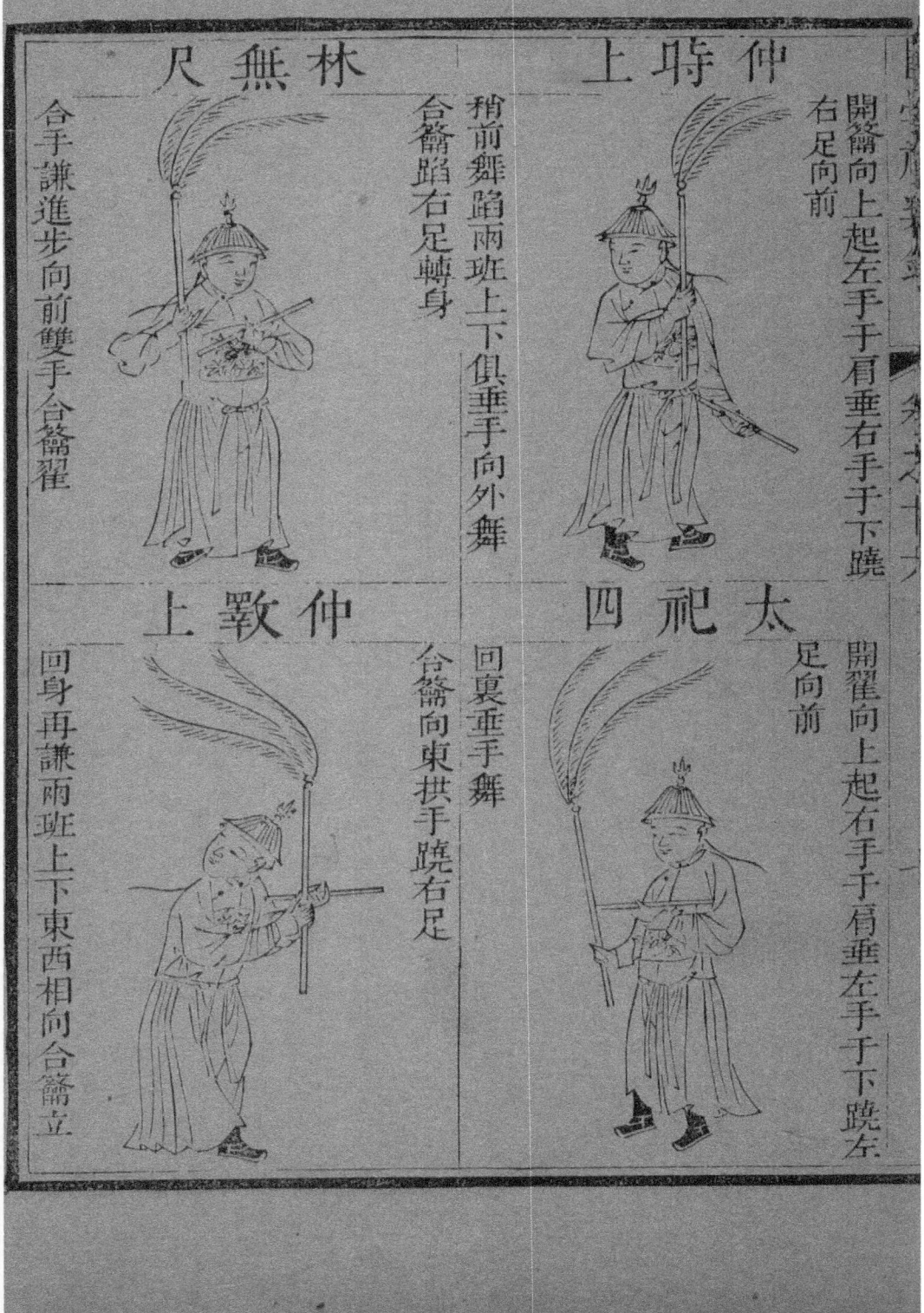

仲時上

開籥向上起左手于肩垂右手于下蹺右足向前

稍前舞蹈兩班上下俱垂手向外舞

林無尺

合籥蹈右足轉身

合手謙進步向前雙手合籥翟

太祀四

開翟向上起右手于肩垂左手于下蹺左足向前

回裏垂手舞

仲斁上

合籥向東拱手蹺右足

回身再謙兩班上下東西相向合籥立

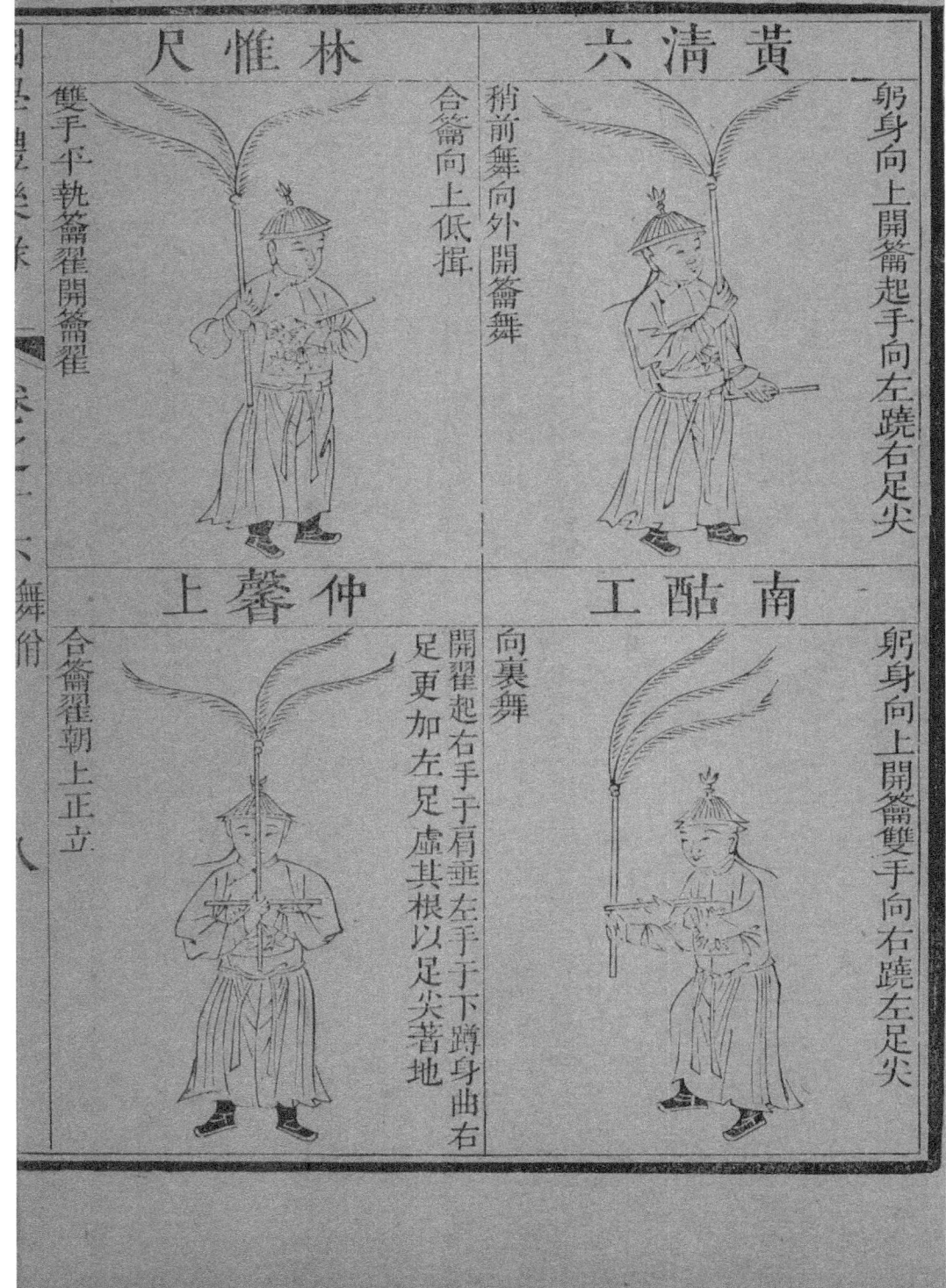

黃清六

躬身向上開籥起手向左蹺右足尖

稍前舞向外開籥舞

林惟尺

合籥向上低揖

雙手平執籥翟開籥翟

南酤工

躬身向上開籥雙手向右蹺左足尖

向裏舞

仲馨上

開翟起右手于肩垂左手于下蹲身曲右足更加左足虛其根以足尖著地

合籥翟朝上正立

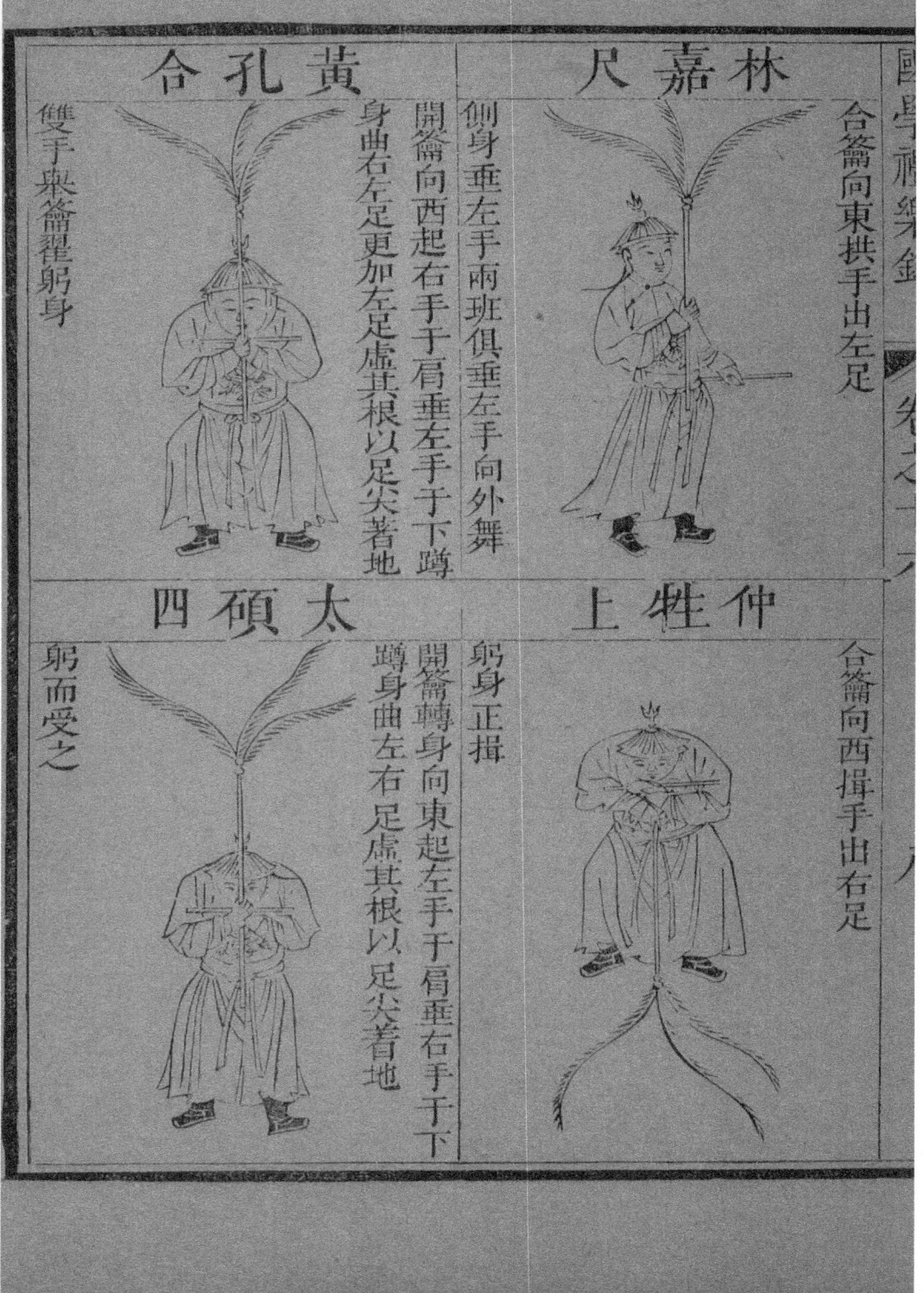

林嘉尺

合籥向東拱手出左足

側身垂左手兩班俱垂左手向外舞

黃孔合

開籥向西起右手于肩垂左手于下蹲身曲右左足更加左足虛其根以足尖著地

雙手舉籥翟躬身

仲牲上

合籥向西揖手出右足

躬身正揖

太碩四

開籥轉身向東起左手于肩垂右手于下蹲身曲左右足虛其根以足尖着地

躬而受之

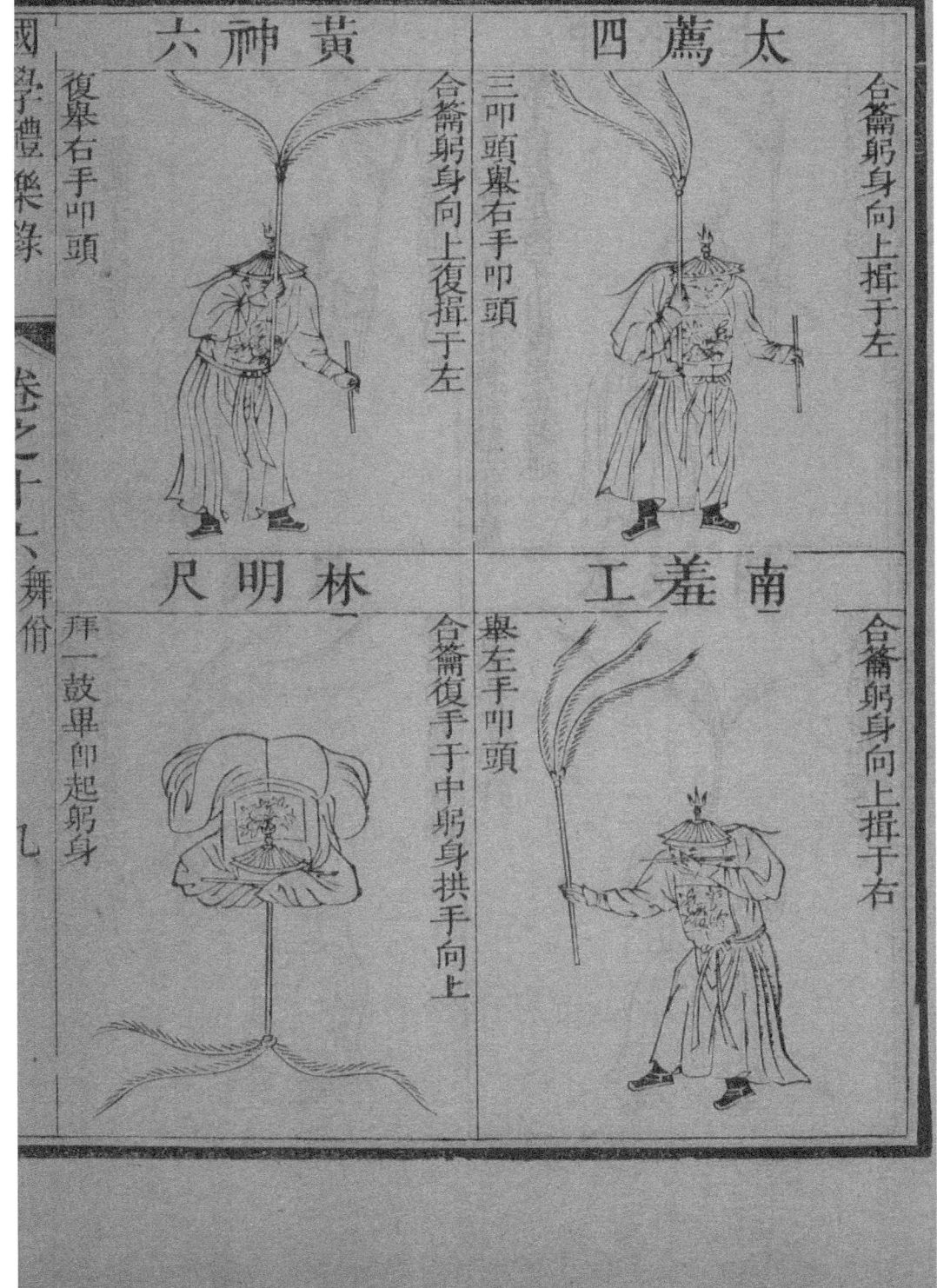

太 薦 四

合籥躬身向上揖于左

三叩頭舉右手叩頭

黃 神 六

合籥躬身向上復揖于左

復舉右手叩頭

南 羞 工

合籥躬身向上揖于右

舉左手叩頭

林 明 尺

合籥復手于中躬身拱手向上

拜一鼓畢即起躬身

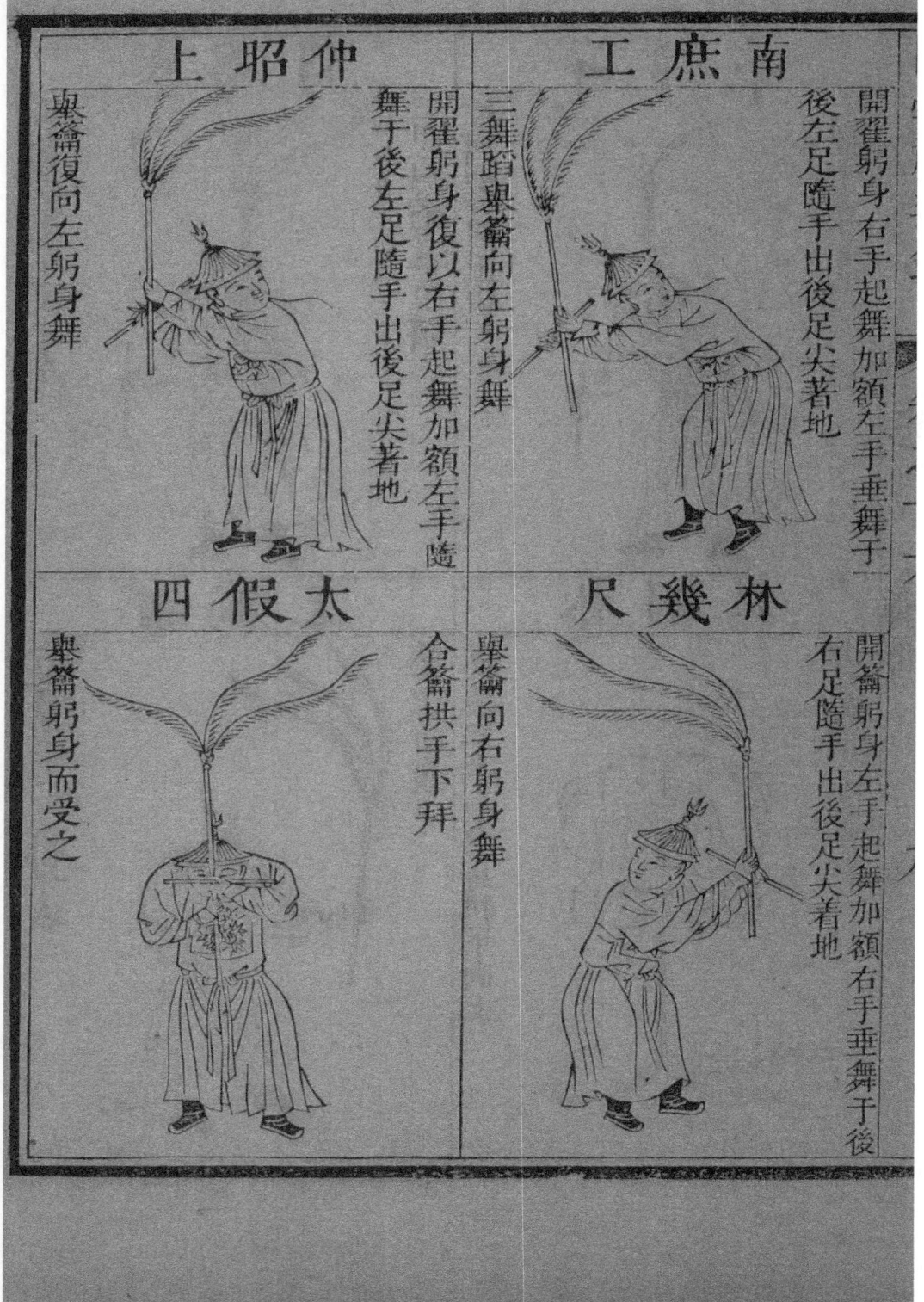

仲昭上

開翟躬身右手起舞加額左手垂舞于後左足隨手出後足尖著地

舞于後左足隨手出後足尖著地開翟躬身復以右手起舞加額左手隨

舉籥復向左躬身舞

南庶工

開翟躬身右手起舞加額左手垂舞于後左足隨手出後足尖著地

三舞蹈舉籥向左躬身舞

太假四

舉籥向右躬身舞

合籥拱手下拜

舉籥躬身而受之

林幾尺

開籥躬身左手起舞加額右手垂舞于後右足隨手出後足尖着地

258

仲百尺

向外開籥舞

林宗尺

側身向外落籥面朝上

南王工

向內開籥舞

仲師上

朝上正立

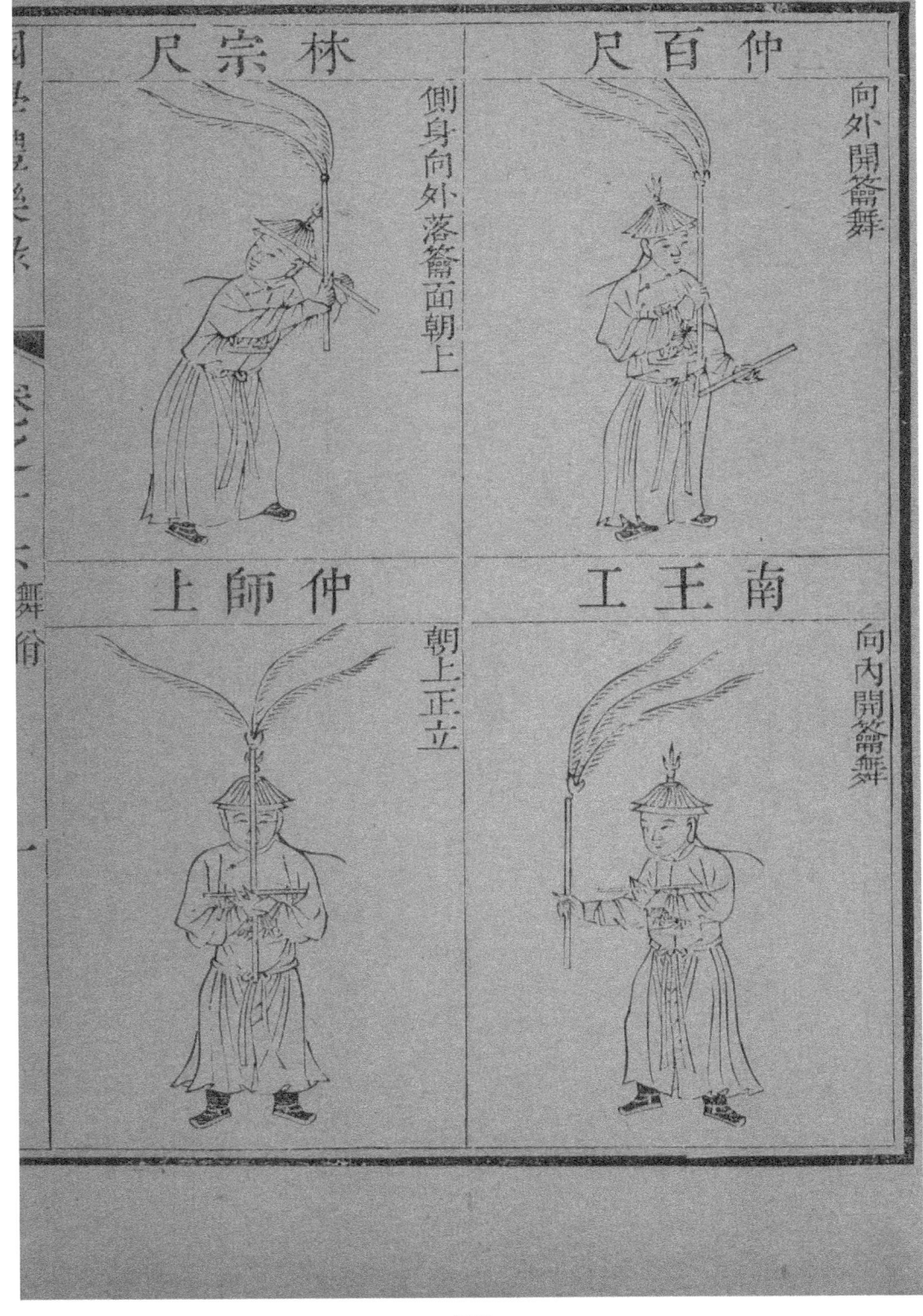

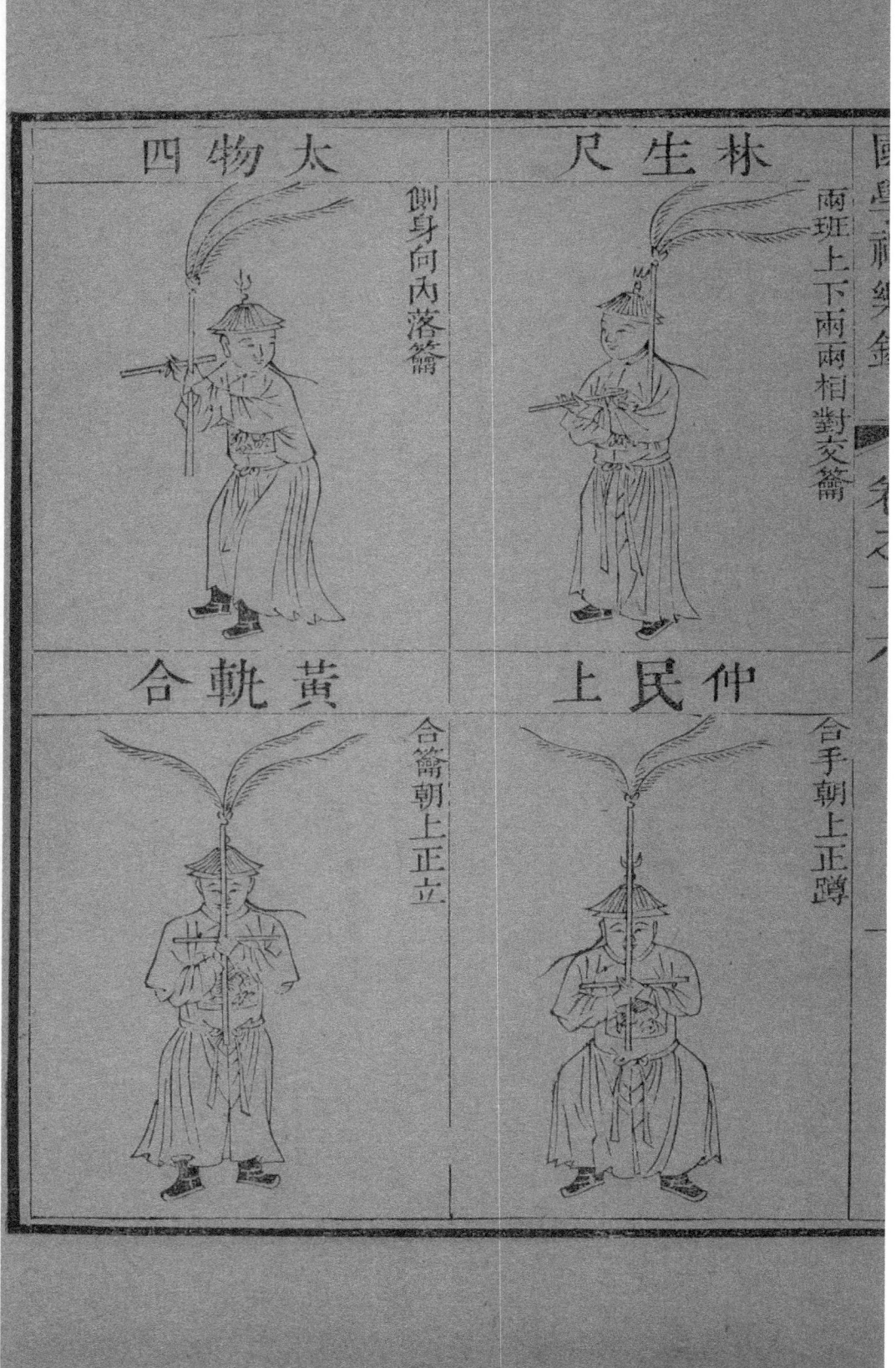

林生尺

兩班上下兩兩相對交籥

太物四

側身向內落籥

仲民上

合手朝上正蹲

黃軌合

合籥朝上正立

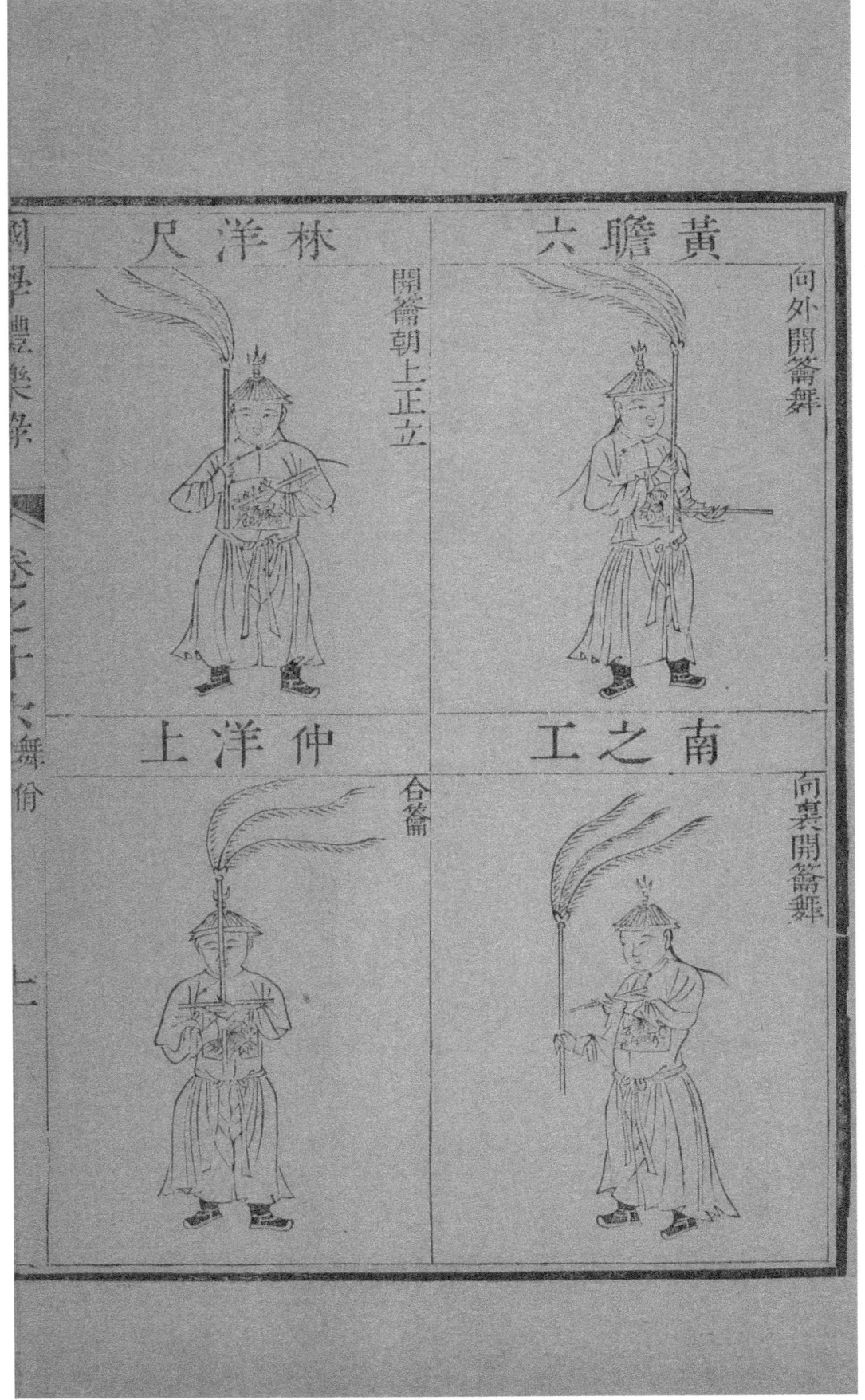

黃瞻六

向外開籥舞

林洋尺

開籥朝上正立

南之工

向裏開籥舞

仲洋上

合籥

林神尺

向外開籥舞

太寧四

進步向前雙手合籥謙

仲其上

向左開籥舞

黃止合

回身東西相向手謙

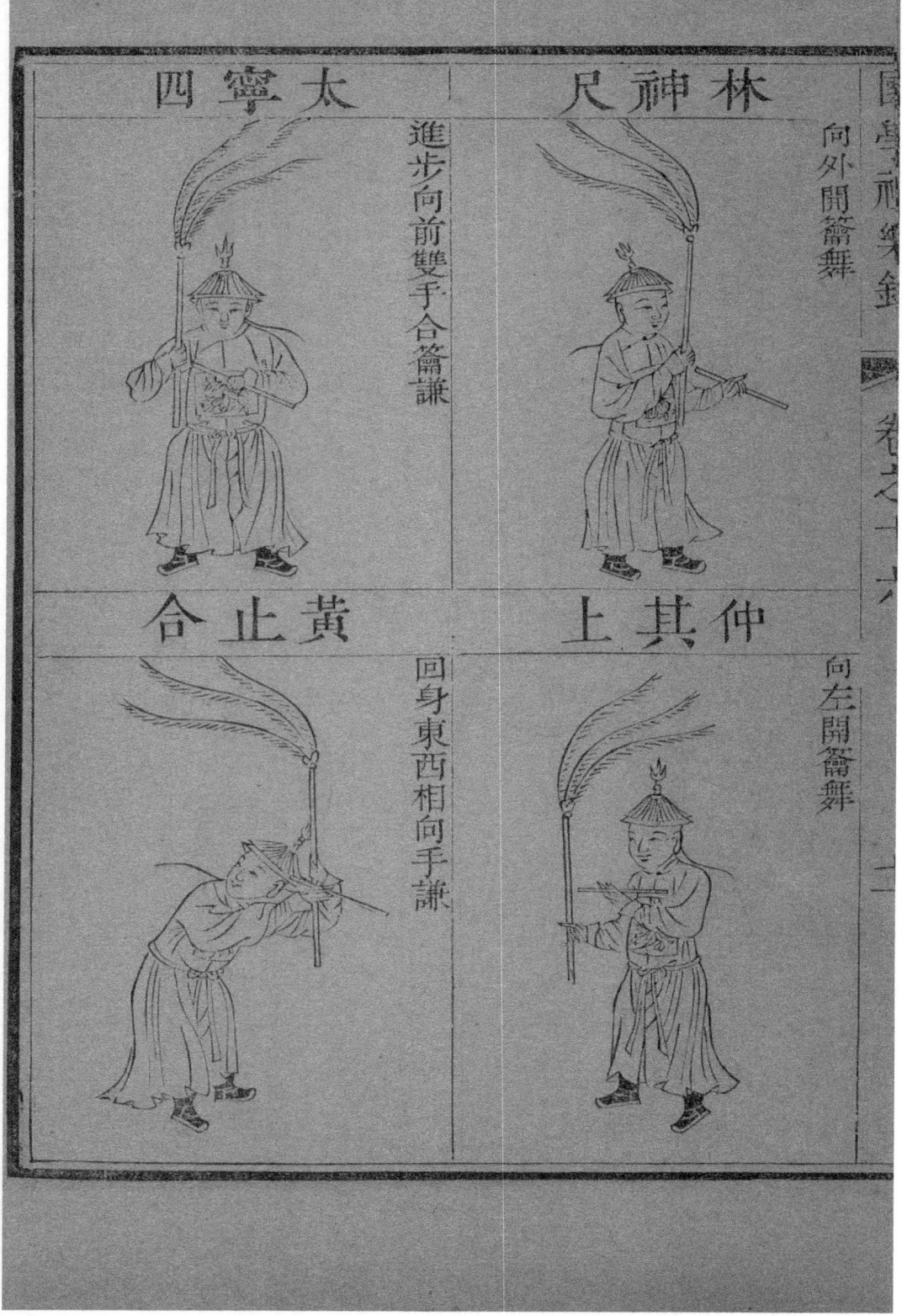

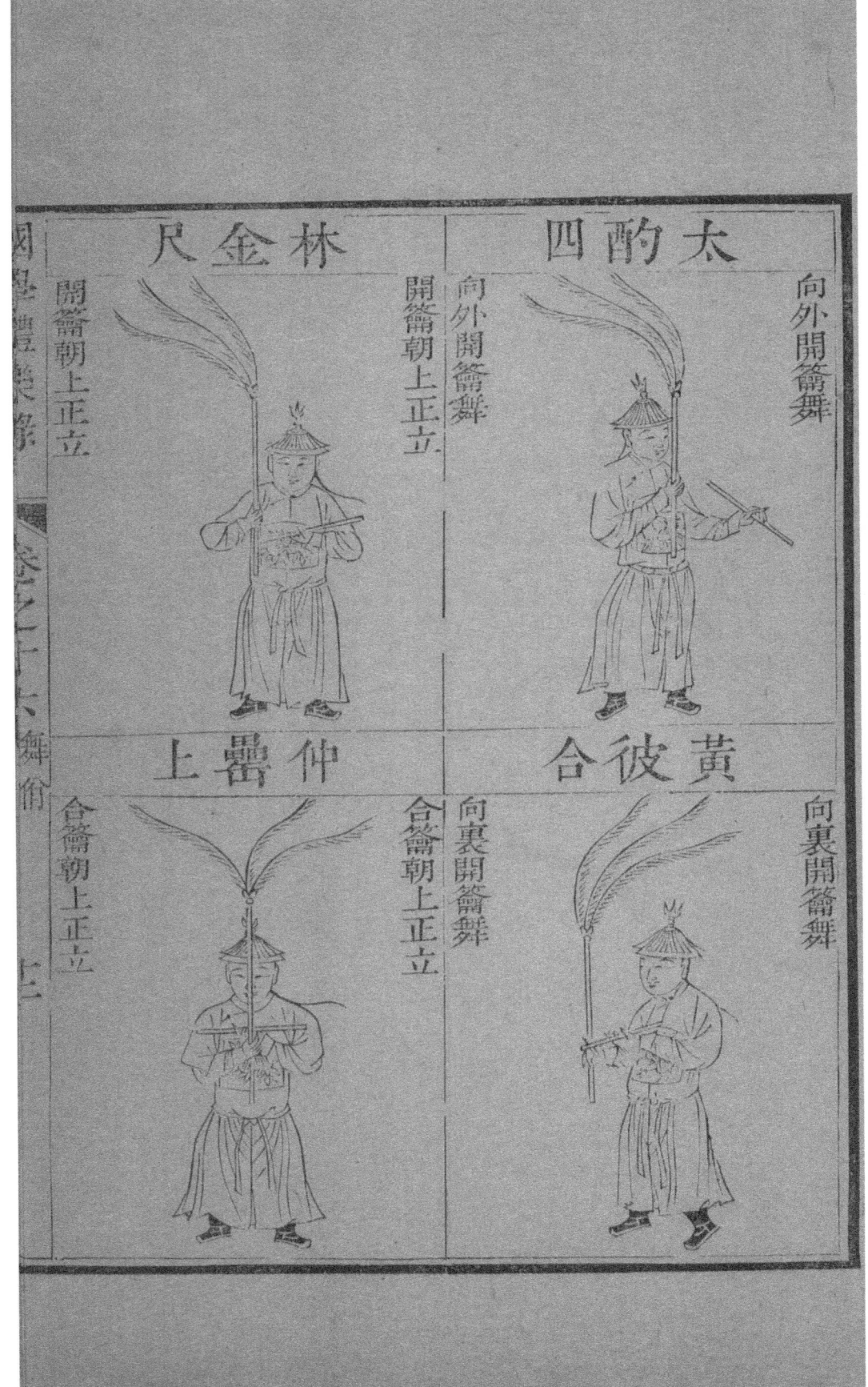

太酌四

向外開籥舞

向外開籥舞

林金尺

開籥朝上正立

開籥朝上正立

黃彼合

向裏開籥舞

向裏開籥舞

仲罍上

合籥朝上正立

合籥朝上正立

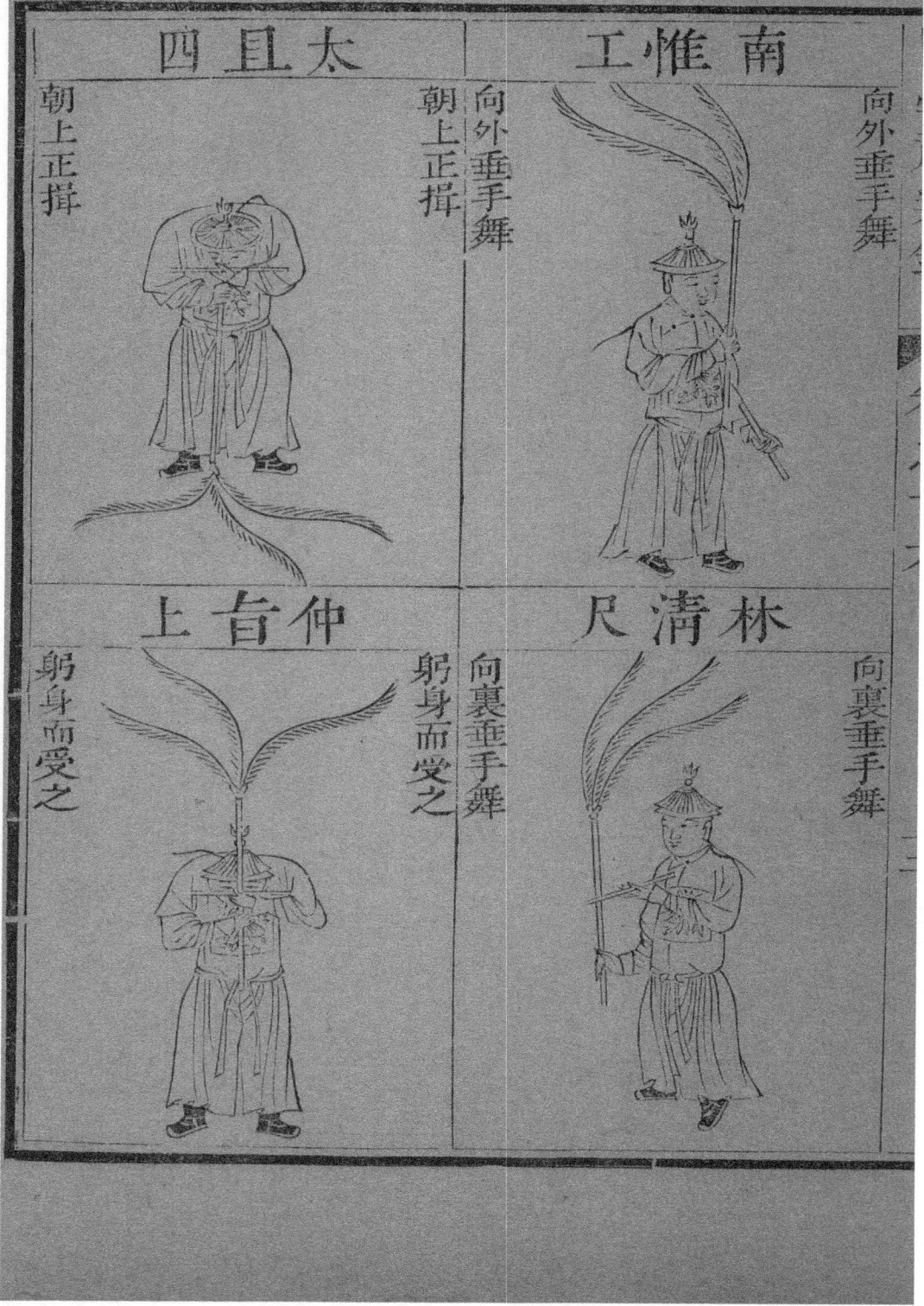

南惟工

向外垂手舞

向外垂手舞

太且四

朝上正揖

朝上正揖

林清尺

向裏垂手舞

向裏垂手舞

仲旨上

躬身而受之

躬身而受之

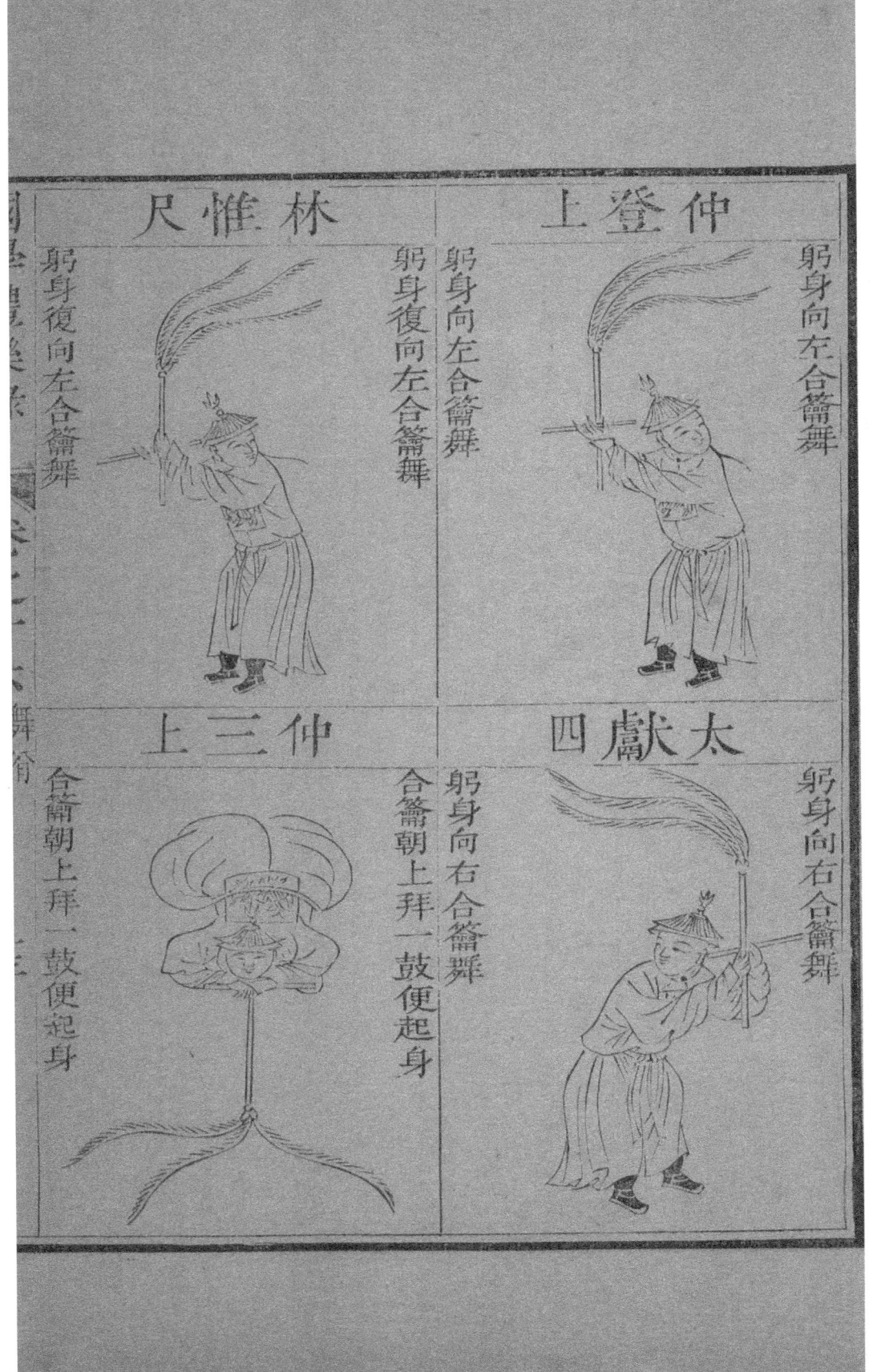

仲登上

躬身向左合籥舞

躬身向左合籥舞

林惟尺

躬身復向左合籥舞

躬身復向左合籥舞

太獻四

躬身向右合籥舞

躬身向右合籥舞

仲三上

合籥朝上拜一鼓便起身

合籥朝上拜一鼓便起身

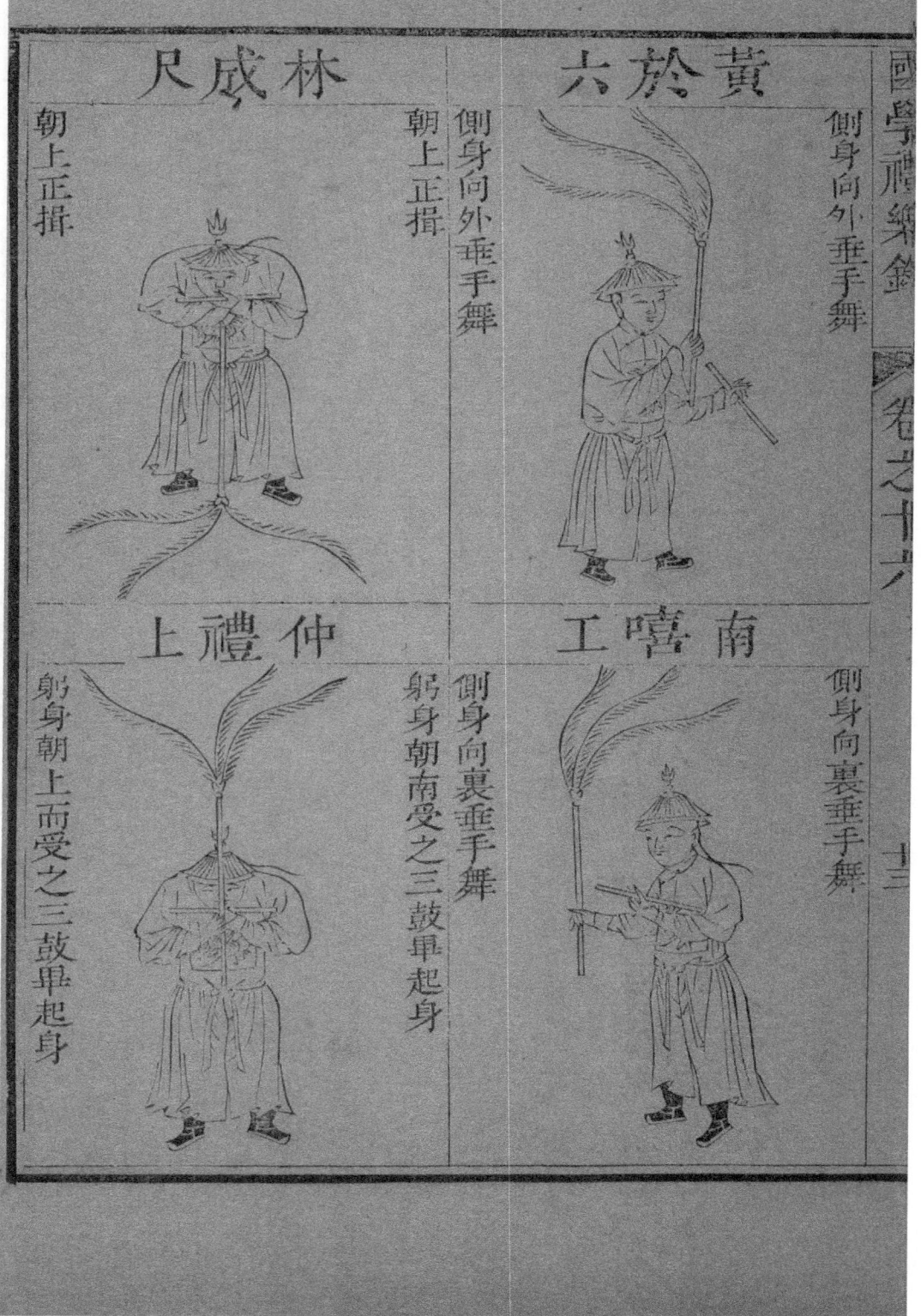

黃於六

側身向外垂手舞

側身向外垂手舞

林咸尺

朝上正揖

朝上正揖

南嘻工

側身向裏垂手舞

側身向裏垂手舞

仲禮上

躬身朝南受之三鼓畢起身

躬身朝上而受之三鼓畢起身

奏樂位次圖

庵

歌工琴　歌工琴　歌工琴　歌工琴

庵

歌工琴　歌工琴　歌工琴　歌工琴

搏拊

瑟

祝

龍笛　洞簫　笙　篪

塤

鐘

丹陛

鼓

搏拊

瑟

敔

笙　洞簫　鳳簫　龍笛

笙篪

塤

磬

鼓
柷

舞舞舞舞舞舞
舞舞舞舞舞舞
舞舞舞舞舞舞
舞舞舞舞舞舞
舞舞舞舞舞舞
舞舞舞舞舞舞
舞舞舞舞舞舞
舞舞舞舞舞舞
舞舞舞舞舞舞

舞舞舞舞舞
舞舞舞舞舞
舞舞舞舞舞
舞舞舞舞舞
舞舞舞舞舞
舞舞舞舞舞
舞舞舞舞舞
舞舞舞舞舞

右成化時八佾舞圖自嘉靖九年改爲六佾今沿之

正殿神位之圖

先賢閔子　先賢冉子　先賢端木子　先賢仲子　先賢卜子　先賢朱子

復聖顏子　述聖子思子

至聖先師孔子

宗聖曾子　亞聖孟子

先賢冉子　先賢宰子　先賢冉子　先賢言子　先賢顓孫子

位次圖

東廡先賢

程子頤
張子載
左子丘明
申子棖
施子之常
顏子之僕
公西子蒧
孔忠子忠
狄子黑
樂子欬
燕子伋
公祖子句茲
縣子成
秦子祖
句子井疆
顏子祖
奚容子蔵
后子處
公夏子首
石子蜀
壤駟子赤
顏子高
秦子商
公孫子龍
曹子郵
顏子辛
巫馬子施
有子若
司馬子黎耕
漆雕子開
商子瞿
南宮子适
原子憲
澹臺子滅明

西廡先賢

宓子不齊
公冶子長
公晳子哀
高子柴
樊子須
商子澤
梁子鱣
冉子孺
伯子虔
冉子季
漆雕子徒父
漆雕子哆
公西子赤
任子不齊
公良子孺
公肩子定
鄡子單
罕父子黑
榮子旂
左子人郢
鄭子國
原子亢
廉子潔
叔仲子會
公西子輿如
邽子巽
陳子亢
琴子張
步叔子乘
秦子非
顏子噲
周子敦頤
程子顥
邵子雍

位次圖

東廡先儒

公羊子高
孔國子國
毛子萇
高堂子生
杜子子春
韓子愈
司馬子光
胡子瑗
羅子從彥
呂子祖謙
蔡子沈
許子衡
王子守仁
陳子獻章
胡子居仁

西廡先儒

穀梁子赤
伏子勝
后子蒼
董子仲舒
王子通
范子仲淹
歐陽子修
胡子安國
楊子時
李子侗
張子栻
陸子九淵
眞子德秀
薛子瑄

啓聖殿神位圖

啓聖公孔氏

東廡

先儒朱氏 松

先儒周氏 輔成

先賢孔氏 鯉

先賢顏氏 無繇

西廡

先儒蔡氏 元定

先儒程氏 珦

先賢孟氏 激

先賢曾氏 點

陳設圖

先師位
帛
爵　爵　爵
和羹　太羹　和羹
白餅　榛　鹽　黍　稷　韭菹　芹菹　脾析
黑餅　菱　槁魚　稻　粱　醓醢　兔醢　豚拍
糗　芡　棗　菁菹　筍菹　酏食
粉餈　鹿脯　栗　鹿醢　魚醢　糝食
羊　牛　豕
獻燭　備燭　獻燭　香　獻燭　備燭　獻燭
讀祝位
供祝案

四配位

帛

爵　爵　爵

白餅　黑餅

榛　菱　芡　鹿脯

形鹽　薧魚　棗　栗

簋　黍　稻

簠　稷　粱

羊　豕

韭菹　醓醢　菁菹　鹿醢

芹菹　兔醢　筍菹　魚醢

脾析　豚胉

燭　香　燭

祭品每位一壇

籩豆減二

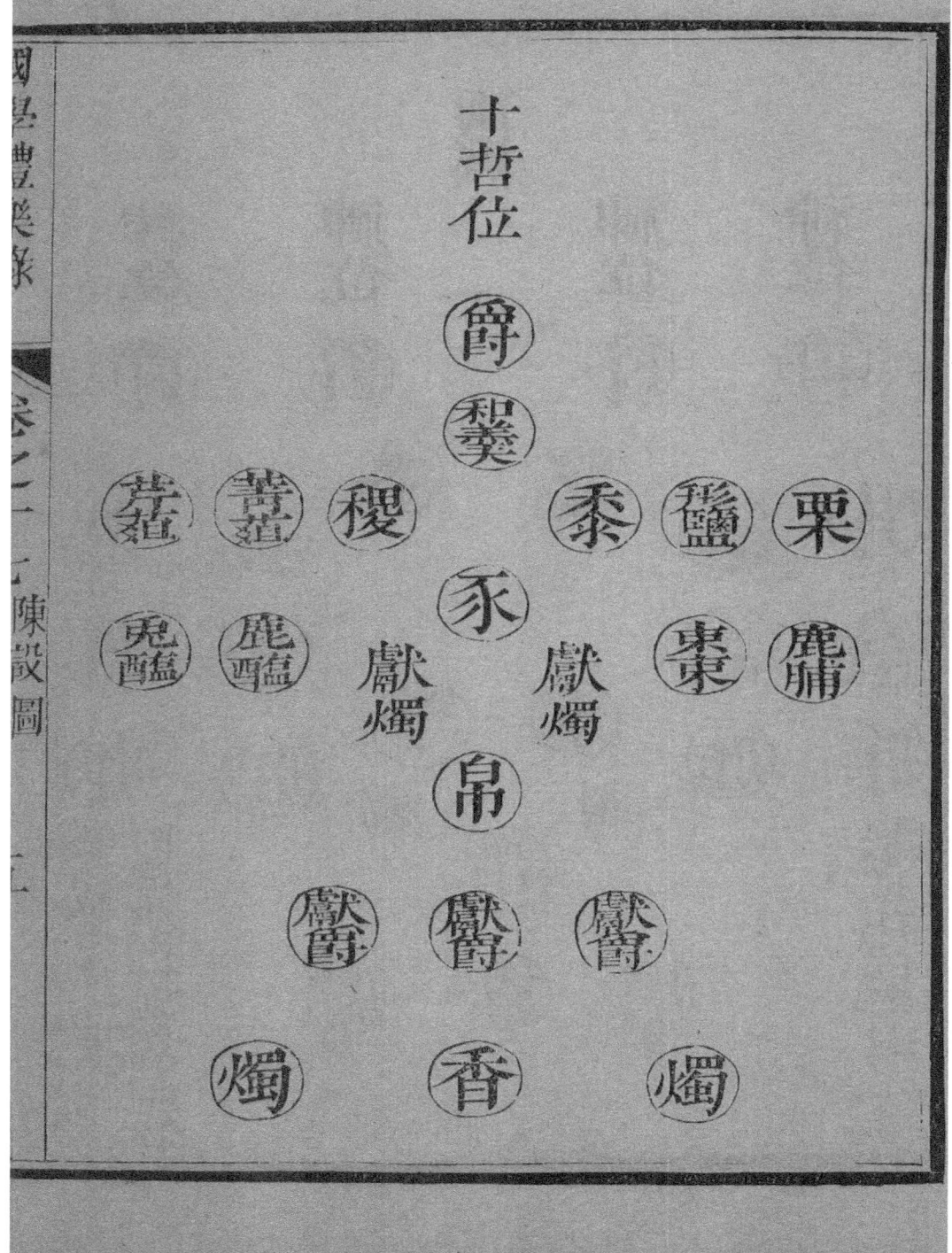

十哲位

兩廡

神位　神位　神位　神位

爵　爵　爵　爵

黍　稷

栗　鹽　芹　菁

鹿脯　棗　兔醢　鹿醢

羊　豕

胙　胙　胙　胙

燭　燭

帛

燭　香　燭

祭品每四位一壇𡧺羊豕惟兩廡居中一副餘皆胙盤

獻官拜位每廡三壇

啓聖公位
帛
爵
爵
爵
羹
羹
榛
菱
芡
鹿脯
形鹽
藁魚
棗
栗
黍
稻
稷
粱
韭菹
醓醢
菁菹
鹿醢
芹菹
兔醢
筍菹
魚醢
羊
豕
燭
爐
燭
祝案
拜位

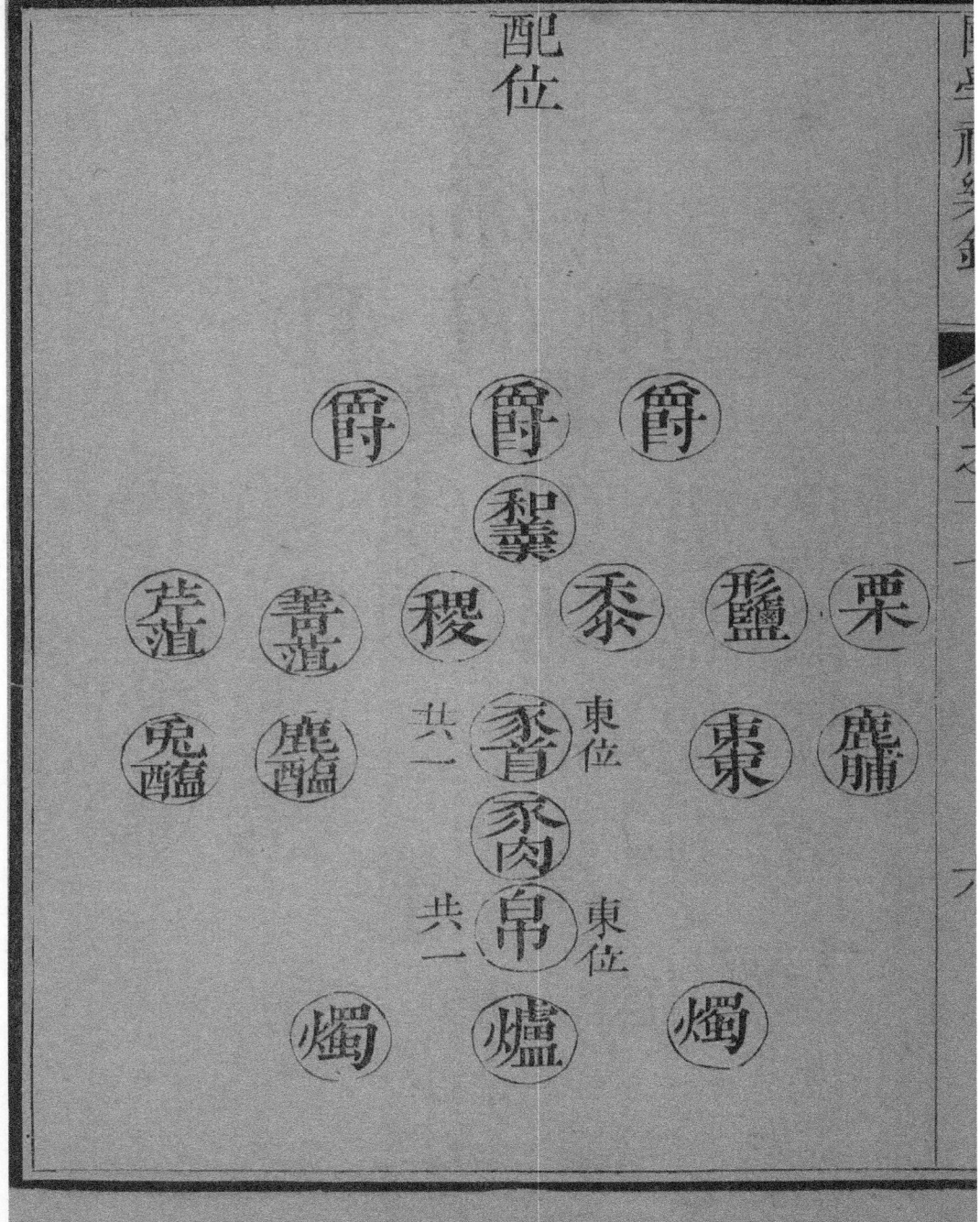

配位

國學禮樂錄卷之十八

文廟現行儀注 附現行例 進士釋菜儀節

每年二月八月上丁日致祭如遇事繁改於次丁或
下丁日致祭其祭祀
正殿遣內閣大學士一員十哲分獻遣翰林官二員
後殿遣國子監祭酒一員由太常寺題請於祭祀前期
二日太常寺官遇穿朝服日穿朝服不穿朝服日穿
補服至犧牲所看牲是日
正殿承祭官十哲分獻官滿洲蒙古漢軍文官三品以
上漢文官五品以上及六科給事中俱在本家致齋

二日於祭日撞明鐘時赴
文廟齋集祝文將白紙糊祝版黃紙鑲邊寫墨字於其上
於祭祀前期太常寺官遇穿朝服日穿朝服不穿朝
服日穿補服白太常寺將祝文捧送前排御仗一對
送至
文廟神庫內黃桌上安設畢捧祝官行一跪三叩禮候承
祭官到壇送致齋所看畢送
前後殿安設捧祝官行一跪三叩禮是日
正殿承祭官上香禮部都察院太常寺光祿寺國子監
官穿朝服同看宰祭祀牲隻瘞毛血

正殿正中正設

至聖先師孔子神位

東配

復聖顏子　述聖子思子位向西安設

西配

宗聖曾子　亞聖孟子位向東安設

東五哲

先賢閔子騫　先賢冉子弓　先賢端木子貢

先賢仲子路　先賢卜子夏位東旁向西安設

新祔先賢朱子熹

西五哲

先賢冉子牛　先賢宰子我　先賢冉子有

先賢言子游　先賢顓孫子張位西旁向東安設俱不

請神牌止開帳幔　供品

正位禮神白色帛一降眞柱香一炷降眞香六兩三足白

磁爵三牛羊豕各一登一鉶二簠簋各二簠是黍稷飦簋是稻

梁飦籩十籩是鉶鹽鱐魚棗栗榛菱芡鹿脯白餅黑餅豆十豆是韭菹醓醢菁菹鹿醢芹菹

兎醢筍菹魚醢脾析豚胉酒一罇

正中四配位每位一案每案禮神白色帛一降眞柱香

一炷降眞香六兩三足白磁爵三羊豕各一鉶二簠

簋各二簠是黍稷飰簋是稻粱飰籩豆各八籩是鉶鹽鱐魚棗栗榛菱芡鹿脯豆是韭菹醓醢菁菹鹿醢芹菹兎醢筍菹魚醢酒一罇

東旁哲位

先賢閔子等五位每位一案新增朱子位案

西旁哲位

先賢冉子等五位每位一案每案降眞柱香一炷降眞香六兩白磁三足爵各一豕肉一塊鉶各一簠簋各一簠是黍稷飰簋是稻粱飰籩豆各四籩是鉶鹽棗栗鹿脯豆是菁菹鹿醢芹菹兎醢

東五位共禮神白色帛一白磁三足爵三豕首一

西五位所供同

東廡先賢三十四位

澹臺滅明　原憲　南宮适　商瞿

漆雕開　司馬耕　有若　巫馬施

顏辛　曹卹　公孫龍　秦商

顏高　壤駟赤　石作蜀　公夏首

后處　奚容蒧　顏祖　句井疆

秦祖　縣成　公祖句茲　燕伋

樂欬　狄黑　孔忠　公西蒧

顏之僕　施之常　申棖　左丘明

張載　程頤

東廡先儒十五位

公羊高　孔安國　毛萇　高堂生

杜子春　韓愈　司馬光　胡瑗

羅從彥　呂祖謙　蔡沈　許衡

王守仁　陳獻章　胡居仁共四十九位每二位

一案末一位一案計二十五案每案銅爵二豕肉二

塊簠簋各一（簠是黍稷飰　簋是稻粱飰）籩豆各四（籩是鉶鹽棗栗鹿脯　豆是菁菹鹿醢芹菹兎醢）共禮神白色帛一降眞柱香一炷降眞香六

兩三足銅爵三豕首五

西廡先賢三十四位

宓不齊　公冶長　公晳哀　高柴

樊須　商澤　梁鱣　冉孺

伯虔　冉季　漆雕徒父　漆雕哆

公西赤　任不齊　公良孺　公肩定

鄡單　罕父黑　榮旂　左人郢

鄭國　原亢　廉潔　叔仲會

公西輿如　邽巽　陳亢　琴張

步叔乘　秦非　顏噲　周敦頤

程顥　邵雍

西廡先儒十四位

穀梁赤　伏　勝　后　蒼　董仲舒
王　通　范仲淹　新祀歐陽修　胡安國
楊　時　李　侗　張　栻　陸九淵
眞德秀　薛　瑄共四十八位每二位一案計二十
四案每案銅爵各二豕肉各二塊簠簋各一簠是黍稷飯簋是稻粱飯籩豆各四籩是銅鹽棗栗鹿脯豆是菁菹鹿醢芹菹兎醢共禮神白色
帛一降眞柱香一炷降眞香六兩三足銅爵三豕首
四供品承祭官親看所奏樂六佾文生三十六人樂
器鐘十六口磬十六面琴六張瑟四張簫六枝笛六
枝箎四枝排簫二架塤二箇笙六攢大鼓一面摶拊

鼓二座柷一座敔一座木笏六面羽籥三十六副麾

旛一首旌節二首每項用樂舞生一名每人着紅色

補服繫綠紬帶戴銅頂裹金凉帽或暖帽各隨時戴

燈數

正殿正位點座燈二盞

東配座燈二盞　西配座燈二盞

東哲座燈二盞　西哲座燈二盞簷前座燈四盞

正殿東碐磜下座燈二盞東甬路座燈四盞西碐磜下

座燈二盞西甬路座燈四盞東廡內座燈二盞碐磜

下座燈二盞西廡內座燈二盞碐磜下坐燈二盞

大成門東角門門座燈四盞西角門門座燈二盞甬路座燈
四盞致齋所門前座燈二盞甬路座燈四盞
欽遣打牲座燈二盞是日齋戒陪祀各官由鴻臚寺官引
至兩旁門排班站立贊引官對引官引
正殿承祭官至盥手處贊引官贊盥手承祭官盥手畢
引至臺階下行禮處站立陪祀各官由鴻臚寺官引
至行禮處站立典儀官唱樂舞生就位執事官各司
其事陪祀官分獻官各就位唱畢贊引官贊就位承
祭官就拜褥上站立十哲兩廡分獻官及陪祀各官
亦隨後站立典儀官唱迎神唱樂官唱迎神樂奏咸

平之曲唱畢奏樂樂畢贊引官贊跪叩典承祭官分
獻官陪祀各官俱行三跪九叩禮典儀官唱奠帛爵
行初獻禮捧帛爵樂舞生捧帛爵就前站立唱樂官
唱初獻樂奏寧平之曲唱畢奏樂贊引官贊陞壇捧
帛爵樂舞生各就各
位前站立贊引官引承祭官上東左邊臺階在
殿左門內站立贊引官贊詣
至聖先師孔子神位前引至
位前捧帛樂舞生跪贊引官贊跪承祭官行一跪一叩禮
立贊引官贊奠帛承祭官接舉立獻畢引於案左贊

獻爵捧爵樂舞生跪承祭官近前將爵捧舉立獻畢
行一跪一叩禮立讀祝官至安祝文桌前行一跪三
叩禮將祝文捧起在桌左邊立贊引官贊詣讀祝位
承祭官詣讀祝位站立樂止贊引官贊跪承祭官讀
祝官十哲兩廡分獻官陪祀各官舞文生俱跪贊引
官贊讀祝讀祝官讀祝畢捧至
正位奠帛桌前跪安盛帛盒內畢行三叩禮退舞文生立
奏樂贊引官贊叩興承祭官及各官俱行三叩禮立
贊引官贊就
復聖顏子位前引承祭官就

位前捧帛爵樂舞生跪贊引官贊跪承祭官行一跪一
叩禮立贊引官贊奠帛承祭官將帛接舉立獻畢引
於案左贊獻爵將爵接舉立獻畢行一跪一叩禮立
贊引官贊就
宗聖曾子位前引承祭官就
位前捧帛爵樂舞生跪贊引官贊跪承祭官行一跪一
叩禮立贊引官贊奠帛承祭官將帛接舉立獻畢引
於案左贊獻爵將爵接舉立獻畢行一跪一叩禮立
贊引官贊就
述聖子思子位前引承祭官就

位前捧帛爵樂舞生跪贊引官贊跪承祭官行一跪一

叩禮立贊奠帛承祭官將帛接舉立獻畢引於案左

贊獻爵將爵接舉立獻畢行一跪一叩禮立贊引官

贊就

亞聖孟子位前引承祭官就

位前捧帛爵樂舞生跪贊引官贊跪承祭官行一跪一

叩禮立贊奠帛承祭官將帛接舉立獻畢引於案左

贊獻爵將爵接舉立獻畢引於案左

贊獻爵將爵接舉立獻畢行一跪一叩禮立侯讀祝

畢前引樂舞生十哲分獻官至

正殿門檻外立候贊引官引承祭官詣

國朝禮樂疏　卷二十八　文廟現行儀注

亞聖孟子位時齊引至
哲位前亦照承祭官供獻畢贊引官贊復位引承祭官
分獻官至門檻內鞠躬復位站立兩廡分獻官亦照
十哲分獻官齊至各
位前供獻畢復位站立樂畢典儀官唱行亞獻禮唱樂
官唱亞獻樂奏安平之曲唱畢奏樂贊引官贊陞壇
引承祭官十哲兩廡分獻官陞壇獻爵行禮俱照初
獻獻畢贊引官贊復位引承祭官復位站立十哲兩
廡分獻官亦復位站立典儀官唱行終獻禮唱樂官
唱終獻樂奏景平之曲唱畢奏樂贊引官贊陞壇引

承祭官十哲兩廡分獻官陞壇獻爵行禮俱照亞獻
獻畢贊引官贊復位引承祭官復位站立十哲兩廡
分獻官亦復位站立樂畢舞文生行一跪一叩禮立
執旌節引退於兩旁站立典儀官唱賜福胙贊引官
贊詣受福胙位引承祭官至
殿內捧福胙樂舞生在右邊跪捧接樂舞生在左邊跪
贊引官贊跪承祭官跪贊飲福酒接舉畢遞與捧接
樂舞生贊受胙接舉遞與捧接樂舞生贊引官贊叩
興承祭官行三叩禮立贊復位引承祭官復位站立
贊引官贊跪叩興承祭官十哲兩廡分獻官陪祀各

官俱行三跪九叩禮立典儀官唱徹饌唱樂官唱徹
饌樂奏咸平之曲唱畢奏樂樂畢典儀官唱送神唱
樂官唱送神樂奏咸平之曲唱畢奏樂贊引官贊跪
叩興時承祭官十哲兩廡分獻官陪祀各官俱行三
跪九叩禮立樂畢典儀官唱捧祝帛饌各恭詣燎位
唱畢捧祝帛饌官樂舞生各至各
位前捧祝帛官樂舞生行一跪三叩禮將祝帛捧起捧饌
樂舞生不叩跪起祝在前帛第二饌第三挨次依序
捧送時承祭官站立不退典儀官唱望燎唱畢奏樂
贊引官贊詣望燎位引承祭官詣望燎位將焚祝帛

贊禮畢引退其兩廡分獻官係國子監派出行禮由
太常寺執事樂舞生引每月朔日供酒果點香燭
後殿正中正設
啓聖公孔氏之位供品禮神白色帛一降眞柱香一炷降
眞香六兩白磁三足爵三羊豕各一鉶二簠簋各二簠是黍稷飯簋是稻粱飯籩豆各八籩是鉶鹽鱐魚棗栗榛菱芡鹿脯豆是韭菹醓醢菁菹鹿醢芹菹兎醢筍菹魚醢酒一罇
東邊配位
先賢顏氏之位　孔氏之位
西邊配位

先賢曾氏之位　孟氏之位每位一案每案降眞柱香一炷降眞香六兩三足銅爵三豕肉一塊簠簋各一簠是黍稷飰簋是稻粱飰籩豆各四籩是鉶鹽棗栗鹿脯豆是菁菹鹿醢芹菹兎醢每二案共禮神白色帛一豕首一

東廡

先儒周氏之位　朱氏之位

西廡

先儒程氏之位　蔡氏之位每位一案每案豕肉一塊簠簋各一簠是黍稷飰簋是稻粱飰籩豆各四籩是鉶鹽棗栗鹿脯豆是菁菹鹿醢芹菹兎醢每二案共禮神白色帛一降眞柱香一炷降

眞香六兩三足銅爵三　燈數

正殿點座燈二盞碐磜下座燈四盞東廡碐磜下座燈

二盞東碐磜下座燈一盞西廡碐磜下座燈二盞東

角門座燈一盞祭日贊引官對引官引

後殿承祭官進左門至盥手處贊引官贊盥手承祭官

盥手畢典儀官唱執事官各司其事贊引官贊就位

引承祭官就位典儀官唱迎神唱畢贊引官贊跪叩

興承祭官兩廡分獻官行三跪九叩禮立典儀官唱

奠帛爵行初獻禮捧帛爵樂舞生就前站立贊引官

贊陞壇捧帛爵樂舞生各就各

位前站立贊引官引承祭官進
殿左門立贊引官贊詣
啓聖公孔氏位前承祭官就
位前捧帛樂舞生跪贊引官贊跪承祭官行一跪一叩禮
贊奠帛承祭官接舉立獻畢引於案左贊獻爵將爵
接舉立獻畢行一跪一叩禮立讀祝官至安祝文桌
前行一跪三叩禮將祝文捧起在桌左邊立贊引官
贊詣讀祝位引承祭官詣讀祝位立贊引官贊跪承
祭官讀祝官兩廡分獻官俱跪贊引官贊讀祝讀祝
官讀祝畢捧起於

正位前供桌上跪安盛帛盒內畢行三叩禮退贊引官贊
叩興承祭官行三叩禮立贊引官贊就
先賢顏氏位前引承祭官就
位前捧帛爵樂舞生跪贊引官贊跪承祭官行一跪一叩
禮立贊引官贊奠帛接舉立獻贊獻爵將爵接舉立
獻畢行一跪一叩禮立贊引官贊就
先賢曾氏
孔氏
孟氏位前與
顏氏位前行禮供獻同其

孔氏
孟氏位前無帛只獻爵兩廡分獻官俟讀祝畢引至兩
廡待承祭官詣
孟氏時齊供獻行禮畢贊引官贊復位引承祭官復位
時兩廡分獻官齊復位站立典儀官唱行亞獻禮贊
引官贊陞壇引承祭官兩廡分獻官陞壇行禮供獻
俱照初獻行禮供獻畢贊引官贊復位引承祭官復
位站立兩廡分獻官亦復位站立典儀官唱行終獻
禮贊引官贊陞壇引承祭官分獻官陞壇行禮供獻
俱照亞獻行禮供獻畢贊引官贊復位引承祭官復

位站立兩廡分獻官亦復位站立典儀官唱徹饌隨
唱送神唱畢贊引官贊跪叩興承祭官兩廡分獻官
行三跪九叩禮立典儀官唱捧祝帛饌各恭詣燎位
唱畢捧祝帛官樂舞生至
位前行一跪三叩禮將祝帛跪起捧舉捧饌樂舞生不
叩捧起其祝帛饌俱照位依序捧送時贊引官引承
祭官退至西邊站立俟祝帛饌過畢復位站立典儀
官唱望燎贊引官贊詣望燎位引承祭官至燎位前
將焚祝帛贊引官贊禮畢承祭官退
後殿兩廡分獻官由國子監派出行禮太常寺執事樂

舞生引每月朔日供酒果點香燭

現行例

一件每祭行工部所有供用笙簧相應預期修點

一件每祭行吏部八旗齋戒滿洲蒙古漢軍文官一品以下四品加級以上職名於前期十日開送

一件每祭行吏部齋戒漢文官正六品加級官員以上及六科給事中職名於前期十日開送

一件每祭行宗人府齋戒宗室覺羅文官一品以下四品加級官員以上職名於前期十日開送

一件每祭行內閣典籍廳其祭祀例應遣內閣大學

上行禮將無事故大學士職名開給
一件每祭行國子監祭
啓聖公將無事故堂上官職名開送
一件每祭行吏部
十哲分獻翰林官二員職名開送
一件每祭行戶部合用降眞圓柱香二十六炷細降
眞塊香二十塊粗降眞香九觔六兩香油三觔照例
給發用印領差取
一件每祭行工部所有退牲木柴一千五百觔木炭
十觔祭祀前期二日送至祭所

一件秋祭行工部合用漂牲淨氷六十塊祭祀前期
一日送至祭所

一件每祭行都察院八旗齋戒滿洲蒙古漢軍文官
四品加級以上漢文官正六品加級以上及六科給
事中祭祀前期二日各在本家齋戒祭日撞明鐘時
各穿朝服赴
文廟齊集照例查點並監禮監宰監視御史照例派出

一件每祭行都察院經歷司監禮監宰監視御史照
例派出

一件每祭行國子監知會遣官職名

一件每祭行兵部祭祀前期一日將祝版送至
文廟自太常寺起至
文廟止照例打街
一件每祭行步軍統領衙門祭祀前期一日將祝版
送至
文廟自太常寺起至
文廟止經行道路照例打掃
一件每祭行各部院衙門祭祀前期二日不理刑名
照常辦事齋戒牌照常設立
一件每祭行八旗齋戒滿洲蒙古漢軍文官四品加

級以上祭祀前期齋戒二日祭日撞明鐘時各穿朝
服齊赴
文廟陪禮所戒不飲酒不食葱韮薤蒜不看病人不弔喪
不理刑名不會筵席不作樂不與妻妾同處有殘疾
生瘡體氣喪服灸艾及瘋毒未痊者不齋戒不跳神
不還愿不上墳各散文一張
一件每祭行都察院八旗齋戒滿洲蒙古漢軍文官
尚書以下四品加級官員以上覺羅四品加級官員
以上照例查點
一件每祭行都察院應陪祀漢文官職名照例查點

一件每祭行光祿寺遣官行禮移會

一件每祭行鴻臚寺遣官行禮移會

一件每祭行禮部祠祭司移取監宰漢官職名

一件每祭行吏部驗封司應陪祀官員俱在本家齋戒二日各具朝服至期陪祀

一件每祭行光祿寺典簿廳合用供酒八十四瓶洗魚酒二瓶鹽磚十六觔白鹽四觔照例給發

一件行光祿寺典簿廳每月初一日合用供酒三瓶照例給發

一件每祭行取職名告示所有齋戒陪祀漢文官職

名俱於齋戒前期五日開送移送都察院查點貼

正陽門

一件每祭行齋戒告示應祭祀齋戒漢文官正六品加級以上及六科給事中俱在家致齋二日所戒不飲酒不食葱韮薤蒜不看病人不弔喪不理刑名不會筵席不作樂不跳神不還愿不上墳不與妻妾同處有殘疾生瘡體氣喪服灸艾及癩毒未痊者不齋戒於祭日撞明鐘時各穿朝服齊赴祭所陪祀

正陽門太常寺衙門各一張

一件每祭行宛大二縣共派焚帛蘆葦八十觔預期

送至祭所

一件每祭行各部院衙門漢文官齋戒二日各具朝服至期陪祀

一件每祭行國子監典簿廳開送香帛牲隻等項

一件每祭行禮部移取監視司官職名

國學禮樂錄

進士釋菜

周制大樂正論造士之秀者以告於王而升諸司馬曰進士進士之名本此則古所謂進士未有不由胄學而升者隋唐以來由學館者曰生徒由州縣者曰鄉貢皆升於有司而進退之開元中令鄉貢明經進士見訖國子監謁先師學官開講問義有司爲設食淸資五品以上官及朝集使皆往閱禮焉此進士釋菜所由始也明代進士科凡省試由太學入式者書監生廷試則書國子生重之也至釋菜

先師卽雖不由太學無敢不至焉

國朝因之

釋菜儀節

進士放榜之五日行釋菜禮先日太常寺備祭品兎醢棗栗蔬酒香燭於殿廡神位前是日侵晨狀元率諸進士至集賢門外下馬入門由東入持敬門入

廟東角門入

先師廟前丹墀內通贊唱排班班齊鞠躬拜興拜興平身

行釋菜禮引贊詣狀元前唱詣盥洗所狀元盥手帨巾訖贊唱詣酒罇所司罇者舉冪酌酒執爵者各受酒在狀元前行由中階入中門立於神案之側贊

唱　詣

至聖先師孔子神位前贊導狀元至神位執爵獻爵狀者跪獻爵於狀元贊唱獻爵元

獻爵執爵者接爵跪獻神位前贊唱俯伏興平身贊唱詣

復聖顏子神位前儀同前詣

宗聖曾子神位前詣

述聖子思子神位前詣

亞聖孟子神位前儀並同前狀元將行分獻禮引贊各詣述聖前通贊唱行分獻禮引分獻

官詣兩哲兩廡一同行禮儀通贊鞠躬拜興拜同前狀元行禮畢各引贊唱復位唱

興平身禮畢由

廟西角門出於致齋所神庫等處釋褐畢由持敬門出

入太學東角門外候祭酒司業升監公座各屬官揖
畢狀元率諸進士入至丹墀序立嘗入監肄業者升
露臺行四拜禮畢俱立臺西未嘗入監者行再拜禮
畢及第三人由堂東邊門入執事者設食案於座前
祭酒司業下座面南立三人北面執事者斟酒置三
人前三人揖而飲連舉三爵三人出祭酒司業送及
堂門限內其諸進士則由堂西邊門入東西相向立
各屬官待之畢屬官送出
殿內正獻一甲第一名
東哲分獻一甲第二名

西哲分獻一甲第三名

東廡分獻二甲第一名

西廡分獻三甲第一名

石鼓文音訓

石鼓在　大成門內東五枚爲甲鼓字凡六十四乙鼓字凡六十丙鼓字凡六十五丁鼓字凡五十三戊鼓字凡二十六西五枚爲己鼓字凡四十一庚鼓字凡十四辛鼓字僅存一今已磨滅壬鼓字凡五十二癸鼓字凡二十三傍有元司業潘廸音訓碑今載於後

避車既工避馬既同避薛氏音我工籀文攻字蘇氏石鼓詩亦作攻按詩車攻傳攻堅緻也同齊也物馬齊其力

避車既好避馬既駐駐从馬缶聲疑與阜音義同詩車攻田車既好四牡孔阜說者謂阜盛大也

君子員=邋=員斿員作鼎籀文也說文員音云益也有重文君子指從獵諸

臣員員衆多也邋邋旌旗搖動貌斿旌之末垂者麀麀速₌君子之求麀牝麀速有重文速速疾

行貌或曰鹿之足迹〇₌卤弓₌兹吕寺卤郭氏云恐當作卣卣弓即庾弓也周禮庾弓利射侯與弋今

按鼓文作卣吕古以字下同寺諸家皆音時然下文別有時字或音侍避毆其時其來趩₌趩丑

亦反有重文說文行聲也一曰不行貌⿺走盧₌鑁₌⿺走盧音慮鑁作负皆有重文其義未詳或曰⿺走盧走意鑁衆多也

即邀即時麀鹿趩₌邀與避小異疑非我字或音禦趩子亦反鄭氏云直離反有重文其來

大即我毆其樸其〇遺₌射其豬蜀遺徒鹿反續也豬或作豧或音豚蜀恐犢字蓋

蜀有獨音右一薛氏次居八鄭氏次居三施氏次居一今按古文苑其序姑從施氏然舊說第五鼓言漁狩而

歸第六鼓言治道涂似失先後序若左右相易始於西北以第六爲第一第五爲第十則先後之序得矣然亦未可

必也可讀者十有六句餘未詳凡六十四字此鼓舊墨本於卣上有孫字遺上有來字今漫滅汧毆沔₌王氏

云汧音牽水名出扶風汧縣西北入渭毆即也字見詛楚文及秦斤鄭樵因此指爲秦物今按毆緊皆从毆巳見古

書非始於秦也郭氏曰讀如緊語助沔籀作沔有重文鄭氏云沔讀作綿蓋用平聲叶韻丞〻殹淖淵丞見秦權有重文與丞通詩南有嘉魚丞然罩罩王肅云丞衆也殹籀文皮字或音彼淖淵水之深處鰋鯉處之君子漁之鰋鯉皆魚名鰋鄭氏音鰸鮎也處鄭氏讀作居蓋取叶韻籀文魚从寸今闕澫又鯊其斿𢲋〻鄭氏云澫即漫从萬通作曼疑有重文漫漫水之瀰茫處又通作有籀文省下同見詛楚文鯊今作鯊魚名所加反𢲋嶭氏作散即𢲋字有重文或音汕叶平聲相干反帛魚鱳〻其盜氏鮮鄭氏云鱳音洛集韻云白色也鄭氏云盜亦作菹讀與組同施氏云按說文側余反醢也氏典禮反今按鱳字音皪白貌帛即白字言白魚鱳鱳然潔白登之於俎豆甚鮮也黃帛其鯾又鱄又鮊鄭氏云鯾即鯾字卑連反或音酺鱄今作鮒音附鮊舊音白今按叶韻音綿其胡孔庶䍜之𨕖〻胡施氏作豆今作脰乞及反傅雅膢謂之脰鄭氏作豆䍜籀文䜌字或作𦂿𨕖丑若反相如大人賦休𨕖奔走或音使涇〻趚〻涇有重文郭氏云籀文洋字鄭氏音汗今作潹趚有重文鄭氏音傅或云遄字其魚隹可隹鱮隹鯉

可㠯○之隹楊及柳隹通作維可通作何○舊作橐說文符宵反鄭氏云與標同愚謂橐从缶从橐省聲也包裹承籍之義非謂穿之也蘇氏詩作何以貫之恐誤

右二薛氏次居五鄭氏次居一十鼓中唯此完好然字多假借故義有難通今唯濎字全磨滅成文者十有七句凡六十字

田車既安鋚勒馬○按詩傳輶車田獵驅逆之車取其輕捷也鋚郭氏云大幺反轡首銅也廣韻音條紖頭銅飾今按馬字非全文但偏旁从馬闕左邊當有重文或作馯=避眔既簡簡選也左驂旛=右驂騝=詩騧驪是驂傳驂兩騑也車駕四馬內兩馬謂之服外兩馬謂之騑郭氏云旛妨圓反旐旗總名旛=取其輕舉貌騝居言反爾雅騝驪馬黃脊或云紀偃反壯健貌避㠯隮于邍隮升也邍古原字下同避○舊有戎字止陕陕疑作陸宮車其寫秀弓寺射宮車輦車也周禮輦車用於宮中秀與綉同綉弓戎弓也穀梁傳弓綉質質靶也戎弓綉其質示武中有文言田狩之時宮車寫而不用戎弓用之於射也寫讀如卸麇豖孔庶麀鹿雉兎言所獲多品其邍又旃未詳其○𧼨○鄭氏云𧼨

今作奔或作走大○出各亞亞古孝經作惡蓋二字通用○○昦○昦未詳薛氏作界字

鄭氏云疑即思字碧落碑思作畁郭氏云恐是臭字古老反大白澤也白澤獸名執而勿射多庶

趞二說文趞郎擊反動也走也鄭氏云與轢同或云郎谷反君子逌樂逌薛氏作迺鄭氏作攸所也按

漢書地理志酆水逌同五行志彝倫逌敘皆古攸字右三薛氏施氏亥居三鄭氏亥居四可讀者十有五句餘

不成文凡六十五字○○鑾車郭氏云人君乘車四馬鑣八鸞鈴象鸞聲按經史多作鸞左傳錫鸞和鈴

詩八鸞瑲瑲攀敕真○攀施氏云呼骨反疾也薛氏作華字鄭氏云即拜字並見義雲章真鄭氏云即

填字亦作鎮說文敕即策字或音速○弓孔碩形矢○○按形弓形矢天子以錫有功諸侯詩

形弓弨兮書文侯之命及春秋傳形弓一形矢百是也說者謂形弓朱弓碩大也四馬其寫六轡

○鷙鄭氏云鷙五到反辻駿孔庶鄜○宣搏辻郎徒字駿鄭氏云音馭鄜或云郎鄜字

薛郭作鄜鄭氏作鄠宣見詛楚文今作宣卣車載衎卣鄭氏云即酋字詩輶車鸞鑣田狩之車也𠧪籀文

載字衍卽道字戎辻如章邍溼陰陽溼鄭氏云今作濕通作隰辻從也如章言戎徒整布如文
章然邍高陸也隰卑濕也言高卑向背皆有陰陽詩公劉相其陰陽度其隰原趍=六馬射之鍭=鄭氏
云趍卽趣字有重文七走反詩蹶維趣馬趣趣調和閑習也六馬天子所駕也鍭籀文族有重文疑借作鏃○
○如虎獸鹿如○○○多賢迪迪鄭氏云今作徇禽○○○○允
異右四薛氏施氏弍居四鄭氏弍居五其文可讀者僅七句言田獵之事凡五十三字薛氏曰允異之上舊
有禽避兔三字今按禽字下闕四字○○○○靁雨○𣻀𣻀鄭氏云靁亦作零詩東山零雨其濛
𣻀今省作流下同見說文○○○渫○皆磨滅不可辨唯渫字今僅存其半○○○○
○○○○此上二十餘字剝落不可考○○自鄜辻駿○○隹舟以衍
或陰或陽水北爲陽南爲陰或從水之陽或從水之陰皆可歸也或字下今闕陰或二字陽字僅存其半
余家藏墨本尚有之极湥㠯○○于水一方极薛氏作枝鄭氏云卽楫字○○○

○其奔○○○○○叓施氏云叓古文事字見說文今僅存下數畫右五嶭氏次居

九鄭氏次居八舊說言漁狩而歸可讀者僅三句餘皆磨滅不成文凡二十六字墨本舊有蔆蔆迄湧盈濟君子卽

涉流汧殹洎洎蔆蔆舫舟西逜湯湯戶二十餘字今皆不存猷乍遵乍○籀文乍䢜䢜與作通䢜卽

道字遳我䣢○除㢌鄭氏云遳字䣢今作治字施氏云按古文孝經治作𡪠與此小異師㲋彼

阼舊音序或曰阪字○蒏蒏嶭氏作莽字郭氏云恐是莽莽草之相糾者居虯反鄭氏作莫未詳孰是

爲卅里卅三十也文曰爲三十里以三十爲卅書家謂之會意蘇合反非世字也○微微嶭氏作黴

鄭氏云微未詳音義卣罟䲆嶭氏作栗尚書栗作䲆與此相類說文省作㮚柞棫柞棫皆木名詩柞棫

斯拔其○欙鄭氏云欙作槃或作㰖疑古欙字櫓欙櫓皆木名櫓音咎又音舊鬳嶭氏作庯鄭氏

云鬳未詳音義或云遣字鳴○亞箬箬籀文若字鄭氏作箬其𠌶嶭氏作華又音夫○爲

所斿夒夒嶭氏作夒鄭氏云今作夔蓋郭氏作盬䢜言封○吾吾鄭氏云疑卽侖字鼓文

作𠮷恐晤字古从五从日右六薛氏次居七鄭氏次居二舊說言治道涂也凡四十一字每行僅存四字而上皆闕二三字蓋五代之亂散落民間穴中以爲臼故今所存皆斷續不成文鄭氏乃以猷作原作導遄我治除師𠬝隮莫爲世里十六字爲成辭蓋鄭氏所見不而以文理推過墨本摹刻者而不知每行之上有闕文也而之而字上當有闕文師○○○○○滔滔下有重文是戴施氏云按說文古𢦏字與此相類○

○具奪磨滅不可辨、○○後具肝古薛氏作肝鄭氏作肝音吁來○○○○

○樂天子○○○○○○○皆不可辨右七薛氏次居一鄭氏次居九舊有弓矢

孔庶左驂○不○其寫矢具來○子來○嗣王始敬說古我來二十字今剝落僅存十有四字皆不成文敹文與

微同右八薛氏次居六鄭氏次居七按施氏墨本所錄有𠬝走騂騂馬薛哲若雉立其一之心十四字余家藏

舊本止微字存今漸剝落矣避水旣○避衛旣平避○旣止嘉樹則里

天子永寧○○日隹丙申○○○施氏云丙申下二字尚可辨避其用

衙○馬既中敕○康二駕中重也敕戒也○○○左驂驖二驖有重文施氏云五

到反馬怒也驖二識○○○○如驖有重文鄭氏音遨不○○○⿰倝飛⿰倝飛鄭氏云籀文

翰从飛⿱雨⿰豸勿薛氏作⿱雨⿰豸刂郭氏云恐是籀文霾字○○○○公謂天子○余及如

如通作汝○○害不余及右九薛氏次居二鄭氏次居十舊說言除道今皆剝落不成文可讀

者唯七句凡五十二字吳人憖亟王氏云吳通作虞鄭氏云汧水出于吳山故漁于汧而狩于吳也愚

按二說王爲優施氏云憖亦作憐○○○○載卣載北卣即西字鄭氏云見會侯彝北字今

磨滅而○用○亯享○埶寍埶薛氏作埶字說文云埶與藝同鄭氏云即社字寍寧同或作

厲逢中䦧孔○籀文囿作䦧見說文或云即田字○鹿○○避○其○○

⿰馬軎二⿰馬軎鄭氏云即曈字見⿰舟阝敦厖敦有重文大○○○○○求又○○○○

○○是○○○○○○○右十薛氏次居十鄭氏次居六今僅存二十三字唯

吳人㦤亟戴西戴北二句成文餘皆殘缺不可讀舉本舊有勿奄勿伏○㚔而出○○用○○○○大祝獻十一字今皆不存計見存三百八十六字

右石鼓文十其辭類風雅然多磨滅不可辨世傳周宣王獵碣初在陳倉野中唐鄭餘慶始遷之鳳翔宋大觀中徙開封靖康末金人取之以歸于燕聖朝皇慶癸丑始置大成至聖文宣王廟門之左右豈物之顯晦自有時耶鼓之所自先儒辨證已詳固不敢妄議然其文曰天子永寧則爲臣下祈祝之辭無疑又曰公謂天子則似是畿內諸侯從王于狩臣下述其君語天子之言吁鼓之時世雖不可必但其字畫高古非秦漢以下所及而習篆籀者不可

不宗也廸自爲諸生往來鼓旁每撫玩弗忍去距今纔三十餘年昔之所存者今已磨滅數字不知後今千百年所存又何如也好古者可不爲之愛護哉間取鄭氏樵施氏宿薛氏尚功王氏厚之等數家之說考訂其音訓刻諸石俾習篆籀者有所稽云至元己卯五月甲申奉訓大夫國子司業潘廸書翰林侍講學士通奉大夫知制誥同纂脩國史兼國子祭酒歐陽元承事郎典簿尹忠承直郎博士黃溍奉議大夫助教祁君璧從仕郎助教劉聞承務郎助教趙璉從仕郎助教康若泰同校

按石鼓文本末諸家辨論甚詳唐自貞觀以來蘇勗

李嗣眞張懷瓘竇臮竇蒙徐浩咸以爲史籀筆蹟虞世南歐陽詢褚遂良皆有墨妙之稱杜甫八分小篆歌叙歷代書亦厠之蒼頡李斯之間而韋應物石鼓歌云周宣王大獵兮岐之陽刻石表功兮煒煌煌又云飛喘委蛇相糾錯乃是宣王之臣史籀作韓愈石鼓歌周綱淩遲四海沸宣王奮起揮天戈蒐于岐陽騁雄俊萬里禽獸皆遮羅鐫功勒成告萬世鑿石作鼓隳嵯峨梅堯臣呈祭酒吳公詩石鼓作自周宣王宣王發憤蒐岐陽蘇軾石鼓歌舊聞石鼓今見之文字鬱律蛟龍走又云憶昔周宣歌鴻雁當時史籀變

蝌蚪之數子皆好古名賢其言必有考據而朱子詩傳遺說曰石鼓有說成王時又有說宣王時然其辭有似車攻甫田詩辭恐是宣王時未可知由是觀之則石鼓爲周宣獵碣史籀書迹無疑也蓋其初散棄陳倉野中韓愈爲博士時請于祭酒欲以數橐駝輿至太學不果鄭慶餘始遷之鳳翔孔廟中經五代亂又復散失司馬池待制知鳳翔輦至府學門廡下以木櫺護之而亡其一蓋散失時民有穴其中以爲臼者即今第六鼓也宋仁宗皇祐四年向傳師求得之十鼓乃足大觀中自鳳翔徙于汴梁徽宗鑄黃金填

其刻文初置辟雍後移入保和殿內靖康末金人輦致燕京剔取其金而置之王宣撫宅後即大興府學也元成宗大德十一年虞集爲大都教授得于泥土草萊中洗刷扶植仁宗皇慶二年集助教成均言于時宰載置今國子學大成門內壁下左右各五枚爲磚壇以承之又爲疏欞以扃鐍之三代金石遺文惟此而已誠聖王之故蹟千古之奇蹤歐陽修亦以爲非史籀不能作是矣至元己卯司業潘廸考訂今文著爲音訓泐碑于大成門西謹錄于右以備參攷

康熙己亥國子祭酒李周望識

國學禮樂錄卷之二十二

國子監滿漢祭酒司業題名碑記

國家設學首重成均蓋化民成俗道莫先於此也欽
惟
世祖章皇帝尊崇儒術定鼎之初
親臨講學我
皇上右文重道
御極之八載即
躬幸辟雍又
親製訓飭士子文立碑太學雲漢天章作人壽考存神過

化文治極隆時諸長貳於斯者率皆一代碩儒文章
彬郁道德溫醇故或入掌經綸或出居方嶽或鳳沼
揚芳或鴻逵高漸數十年來麟麟炳炳照耀後先琍
等菲材承乏茲任喜遭異數永念
恩榮謹輯
國朝來兩廂姓名勒諸貞石以垂久遠雖然名以官傳
官以人重吾輩膺斯職者果克仰體
聖天子育才至意正已率屬弘敷教化庶幾無忝師儒則
名與官眞堪不朽如或徒以官傳也後之覩斯石者
稱斯人也其謂之何哉是則可警也已

康熙五十年辛卯十月癸未滿漢祭酒司業仝立古

田余正健謨文

滿祭酒

姞兒馬哰　　順治　年任

賈　祿　　康熙八年任

宜昌阿　鑲白旗人

阿里瑚　鑲白旗人　十七年任

常錫布　正紅旗人　二十五年任

德白色　正紅旗人　二十六年任

圖納哈　鑲白旗人　二十七年任

鄂　拜　鑲藍旗人　三十年任

博　濟　正藍旗人　三十四年任

傅繼祖　正藍旗人　三十四年任

尹　泰　鑲黃旗人　三十四年任

特默德　鑲白旗人　三十六年任

郤穆布　鑲藍旗人　三十八年任

覺羅滿保　正黃旗人甲戌進士四十五年任

查　喇　正白旗人　四十八年任

花　善　正白旗人　五十二年任

漢祭酒

李若琳　順治元年任

薛所蘊　二年任

傅維鱗　直隸靈壽人丙戌進士五年任

李奭棠　八年任

金　鋐　順天宛平人壬辰進士十五年任

章雲鷺　順天宛平人丁亥進士十六年任

熊[redacted]　十八年任

綦汝楫　山東高密人乙未進士康熙二年任

陳皷永　浙江海寧人乙未進士二年任

單若魯　山東　五年任

熊伯龍　湖廣漢陽人巳丑進士六年任

王守才　鑲黃旗人　六年任

宋德宜　江南長洲人乙未進士八年任

李仙根　四川遂寧人辛丑進士九年任

楊正中　順天通州人戊戌進士九年任

徐元文　江南長洲人已亥進士九年任

沈　荃　江南青浦人壬辰進士十三年任

馮源濟　順天涿州人乙未進士十五年任

王士禛　山東新城人戊戌進士十九年任

李元振　河南拓城人甲辰進士二十二年任

翁叔元　直隸永平衛籍江南常熟人丙辰進士二十四年任

曹　禾　江南江陰人甲辰進士二十六年任

汪　霦　浙江錢塘人丙辰進士二十八年任

吳　苑　江南歙縣人壬戌進士三十一年任

張榕端　河南磁州人丙辰進士三十三年任

孫岳頒　江南吳縣人壬戌進士三十四年任

胡作梅　湖廣荊門人壬戌進士四十七年任

余正健　福建古田人丁丑進士四十九年任

徐日暄　江西高安人戊辰進士五十一年任

李周望　山西蔚州人丁丑進士五十七年任

滿司業左

尹布　康熙十六年任

葛思太　鑲黃旗人　十七年任

拜山　正白旗人　二十一年任

博濟　正藍旗人　二十四年任

宋古弘　鑲白旗人　二十五年任

席爾圖　正白旗人

莫索禮　正白旗人　三十五年任

滿丕 正藍旗人 三十九年任

察爾岱 正藍旗人 四十八年任

巴克色 正藍旗人 五十六年任

齋三 鑲黃旗人 五十七年任

博禮 鑲黃旗人 五十八年任

滿司業右

滿都戶

達鼐　正黃旗人　十八年任

花善　鑲藍旗人

薩爾圖　正黃旗人　三十四年任

党阿賴　鑲紅旗人　三十六年任

常額　正紅旗人　四十六年任

登德　鑲藍旗人　四十八年任

漢司業

馮　杰　直隸高陽人前丁丑進士順治元年任

曹本容　順天豐潤人　二年任

楊　義　山西洪銅人　十四年任

田逢吉　山西高平人乙未進士十七年任

陳洪明　遼東人　十八年任

熊賜履　湖廣孝感人戊戌進士康熙元年任

熊賜璵　湖廣孝感人戊戌進士三年任

宋德宜　江南長洲人乙未進士三年任

李仙根　四川遂寧人辛丑進士六年任

胡簡敬　江南沭陽人乙未進士六年任

田　麟　直隸永平人戊戌進士七年任

楊正中　順天通州人戊戌進士七年任

吳國對　江南全椒人戊戌進士七年任

杜　臻　浙江秀水人戊戌進士八年任

吳本植　直隸　八年任

陳廷敬　山西澤州人戊戌進士八年任

王颺昌　山東高密人戊戌進士九年任

譚　篆　湖廣景陵人戊戌進士九年任

李天馥　河南永城人戊戌進士九年任

吳本植　十一年補任

王封溁　湖廣黃州府人戊戌進士十一年任

蘇宣化　順天大興人己亥進士十二年任

周之麟　浙江蕭山人己亥進士十三年任

葉方藹　江南崑山人己亥進士十四年任

蔣弘道　順天大興人己亥進士十四年任

朱之佐　順天大興人已亥進士十四年任

張玉書　江南丹徒人辛丑進士十四年任

王維珍　鑲藍旗人庚戌進士十五年任

田喜霽　山西　十六年任

劉芳喆　順天　十九年任

彭孫遹　浙江海鹽人已亥進士二十四年任

彭定求　江南長洲人丙辰進士二十四年任

董　閎　江南吳江人癸丑進士二十七年任

吳　涵　浙江石門人壬戌進士二十八年任

徐　倬　浙江德清人癸丑進士三十年任

秦宗游　浙江山陰人巳未進士三十一年任

彭會淇　江南溧陽人丙辰進士三十一年任

張豫章　江南靑浦人戊辰進士三十三年任

曾　瑗　江西新城人乙丑進士三十九年任

黃叔琳　順天大興人辛未進士四十二年任

胡　潤　湖廣江夏籍通山人辛未進士四十三年任

顧悅履　浙江海寧人甲戌進士四十五年任

張德桂　廣東從化人甲戌進士四十五年任

熊　葦　順天涿鹿衛人甲戌進士四十八年任

汪　漋　湖廣江夏人甲戌進士四十八年任

張元臣　貴州銅仁人丁丑進士四十八年任

李鳳翥　江西建昌人丁丑進士四十九年任

樊澤達　四川宜賔人乙丑進士四十九年任

李周望　山西蔚州人丁丑進士五十三年任

吳　相　福建寧洋人癸未進士五十三年任

盧　軒　浙江海寧人巳丑進士五十四年任

陳厚耀　江南泰州人丙戌進士五十五年任

謝履忠　雲南昆明人癸未進士五十七年任